Fälle Handels- und Gesellschaftsrecht

2022

Claudia Haack
Rechtsanwältin und Repetitorin
Frank Müller
Rechtsanwalt und Repetitor

ALPMANN UND SCHMIDT Juristische Lehrgänge Verlagsges. mbH & Co. KG
48143 Münster, Alter Fischmarkt 8, 48001 Postfach 1169, Telefon (0251) 98109-0
AS-Online: www.alpmann-schmidt.de

Haack, Claudia
Müller, Frank

Fälle

Handels- und Gesellschaftsrecht

3. Auflage 2022

ISBN: 978-3-86752-824-5

Verlag Alpmann und Schmidt Juristische Lehrgänge
Verlagsgesellschaft mbH & Co. KG, Münster

Unterstützen Sie uns bei der Weiterentwicklung unserer Produkte.
Wir freuen uns über Anregungen, Wünsche, Lob oder Kritik an:
feedback@alpmann-schmidt.de

Benutzerhinweise

Die Reihe „Fälle" ermöglicht sowohl den Einstieg als auch die Wiederholung des jeweiligen Rechtsgebiets **anhand von Klausurfällen**. Denn unser Gehirn kann **konkrete Sachverhalte** besser speichern als abstrakte Formeln. Während des Studiums besteht die Gefahr, dass man zu abstrakt lernt, sich verzettelt und letztlich gänzlich den Überblick über das wirklich Wichtige verliert.

Ferner erfordern Prüfungsaufgaben regelmäßig das Lösen von konkreten Fällen. Hier muss dann der Kandidat beweisen, dass er das Erlernte auf den konkreten Fall anwenden kann und die spezifischen Probleme des Falles entdeckt. Außerdem muss er zeigen, dass er die richtige Mischung zwischen Gutachten- und Urteilsstil beherrscht und an den Problemstellen überzeugend argumentieren kann. Diese Fähigkeiten vermittelt Ihnen unser „Basiswissen **Methodik der Fallbearbeitung** – Wie schreibe ich eine Klausur?".

Nutzen Sie die jahrzehntelange Erfahrung unseres Repetitoriums. Seit mehr als 60 Jahren wenden wir konsequent die Fallmethode an. Denn ein **prüfungsorientiertes Lernen** muss „hart am Fall" ansetzen. Schließlich sollen Sie keine Aufsätze oder Dissertationen schreiben, sondern eine überzeugende Lösung des konkret gestellten Falles abgeben. Da wir nicht nur Skripten herausgeben, sondern auch in mündlichen Kursen Studierende ausbilden, wissen wir aus der täglichen Praxis, „wo der Schuh drückt".

Die Lösung der „Fälle" ist kompakt und vermeidet – so wie es in einer Klausurlösung auch sein soll – überflüssigen, dogmatischen „Ballast". Die Lösungen sind komplett **durchgegliedert** und im **Gutachtenstil** ausformuliert, wobei die unproblematischen Stellen unter Beachtung des Urteilsstils kurz ausfallen – so wie es gute Klausurlösungen erfordern.

Beispiele für die Gewichtung der **Punktvergabe** in einer Semesterabschlussklausur finden Sie hier:

t1p.de/1vc0

t1p.de/pufr

t1p.de/enyx

Wir vermitteln in der Reihe „Fälle" die Wissensanwendung. Sie **ersetzt nicht die Erarbeitung der gesamten Rechtsmaterie** und ihrer Struktur. Übergreifende Aufbauschemata finden Sie in unseren „Aufbauschemata". Ferner empfehlen wir Ihnen unser „Basiswissen" für den erfolgreichen Start ins jeweilige Rechtsgebiet: verständlich dargestellt und durch zahlreiche Beispiele, Übersichten und Aufbauschemata anschaulich vermittelt. Eine darauf aufbauende Darstellung des Stoffes auf Examensniveau liefern unsere „Skripten". Sofern die RÜ zitiert wird, handelt es sich um unsere Zeitschrift „RechtsprechungsÜbersicht", in der monatlich aktuelle, examensverdächtige Fälle gutachterlich gelöst erscheinen.

Viel Erfolg!

INHALTSVERZEICHNIS

1. Teil: Der Kaufmann

1. Kaufmann kraft Betriebs eines Handelsgewerbes

Fall 1: Gewerbe

A betreibt in der Innenstadt von Köln eine gut besuchte Apotheke. Da er kein Organisationstalent ist, kommt es hin und wieder vor, dass er Arzneimittel in seinem Bestand findet, deren Verfallsdatum bereits abgelaufen ist. Diese verkauft er dann zum halben Preis an seine Kunden.

Betreibt A ein Gewerbe?

Die Apotheke des A ist ein Gewerbe, wenn die Voraussetzungen des handelsrechtlichen Gewerbebegriffs erfüllt sind.

Gewerbe im handelsrechtlichen Sinn ist nach h.M. jede nach außen erkennbare, erlaubte, selbstständige, planmäßig auf gewisse Dauer angelegte, mit Gewinnerzielungsabsicht betriebene Tätigkeit unter Ausschluss freiberuflicher, wissenschaftlicher und künstlerischer Tätigkeiten.[1]

Beachte: Im HGB ist keine Legaldefinition des Gewerbes enthalten. Die in anderen Gesetzen enthaltenen Definitionen – z.B. § 15 Abs. 2 EStG – dürfen wegen der unterschiedlichen Schutzrichtungen dieser Gesetze nicht auf das HGB übertragen werden.

I. Die Tätigkeit muss **nach außen** hin in Erscheinung treten, also den Geschäftspartnern **erkennbar** sein. Die bloße innere Absicht, ein Gewerbe zu betreiben, ist nicht ausreichend. Die Apotheke des A tritt nach außen in Erscheinung.

II. Es ist umstritten, ob die Tätigkeit erlaubt sein muss, damit ein Gewerbe im handelsrechtlichen Sinne vorliegt.

1. Nach traditioneller Auffassung muss die Tätigkeit erlaubt sein. D.h. die in dem Betrieb typischerweise abgeschlossenen Geschäfte dürfen nicht gegen gesetzliche Verbote, § 134 BGB, oder die guten Sitten, § 138 BGB, verstoßen.[2] Dadurch soll denjenigen, die verbotene oder sittenwidrige Geschäfte betreiben, der Zugang zu den Vorteilen der Kaufmannstellung versperrt werden.

§ 8 Abs. 2 AMG: Es ist verboten, Arzneimittel in den Verkehr zu bringen, deren Verfallsdatum bereits abgelaufen ist.

Das Betreiben einer Apotheke stellt grundsätzlich keine verbotene oder sittenwidrige Tätigkeit dar. A verkauft jedoch hin und wieder Arzneimittel, deren Verfallsdatum bereits abgelaufen ist und verstößt damit gegen das gesetzliche Verbot des § 8 Abs. 2 AMG. Infolgedessen könnte die Tätigkeit des A nicht erlaubt sein.

Maßgeblich für die Beurteilung der erlaubten Tätigkeit ist jedoch, ob in dem Betrieb typischerweise verbotene oder sittenwidrige Geschäfte abgeschlossen werden – der Betrieb muss also insgesamt auf eine gesetz- oder sittenwidrige Tätigkeit gerichtet sein.[3]

Beachte: Wer auf die Kaufmannseigenschaft des Betreibers eines unerlaubten „Gewerbes" vertraut, kann nach Rechtsscheinsgrundsätzen geschützt werden.

A tätigt zwar hin und wieder verbotene Geschäfte, aber in seiner Apotheke werden nicht typischerweise verbotene Geschäfte abgeschlossen. Infolgedessen handelt es sich bei dem Betreiben der Apotheke des A um eine erlaubte Tätigkeit.

---

1 BGHZ 63, 32, 33; Brox/Henssler HandelsR Rn. 25.

2 Großkomm/Brüggemann § 1 HGB Rn. 17.

3 Jung HandelsR Kap. 2 Rn. 9.

2. Nach a.A. gibt es für eine Einschränkung des Gewerbebegriffs auf erlaubte Tätigkeiten keine sprachlichen oder teleologisch überzeugenden Gründe, sodass es nicht auf die Wirksamkeit der abgeschlossenen Rechtsgeschäfte ankomme.[4]

3. Das Betreiben der Apotheke des A stellt eine erlaubte Tätigkeit dar (s.o.), sodass sich eine Entscheidung des Meinungsstreits erübrigt.

III. A kann als Inhaber seine Tätigkeit frei gestalten und seine Arbeitszeit bestimmen, sodass er **selbstständig** tätig ist, vgl. § 84 Abs. 1 S. 2 HGB.

IV. Der Betrieb ist auf eine unbestimmte Vielzahl von Geschäftsabschlüssen gerichtet und daher **planmäßig auf gewisse Dauer angelegt**.

V. Fraglich ist die **Gewinnerzielungsabsicht**.

Beachte: Bei Privatunternehmen kann die Gewinnerzielungsabsicht vermutet werden!

1. Nach der Rspr. muss die Tätigkeit auf Gewinnerzielung gerichtet sein, d.h. es muss die Absicht bestehen, einen Überschuss der Einnahmen über die Ausgaben zu erzielen – ob tatsächlich ein Gewinn erwirtschaftet wird, ist demgegenüber unerheblich.[5] Bei einem Privatunternehmer – wie Apotheker A – ist nach der Rspr. die Gewinnerzielungsabsicht zu vermuten.

2. Demgegenüber wird von einem **Teil der Lit.** die Ansicht vertreten, dass anstelle der Gewinnerzielungsabsicht für den Gewerbebegriff wegen größerer Rechtssicherheit ein äußerlich erkennbarer Umstand – die entgeltliche Tätigkeit am Markt – maßgeblich sei.[6] A wird mit seiner Apotheke entgeltlich am Markt tätig.

3. Sowohl die nach der Rspr. erforderliche Gewinnerzielungsabsicht als auch die nach a.A. maßgebliche entgeltliche Tätigkeit am Markt sind gegeben, sodass eine Entscheidung des Meinungsstreits nicht erforderlich ist.

VI. Schließlich darf es sich **nicht um eine freiberufliche, wissenschaftliche oder künstlerische Tätigkeit handeln.**

1. Die Herausnahme der freien Berufe aus dem Gewerbebegriff rechtfertigt sich allein aus historischen Gründen. Freiberufliche Tätigkeiten sind solche, die auf eine individuelle höchstpersönliche Dienstleistung höherer Art gerichtet sind.

Bei einem Apotheker steht nicht die höchstpersönliche Dienstleistung im Vordergrund, sondern die wirtschaftliche Tätigkeit des Ankaufs und Verkaufs von Arzneimitteln und anderen Produkten, also der Warenumsatz, sodass keine freiberufliche Tätigkeit gegeben ist.[7]

2. Ferner handelt es sich bei dem Betreiben der Apotheke nicht um eine wissenschaftliche oder künstlerische Tätigkeit, die aufgrund der Verkehrsanschauung ebenfalls nicht dem handelsrechtlichen Gewerbebegriff unterfallen.

Demzufolge erfüllt das Betreiben der Apotheke alle Voraussetzungen des handelsrechtlichen Gewerbebegriffs. A betreibt folglich ein Gewerbe.

4 Canaris HandelsR § 2 Rn. 13.
5 BGHZ 74, 273, 276.
6 Lettl HandelsR § 2 Rn. 9.
7 BGHZ 8, 157, 160.

Fall 2: Handelsgewerbe i.S.v. § 1 Abs. 2 HGB

B betreibt eine Eisdiele in Minden. Das Geschäft floriert sowohl im Sommer als auch in den kälteren Jahreszeiten aufgrund der von B angebotenen erlesenen und vielfältigen Eisspezialitäten.

B wird täglich von unterschiedlichen Zulieferern mit frischer Ware und zum Teil sehr kostspieligen Zutaten versorgt, weswegen er zur Zwischenfinanzierung gelegentlich Kredite aufnimmt. Sein Jahresumsatz liegt bei ca. 1,3 Mio. € und er beschäftigt 8 Angestellte.

Da er sich wegen des umfangreichen Geschäftsbetriebs nicht mehr persönlich um alle Geschäftsbeziehungen kümmern kann, möchte er seinem Angestellten A Prokura erteilen. Er ist sich allerdings nicht sicher, ob er zur Prokuraerteilung befugt ist, obwohl er nicht im Handelsregister als Kaufmann eingetragen ist.

Kann B dem A Prokura erteilen?

B kann dem A Prokura erteilen, wenn die **Voraussetzungen gemäß § 167 Abs. 1 BGB i.V.m. § 48 HGB** erfüllt sind.

Gemäß § 48 Abs. 1 HGB kann die Prokura nur von dem Inhaber eines Handelsgeschäfts oder seinem gesetzlichen Vertreter erteilt werden. Daher kann B dem A nur dann eine Prokura erteilen, wenn er **Kaufmann** ist.

Gemäß § 1 Abs. 1 HGB ist Kaufmann, **wer ein Handelsgewerbe betreibt**.

I. Die von B betriebene Eisdiele stellt eine nach außen erkennbare, erlaubte, selbstständige, planmäßige, mit Gewinnerzielungsabsicht betriebene Tätigkeit dar, die kein freier Beruf ist. Folglich betreibt B ein **Gewerbe** im handelsrechtlichen Sinn.

II. Gemäß § 1 Abs. 2 HGB ist jeder Gewerbebetrieb ein **Handelsgewerbe**, es sei denn, dass kaufmännische Einrichtungen nach Art und/oder Umfang des Betriebs nicht erforderlich sind.

Da § 1 Abs. 2 HGB durch seine Formulierung „es sei denn" eine **Vermutung** dahingehend enthält, dass jeder Gewerbebetrieb ein Handelsgewerbe ist, wird auch bezüglich der Eisdiele des B zunächst vermutet, dass es sich um ein Handelsgewerbe handelt.

Die Vermutung ist jedoch widerlegt, wenn der Betrieb entweder der Art und/oder dem Umfang nach keine kaufmännischen Einrichtungen erfordert.

Kaufmännische Einrichtungen sind solche, die ein Kaufmann für eine ordnungsgemäße Geschäftsführung benötigt, also alles, was notwendig ist, um den Betrieb übersichtlich und zuverlässig führen zu können – dazu gehören in erster Linie kaufmännische Buchführung und Bilanzierung.

Ob diese kaufmännischen Einrichtungen erforderlich, also objektiv notwendig sind oder nicht, ist nach der **Art des Betriebs** (Kriterien z.B. Vielfalt des Geschäftsgegenstands, Schwierigkeit der Geschäftsvorgänge, Inanspruchnahme oder Gewährung von Kredit) und nach dem **Umfang des Betriebs** (Kriterien z.B. Umsatz, Anzahl der Beschäftigten, Anzahl der Betriebsstätten und deren Größe, Höhe des Betriebsvermögens) zu beurteilen.

Beachte: Die Vermutung des § 1 Abs. 2 HGB ist widerlegt, wenn der Betrieb
- der Art nach keine kaufmännischen Einrichtungen erfordert oder
- dem Umfang nach keine kaufmännischen Einrichtungen erfordert oder
- nach Art und Umfang keine kaufmännischen Einrichtungen erfordert

Beachte: Maßgeblich ist für die Widerlegung der Vermutung, dass diese Einrichtungen entweder nach der Art und/oder nach dem Umfang des Betriebs nicht erforderlich sind.

Der Betrieb des B ist nicht so einfach strukturiert, dass nach der Art keine kaufmännischen Einrichtungen erforderlich sind: er bietet ein vielfältiges Warenangebot mit unterschiedlichen Eisspezialitäten an, hat verschiedene Zulieferer und nimmt zum Teil Kredite zur Zwischenfinanzierung auf.

Auch der Umfang des Betriebs ist nicht so überschaubar, dass insofern keine kaufmännischen Einrichtungen erforderlich sind: sein Jahresumsatz beträgt 1,3 Mio. € und er beschäftigt immerhin 8 Arbeitskräfte.

Folglich ist die Vermutung des § 1 Abs. 2 HGB nicht widerlegt, sodass B mit seiner Eisdiele ein Handelsgewerbe i.S.v. § 1 Abs. 2 HGB betreibt und somit Kaufmann i.S.v. § 1 Abs. 1 HGB ist.

Dass B bislang nicht im Handelsregister eingetragen ist, steht dem nicht entgegen, da für B zwar **gemäß § 29 HGB eine Eintragungspflicht** besteht, diese Eintragung jedoch **lediglich deklaratorische Wirkung** hat.

Infolgedessen ist B Kaufmann gemäß § 1 Abs. 1 HGB und kann daher seinem Angestellten A gemäß § 167 Abs. 1 BGB i.V.m. § 48 HGB eine Prokura erteilen.

Zusatzfrage:

Könnte das Amtsgericht gegen B wegen seiner fehlenden Eintragung im Handelsregister vorgehen?

Gemäß § 14 HGB könnte das Amtsgericht gegen B, für den gemäß § 29 HGB wegen seiner Kaufmannseigenschaft eine Eintragungspflicht besteht, wegen der fehlenden Eintragung im Handelsregister ein Zwangsgeld bis zu 5.000 € festsetzen.

Die näheren Einzelheiten des Zwangsgeldverfahrens sind in §§ 388 ff. FamFG geregelt.

Fall 3: Handelsgewerbe i.S.v. §§ 2, 5 HGB

K betreibt seit 1999 eine Schreinerei in München. Der Betrieb florierte in den Folgejahren, sodass sich K wegen des großen Geschäftsumfangs als Kaufmann im Handelsregister eintragen ließ.

Seit Beginn der Finanzkrise gingen seine Aufträge jedoch in erheblichem Maße zurück und er musste in der Folgezeit alle seine Angestellten bis auf seinen Lehrling entlassen.

Als sein Lieferant L ihm im Mai 2021 wegen der noch ausstehenden Bezahlung früherer Warenlieferungen ohne weitere Sicherheiten kein Holz mehr liefern will, gibt er gegenüber dem L ein mündliches Schuldanerkenntnis für die Verbindlichkeiten i.H.v. 10.000 € ab.

Kann L den K auf Zahlung der 10.000 € aus dem Schuldanerkenntnis in Anspruch nehmen?

L könnte gegen K ein Anspruch auf Zahlung i.H.v. 10.000 € **aus § 781 BGB** zustehen.

I. Eine **Einigung** i.S.v. § 781 BGB liegt zwischen K und L vor.

II. Diese Einigung muss auch **wirksam** sein.

1. Gemäß § 781 S. 1 BGB bedarf die **Anerkenntniserklärung** der **Schriftform**.

K hat die Anerkenntniserklärung gegenüber L nur mündlich abgegeben, sodass die Einigung zwischen K und L an sich wegen Formmangels gemäß § 125 S. 1 BGB formnichtig wäre.

2. Gemäß § 350 HGB ist die Schriftform entbehrlich, wenn das Schuldanerkenntnis auf der Seite des Schuldners ein Handelsgeschäft ist.

Demnach bedarf die Erklärung des K nicht der Schriftform, wenn das Schuldanerkenntnis für ihn ein Handelsgeschäft ist.

Handelsgeschäfte sind gemäß **§ 343 HGB** alle Geschäfte eines Kaufmanns, die zum Betriebe seines Handelsgewerbes gehören. Somit ist das Anerkenntnis für K ein Handelsgeschäft, wenn er **Kaufmann** ist und das Anerkenntnis **zum Betriebe seines Handelsgewerbes gehört**.

a) Gemäß § 1 Abs. 1 HGB ist derjenige Kaufmann, der ein Handelsgewerbe betreibt.

aa) Die von K betriebene Schreinerei stellt eine nach außen erkennbare, erlaubte, selbstständige, planmäßige, mit Gewinnerzielungsabsicht betriebene Tätigkeit dar, die kein freier Beruf ist. Folglich betreibt K ein **Gewerbe** im handelsrechtlichen Sinn.

bb) Ferner muss ein **Handelsgewerbe i.S.v. §§ 1 Abs. 2 ff. HGB** gegeben sein.

Beachte: In §§ 1 Abs. 2, 2, 3, 5 HGB ist nichts über den Kaufmann geregelt, sondern nur etwas über Handelsgeschäfte – Terminologisch in der Klausur unterscheiden!

(1) Gemäß § 1 Abs. 2 HGB wird **vermutet**, dass jeder Gewerbebetrieb ein Handelsgewerbe ist, es sei denn, dass kaufmännische Einrichtungen nach Art und/oder Umfang des Betriebs nicht erforderlich sind.

Folglich wird auch bezüglich der Schreinerei des K gemäß § 1 Abs. 2 HGB zunächst vermutet, dass es sich um ein Handelsgewerbe handelt. Die Vermutung des § 1 Abs. 2 HGB könnte jedoch in diesem Fall **widerlegt** sein: Der ursprünglich florierende Schreinereibetrieb des K erforderte wegen des hohen Umsatzes und der vielen verschiedenen Aufträge kaufmännische Einrichtungen, sodass ein Handelsgewerbe i.S.v. § 1 Abs. 2 HGB zum damaligen Zeitpunkt gegeben war. Zum maßgeblichen Zeitpunkt der Abgabe der Schuldanerkenntniserklärung des K ist der Betrieb jedoch aufgrund des drastischen Auftragrückgangs und der entlassenen Arbeitskräfte mittlerweile vom Umfang so überschaubar, dass es zumindest insofern keiner kaufmännischen Einrichtungen mehr bedarf. Der Betrieb des K ist zum Kleingewerbe herabgesunken.

Somit ist die Vermutung des § 1 Abs. 2 HGB widerlegt, sodass der K kein Handelsgewerbe i.S.v. § 1 Abs. 2 HGB betreibt.

(2) Der Betrieb des K könnte **gemäß § 2 HGB** als Handelsgewerbe gelten.

Nach dieser Regelung gilt ein gewerbliches Unternehmen, das nicht unter § 1 Abs. 2 HGB fällt, als Handelsgewerbe, wenn die Firma ins Handelsregister eingetragen ist.

(a) K betreibt ein gewerbliches Unternehmen, das nicht unter § 1 Abs. 2 HGB fällt und ist im Handelsregister eingetragen, sodass die Voraussetzungen des § 2 HGB erfüllt sind und K somit ein Handelsgewerbe i.S.v. § 2 HGB betreibt.

(b) Nach einem Teil der Lit. gilt § 2 HGB aber nur für die Fälle, in denen ein kleingewerbliches Unternehmen freiwillig aufgrund einer wirksamen Anmeldung ins Handelsregister eingetragen wird, aber nicht, wenn ein Gewerbebetrieb, der ursprünglich die Voraussetzungen des § 1 Abs. 2 HGB erfüllt, nach der Eintragung zu einem Kleingewerbe herabsinkt.[8] Da die Anmeldung gemäß §§ 29 Abs. 1, 1 Abs. 2 HGB nicht zugleich die für den Antrag nach § 2 S. 1 und 2 HGB erforderliche Willenserklärung enthalte, seien die Voraussetzungen des § 2 HGB nicht erfüllt.

Danach ist § 2 HGB bezüglich der zum Kleingewerbe herabgesunkenen Schreinerei des K nicht anwendbar.

Der K betreibt jedoch ein Gewerbe und ist im Handelsregister eingetragen, sodass sein Betrieb **gemäß § 5 HGB** als Handelsgewerbe gilt.

(c) K betreibt also entweder ein Handelsgewerbe gemäß § 2 HGB oder gemäß § 5 HGB, sodass der Streit über den Anwendungsbereich des § 2 HGB mangels Entscheidungserheblichkeit letztlich dahinstehen kann.

K betreibt somit ein Handelsgewerbe i.S.v. § 2 HGB oder § 5 HGB und ist folglich Kaufmann gemäß § 1 Abs. 1 HGB.

Beachte: Gemäß § 344 HGB wird vermutet, dass die von einem Kaufmann vorgenommenen Rechtsgeschäfte im Zweifel zum Betriebe seines Handelsgewerbes gehören.

b) K hat das Schuldanerkenntnis gegenüber seinem Lieferanten L abgegeben, sodass es auch **zum Betrieb seines Handelsgewerbes gehörte**.

Damit ist das Schuldanerkenntnis für L ein Handelsgeschäft i.S.v. § 343 HGB, sodass die Formvorschrift des § 781 BGB gemäß § 350 HGB nicht eingreift und das Schuldanerkenntnis somit formwirksam ist.

L kann daher von K Zahlung der 10.000 € gemäß § 781 BGB verlangen.

---

8 Koller/Kindler/Roth/Drüen § 5 HGB Rn. 1.

2. Kaufmann kraft Gesellschaftsform

Fall 4: § 6 HGB

G, der Geschäftsführer der auf Metallhandel ausgerichteten B-GmbH mit Sitz in Duisburg, hat mit A, einem von drei Gesellschaftern der als X-OHG auftretenden Gesellschaft, die einen größeren Baustoffhandel mit Sitz in Hannover betreibt, einen Kaufvertrag über 2000 Eisenstangen zum Kaufpreis von insgesamt 10.000 € abgeschlossen. Als Gerichtsstand wurde Duisburg vereinbart.

Als die X-OHG nach der Lieferung der Ware den Kaufpreis nicht zahlt, erhebt die B-GmbH, vertreten durch ihren Geschäftsführer G, vor dem Landgericht Duisburg gegen die X-OHG Klage auf Zahlung der 10.000 €.

Ist das Landgericht Duisburg örtlich und sachlich zuständig?

A. Sachliche Zuständigkeit des Landgerichts

Gemäß § 1 ZPO i.V.m. §§ 23 Nr. 1, 71 Abs. 1 GVG ist das Landgericht in Zivilsachen in erster Instanz sachlich zuständig, wenn der Streitwert mehr als 5.000 € beträgt. Die B-GmbH begehrt in dem Prozess die Zahlung von 10.000 € – macht also einen Streitwert von über 5.000 € geltend, sodass das Landgericht sachlich zuständig ist.

B. Örtliche Zuständigkeit des LG Duisburg

I. Ein ausschließlicher Gerichtsstand ist nicht gegeben.

II. Folglich hat die klagende B-GmbH **gemäß § 35 ZPO** unter mehreren zuständigen Gerichten die Wahl.

1. Gemäß §§ 12, 17 Abs. 1 ZPO befindet sich der **allgemeine Gerichtsstand** am Sitz der beklagten X-OHG, also in Hannover.

In den Anwendungsbereich des § 17 ZPO fallen entgegen der missverständlichen amtlichen Überschrift („allgemeiner Gerichtsstand juristischer Personen") alle passiv parteifähigen Personen, soweit sie nicht von § 13 ZPO (natürliche Personen) erfasst werden, also auch die gemäß § 124 HGB parteifähige OHG.[9]

2. Gemäß § 29 ZPO besteht für Streitigkeiten aus einem Vertragsverhältnis ein **besonderer Gerichtsstand am Erfüllungsort**.

Beachte: Der Begriff des Leistungsortes wird als Synonym zum Erfüllungsort gebraucht.

Der Erfüllungsort richtet sich nach materiellem Recht, d.h. mangels gesetzlicher Sonderregelungen nach § 269 BGB, sodass der Leistungsort für Geldschulden gemäß § 269 Abs. 1 BGB i.V.m. § 270 Abs. 4 BGB i.d.R. der Wohnsitz des Schuldners zur Zeit der Entstehung des Schuldverhältnisses ist. Bei juristischen Personen und rechtsfähigen Personengesellschaften tritt anstelle des Wohnsitzes der Sitz der Gesellschaft.[10]

Somit ist der besondere Gerichtsstand des Erfüllungsortes für den Anspruch auf Kaufpreiszahlung gemäß § 29 Abs. 1 ZPO am Sitz der OHG in Hannover.

---

9 Thomas/Putzo/Hüßtege § 17 ZPO Rn. 1.
10 Grüneberg/Grüneberg § 269 Rn. 17.

Daher ist das Landgericht Duisburg an sich nicht örtlich zuständig.

III. Das Landgericht Duisburg könnte **gemäß § 38 Abs. 1 ZPO** aufgrund der von der B-GmbH und der X-OHG getroffenen **Gerichtsstandsvereinbarung (Prorogation)** zuständig sein.

1. Die B-GmbH und die X-OHG haben eine **ausdrückliche Vereinbarung** über Duisburg als Gerichtsstand vereinbart.

2. Ferner müssen die B-GmbH und die X-OHG zu den prorogationsbefugten Vertragsparteien des § 38 Abs. 1 ZPO gehören, also Kaufleute, juristische Personen des öffentlichen Rechts oder öffentlich-rechtliches Sondervermögen sein.

Formkaufleute sind:
- GmbH, § 6 HGB i.V.m. § 13 Abs. 3 GmbHG
- AG, § 6 HGB i.V.m. § 3 Abs. 1 AktG
- KGaA, § 6 HGB i.V.m. § 278 Abs. 3 AktG
- eG, § 6 HGB i.V.m. § 17 Abs. 2 GenG

a) Die **B-GmbH** gilt **gemäß § 13 Abs. 3 GmbHG** als Handelsgesellschaft i.S.d. Handelsgesetzbuchs und ist daher – unabhängig davon, ob sie ein Handelsgewerbe betreibt – **Kaufmann kraft Rechtsform gemäß § 6 HGB**.

b) Fraglich ist, ob die **X-OHG** auch Kaufmann ist.

aa) Die Personenhandelsgesellschaften sind keine Kaufleute kraft Rechtsform,[11] sondern müssen ein Handelsgewerbe betreiben oder im Handelsregister eingetragen sein, vgl. § 105 Abs. 1 und 2 HGB (i.V.m. § 161 Abs. 2 HGB).

bb) Gemäß **§ 6 Abs. 1 HGB** finden jedoch auf die Handelsgesellschaften die für Kaufleute gegebenen Vorschriften Anwendung.

Somit finden die Vorschriften, die für Kaufleute gelten – also auch § 38 Abs. 1 ZPO – auf die X-OHG Anwendung, wenn es sich bei ihr wirklich um eine OHG und damit eine Handelsgesellschaft handelt.

Gemäß § 105 Abs. 1 HGB ist eine OHG gegeben, wenn mehrere Personen einen Vertrag schließen, der auf den gemeinsamen Betrieb eines Handelsgewerbes gerichtet ist und bei keinem der Gesellschafter die Haftung gegenüber den Gläubigern beschränkt ist.

(1) A hat mit zwei weiteren Personen vereinbart, einen größeren Baustoffhandel zu betreiben und eine Haftungsbeschränkung wurde nicht verabredet.

(2) Der Baustoffhandel stellt eine nach außen erkennbare, erlaubte, selbstständige, planmäßige, mit Gewinnerzielungsabsicht betriebene Tätigkeit dar, die kein freier Beruf ist. Folglich handelt es sich um ein Gewerbe. Die Vermutung des § 1 Abs. 2 HGB, dass jeder Gewerbebetrieb ein Handelsgewerbe ist, kann bei einem größeren Baustoffhandel auch nicht widerlegt werden, sodass der Betrieb ein Handelsgewerbe ist.

Infolgedessen ist eine OHG i.S.v. § 105 Abs. 1 HGB gegeben, die durch ihre Geschäftstätigkeit auch im Verhältnis zu Dritten wirksam geworden ist, vgl. § 123 Abs. 2 HGB, sodass gemäß § 6 Abs. 1 HGB die für die Kaufleute gegebenen Vorschriften und somit auch § 38 Abs. 1 ZPO auf die X-OHG Anwendung finden.

Demnach sind sowohl die B-GmbH als auch die X-OHG prorogationsbefugt gemäß § 38 Abs. 1 ZPO, sodass die getroffene Gerichtsstandsvereinbarung wirksam und das Landgericht Duisburg auch örtlich zuständig ist.

---

11 Hopt § 6 HGB Rn. 7.

3. Kaufmann kraft Rechtsscheins

Fall 5: Scheinkaufmann

K betreibt einen kleinen Kiosk. Er ist nicht im Handelsregister eingetragen. Um den Geschäftsführer S der G-GmbH, die prinzipiell nur Kaufleute beliefert, zum Vertragsabschluss zu bewegen, erklärt er diesem gegenüber wahrheitswidrig, er habe noch weitere 7 Kioske über den Stadtbezirk verteilt und die Geschäfte würden so gut laufen, dass die Eröffnung weiterer Geschäfte in konkreter Planung sei. S verlässt sich auf diese Informationen des K und es wird ein Kaufvertrag über eine Warenlieferung abgeschlossen. 4 Wochen nach der Lieferung stellt K fest, dass diese fehlerhaft ist.

K verlangt von der G-GmbH nach erfolgloser Fristsetzung Rückzahlung des Kaufpreises gegen Rückgabe der Ware. Zu Recht?

K könnte gegen die G-GmbH ein Anspruch auf Rückzahlung des Kaufpreises **aus § 346 Abs. 1 i.V.m. §§ 437 Nr. 2, 323 Abs. 1 BGB** zustehen.

I. Der erforderliche **Rücktrittsgrund** könnte sich aus §§ 437 Nr. 2, 323 Abs. 1 BGB ergeben.

1. Zwischen K und der G-GmbH besteht ein wirksamer Kaufvertrag.

2. Die von der G-GmbH gelieferte Ware hat einen Sachmangel gemäß § 434 Abs. 1 S. 2 Nr. 2 BGB

3. K hat der G-GmbH eine angemessene Frist zur Leistung oder Nacherfüllung gesetzt und diese ist erfolglos abgelaufen.

Daher besteht ein Rücktrittsgrund gemäß §§ 437 Nr. 2, 323 Abs. 1 BGB.

II. K hat eine **Rücktrittserklärung** abgegeben.

III. Das Rücktrittsrecht des K könnte **gemäß § 377 Abs. 2 HGB** wegen Verletzung der Rügeobliegenheit ausgeschlossen sein.

Gemäß § 377 Abs. 2 HGB gilt die Ware als genehmigt, wenn für den Käufer eine Rügeobliegenheit bestand und er diese verletzt hat.

Klausurhinweis: Zweistufige Prüfung des § 377 Abs. 2 HGB

- Bestehen einer Rügeobligenheit
- Verletzung der Rügeobligenheit

1. Für K muss demnach zunächst eine **Rügeobliegenheit bestehen**. Diese könnte sich aus § 377 Abs. 1 HGB ergeben.

a) Voraussetzung dafür ist ein **beiderseitiger Handelskauf**, also ein Kaufvertrag, der für beide Seiten ein Handelsgeschäft i.S.v. § 343 HGB darstellt.

aa) Ein Kaufvertrag zwischen K und der G-GmbH besteht.

bb) Dieser muss für beide Seiten ein Handelsgeschäft sein.

Handelsgeschäfte sind gemäß **§ 343 HGB** alle Geschäfte eines Kaufmanns, die zum Betriebe seines Handelsgewerbes gehören. Somit ist der Kaufvertrag für K und die GmbH ein Handelsgeschäft, wenn beide die **Kaufmannseigenschaft** innehaben und der Kaufvertrag **zum Betriebe ihres jeweiligen Handelsgewerbes gehört**.

(1) Die **Kaufmannseigenschaft der G-GmbH** ergibt sich **kraft Gesellschaftsform gemäß § 6 HGB i.V.m. § 13 Abs. 3 GmbHG**.

(2) Fraglich ist, ob K ebenfalls Kaufmann ist.

(a) K könnte gemäß § 1 Abs. 1 HGB kraft Betriebs eines Handelsgewerbes Kaufmann sein.

Der kleine Betrieb des K erfordert jedoch keine kaufmännischen Einrichtungen, sodass K kein Handelsgewerbe gemäß § 1 Abs. 2 HGB betreibt.

Mangels Handelsregistereintragung liegt auch kein Handelsgewerbe gemäß § 2 HGB oder § 5 HGB vor.

(b) K könnte jedoch aufgrund seines Verhaltens gegenüber dem Geschäftsführer als **Scheinkaufmann** analog § 5 HGB bzw. gemäß § 242 BGB zu behandeln sein.

Nach allgemeinen Rechtsscheingrundsätzen muss sich derjenige, der einen Rechtsschein zurechenbar veranlasst hat, gegenüber gutgläubigen Dritten, die im konkreten Vertrauen auf diesen Rechtsschein gehandelt haben, an diesem Rechtsschein festhalten lassen.[12] Demzufolge muss sich derjenige, der im Rechtsverkehr als Kaufmann auftritt, gutgläubigen Dritten gegenüber auch als solcher behandeln lassen.[13]

(aa) K hat durch seine Erklärungen gegenüber dem Geschäftsführer S der G-GmbH **zurechenbar den Rechtsschein gesetzt**, er betreibe ein Handelsgewerbe i.S.v. § 1 Abs. 2 HGB und sei daher Kaufmann.

(bb) Der Geschäftsführer S, den keine Nachforschungspflicht bezüglich dieser Angaben trifft, hat sich auf die Informationen des K verlassen und daher war er, und damit auch die G-GmbH, **gutgläubig**.

(cc) Die G-GmbH, die grundsätzlich nur Geschäfte mit Kaufleuten tätigt, hat den Kaufvertrag mit K im **konkreten Vertrauen** auf dessen Kaufmannseigenschaft geschlossen.

Beachte: Der Rechtsschein wirkt nur zugunsten des gutgläubigen Dritten, nicht zugunsten des Scheinkaufmanns.

K ist somit Scheinkaufmann und muss sich daher gegenüber der G-GmbH wie ein Kaufmann behandeln lassen.

(3) Der Kaufvertrag gehörte auch **zum Betriebe des jeweiligen Handelsgewerbes** von K und der G-GmbH, sodass ein beiderseitiger Handelskauf und somit die erste Voraussetzung des § 377 Abs. 1 HGB vorliegt.

b) Die Ablieferung der Ware ist erfolgt.

c) Die Ware ist mangelhaft i.S.v. § 434 BGB (s.o.).

d) Es ist keine Arglist des Verkäufers i.S.v. § 377 Abs. 5 HGB gegeben.

Somit liegen die Voraussetzungen des § 377 Abs. 1 HGB vor, sodass für K eine Rügeobliegenheit bestanden hat.

2. K hat den Mangel erst 4 Wochen nach der Lieferung der Ware entdeckt und gerügt und dadurch seine **Rügeobliegenheit verletzt**.

Folglich gilt die Ware als genehmigt, sodass das Rücktrittsrecht des K gemäß § 377 Abs. 2 HGB ausgeschlossen ist.

K hat infolgedessen keinen Anspruch auf Rückzahlung des Kaufpreises gegen die G-GmbH aus § 346 Abs. 1 i.V.m. §§ 437 Nr. 2, 323 Abs. 1 BGB.

---

12 BGHZ 17, 13, 18.

13 Canaris HandelsR § 6 Rn. 7 ff.

2. Teil: Inhaberwechsel und Firmenfortführung

Fall 6: Haftung bei Firmenfortführung

D betreibt seit 30 Jahren ein größeres Autohaus unter der im Handelsregister eingetragenen Firma „Erwin Diesel, Autohaus, e.K.“. Nach der Feier seines 60. Geburtstags beschließt er, sich zur Ruhe zu setzen, und veräußert den Betrieb an K, der ihn unter Beibehaltung der Betriebsstruktur und des Personals unter der eingetragenen Firma „Kurt König, e.K.“ fortführt.

Vier Monate nach Geschäftsübernahme fordert die Bank B, die D ein Geschäftsdarlehen i.H.v. 120.000 € gewährt hat, von K die Rückzahlung der Darlehenssumme. Sie ist der Auffassung, dass K als neuer Geschäftsinhaber für die Darlehensschuld einzustehen habe.

Steht B gegen K ein Anspruch i.H.v. 120.000 € zu?

A. B könnte gegen K ein Anspruch auf Darlehensrückzahlung i.H.v. 120.000 € **aus § 488 Abs. 1 S. 2 BGB** zustehen.

Dazu muss ein wirksamer Darlehensvertrag i.S.v. § 488 BGB zwischen B und K vorliegen. B hat sich jedoch nicht mit K, sondern mit D über einen Darlehensvertrag i.H.v. 120.000 € geeinigt, sodass K nicht der Vertragspartner der B ist.

Folglich besteht kein Anspruch der B gegen K aus § 488 Abs. 1 S. 2 BGB i.H.v. 120.000 €.

B. B könnte gegen K ein Anspruch auf Darlehensrückzahlung i.H.v. 120.000 € **aus § 488 Abs. 1 S. 2 BGB i.V.m. § 25 Abs. 1 S. 1 HGB** zustehen.

Beachte: § 25 Abs. 1 S. 1 HGB ist keine selbstständige Anspruchsgrundlage und muss daher im Obersatz immer i.V.m. der Norm zitiert werden, aus der sich die konkrete Verbindlichkeit ergibt!

Dazu müssen die Voraussetzungen des § 25 Abs. 1 S. 1 HGB erfüllt sein.

I. Erforderlich ist der **rechtsgeschäftliche Erwerb eines Handelsgeschäfts unter Lebenden**.

1. K hat das Autohaus des D angekauft, also durch Rechtsgeschäft unter Lebenden erworben.

2. Damit es sich um den Erwerb eines Handelsgeschäfts, also um den Erwerb des Betriebs eines Kaufmanns handelt, muss **D Kaufmann** sein.

Beachte: Der Gesetzgeber verwendet den Begriff des Handelsgeschäfts im HGB in unterschiedlicher Bedeutung: zum Teil i.S.v. § 343 HGB (= vom Kaufmann getätigte Geschäfte, die zum Betriebe seines Handelsgewerbes gehören), zum Teil i.S.v. Betrieb des Kaufmanns – so z.B. in §§ 25 ff. HGB.

Gemäß § 1 Abs. 1 HGB ist Kaufmann, wer ein Handelsgewerbe betreibt.

Das von D betriebene Autohaus stellt eine nach außen erkennbare, erlaubte, selbstständige, planmäßige, mit Gewinnerzielungsabsicht betriebene Tätigkeit dar, die kein freier Beruf ist. Daher betreibt D ein Gewerbe.

Nach der nicht widerlegten Vermutung des § 1 Abs. 2 HGB ist dieser Gewerbebetrieb des D auch ein Handelsgewerbe, sodass D Kaufmann gemäß § 1 Abs. 1 HGB ist.

Infolgedessen stellt der Erwerb des Autohauses den Erwerb eines Handelsgeschäfts dar.

II. Ferner muss K das **Handelsgeschäft unter der bisherigen Firma fortgeführt** haben.

1. Für die **Fortführung des Handelsgeschäfts** genügt es, wenn zumindest der den Schwerpunkt des Unternehmens bildende wesentliche Kern desselben übernommen wird.[14]

K hat die Betriebsstruktur des Autohauses unverändert gelassen und auch das Personal des D übernommen, folglich ist eine Fortführung des Handelsgeschäfts gegeben.

2. Nach dem eindeutigen Wortlaut des § 25 Abs. 1 S. 1 HGB muss das Handelsgeschäft **unter der bisherigen Firma** fortgeführt werden.

K hat die bisherige Firma „Erwin Diesel, Autohaus, e.K." nicht übernommen, sondern firmiert unter „Kurt König, e.K.", sodass keine Firmenfortführung vorliegt.

Umstritten ist, ob die Firmenfortführung für die Haftung nach § 25 Abs. 1 S. 1 HGB zwingend erforderlich ist oder ob die Unternehmensfortführung ausreicht, um die Haftung des Erwerbers zu begründen.

Beachte: Entscheidend ist allein die tatsächliche Firmenfortführung – unerheblich ist z.B., ob der Erwerber zur Firmenfortführung berechtigt ist oder ob die Firma überhaupt firmenrechtlich zulässig ist.

a) Nach ganz h.M. und Rspr. muss der Erwerber das Handelsgeschäft und die Firma fortführen, da es sonst an der für die Haftung nach § 25 Abs. 1 S. 1 HGB erforderlichen Kontinuität nach außen fehle.[15]

b) Nach a.A. reicht die Unternehmensfortführung aus, um die Haftung des Erwerbers gemäß § 25 Abs. 1 S. 1 HGB zu begründen.[16] Auf die Firmenfortführung, also die Beibehaltung des Namens, abzustellen, sei heutzutage nicht mehr zeitgemäß, maßgeblich und daher haftungsbegründend sei vielmehr die Unternehmenskontinuität.

c) Stellungnahme: Der Wortlaut des § 25 HGB verlangt eindeutig die Fortführung unter der bisherigen Firma. Diesen klaren Gesetzestext hat der Gesetzgeber auch anlässlich der Handelsrechtsreform (1998) nicht verändert, sodass davon auszugehen ist, dass der Gesetzgeber weiterhin an diesem Merkmal festhalten möchte.

Folglich ist für die Haftung des Erwerbers nach § 25 Abs. 1 S. 1 HGB die Fortführung des Handelsgeschäfts und der Firma erforderlich.

K hat zwar das Handelsgeschäft des D fortgeführt, aber nicht unter der bisherigen Firma, sodass eine Haftung gemäß § 25 Abs. 1 S. 1 HGB ausscheidet.

B steht folglich auch kein Anspruch gegen K auf Zahlung i.H.v. 120.000 € aus § 488 Abs. 1 S. 2 BGB i.V.m. § 25 Abs. 1 S. 1 HGB zu.

---

14 Hopt § 25 HGB Rn. 6.

15 BGH NJW 1992, 911; Canaris HandelsR § 7 Rn. 29 m.w.N.

16 K. Schmidt HandelsR § 8 Rn. 32.

Fall 7: Haftung bei Firmenfortführung – Anfechtung – Haftungsausschluss

F betreibt in Münster einen großen Fahrradhandel unter der im Handelsregister eingetragenen Firma „Fahrrad Franz, e.K.". Der Betrieb floriert, jedoch verspekuliert sich F an der Börse, sodass er in der Folgezeit mehrere Geschäftsdarlehen aufnehmen muss.

Da der Fahrradmarkt in Münster wegen der ständig wachsenden Konkurrenz immer enger wird, verliert F die Freude an seinem Geschäft und veräußert den Betrieb für einen Kaufpreis von 200.000 € an Z. Die demnächst zur Rückzahlung anstehenden Darlehen hatte F dem Z bei den Vertragsverhandlungen bewusst verschwiegen, allerdings wird im Kaufvertrag ein Haftungsausschluss zugunsten des Z vereinbart.

Z führt den Betrieb unter der eingetragenen Firma „Fahrrad Franz – Inhaber Z, e.K." fort. Weitere Eintragungen im Handelsregister erfolgen nicht.

Drei Monate nach Geschäftsübernahme fordert die Bank B, die F ein Geschäftsdarlehen i.H.v. 100.000 € gewährt hat, von Z die Rückzahlung der Darlehenssumme. Daraufhin stellt Z Nachforschungen an und erfährt von den übrigen Verbindlichkeiten. Er ist entrüstet und erklärt gegenüber F die Anfechtung des Kaufvertrags wegen arglistiger Täuschung.

Der B teilt er mit, sie solle sich wegen der Rückzahlung des Darlehens an F wenden, er habe mit der ganzen Angelegenheit wegen der Anfechtung nichts mehr zu tun und im Übrigen habe er mit F einen Haftungsausschluss vereinbart.

Steht B gegen Z ein Anspruch i.H.v. 100.000 € zu, wenn die von Z erklärte Anfechtung wirksam ist?

A. Ein Anspruch der B gegen Z **aus § 488 Abs. 1 S. 2 BGB** scheidet mangels eines Darlehensvertrages zwischen B und Z aus.

B. B könnte gegen Z ein Anspruch auf Darlehensrückzahlung i.H.v. 100.000 € **aus § 488 Abs. 1 S. 2 BGB i.V.m. § 25 Abs. 1 S. 1 HGB** zustehen.

I. Dazu müssen die Voraussetzungen des § 25 Abs. 1 S. 1 HGB erfüllt sein.

1. Erforderlich ist der **rechtsgeschäftliche Erwerb eines Handelsgeschäfts unter Lebenden.**

Z hat den Fahrradhandel angekauft, also unter Lebenden erworben.

Der von F geführte Fahrradhandel stellt eine nach außen erkennbare, erlaubte, selbstständige, planmäßige, mit Gewinnerzielungsabsicht betriebene Tätigkeit dar, die kein freier Beruf ist, sodass F ein Gewerbe betrieben hat. Nach der nicht widerlegten Vermutung des § 1 Abs. 2 HGB ist dieser Gewerbebetrieb des F auch ein Handelsgewerbe, sodass F Kaufmann gemäß § 1 Abs. 1 HGB ist.

Infolgedessen stellt der Erwerb des Fahrradhandels den Erwerb eines Handelsgeschäfts unter Lebenden dar.

2. Ferner muss Z das Handelsgeschäft unter der bisherigen Firma **fortgeführt** haben.

Erforderlich ist bei der Firmenfortführung keine wortgetreue Übernahme der alten Firma, sondern es ist ausreichend, wenn der Kern der Firma und die prägenden Zusätze übernommen werden.

a) Z hat den Fahrradhandel unter der Firma „Fahrrad Franz – Inhaber Z, e.K." fortgeführt. Dadurch hat er die bisherige Firma beibehalten und durch einen Nachfolgezusatz ergänzt. Dieser Nachfolgezusatz ist nach dem eindeutigen Wortlaut des § 25 Abs. 1 S. 1 HGB unerheblich.

b) Z hat jedoch gegenüber F wirksam die Anfechtung des Kaufvertrags erklärt und sich daher vom Erwerbsgeschäft mit Rückwirkung, vgl. § 142 Abs. 1 BGB, gelöst.

Umstritten ist, ob für die Haftung des Erwerbers aus § 25 Abs. 1 S. 1 HGB die tatsächliche Fortführung des Handelsgeschäfts unter bisheriger Firma ausreicht oder ob diese auf einem wirksamen Erwerbsgeschäft beruhen muss.

aa) Nach **h.M.** ist für die Haftung des § 25 Abs. 1 S. 1 HGB allein die tatsächliche Übernahme und Fortführung des Handelsgeschäfts samt der Firma maßgeblich. Da diese als Realakt nicht rückgängig zu machen ist, sei die Wirksamkeit des Übernahmevertrags für die Haftung aus § 25 Abs. 1 S. 1 HGB unerheblich.[17]

bb) Nach **a.A.** verlange der „Erwerb" eines Handelsgeschäfts die Wirksamkeit des zugrunde liegenden Rechtsgeschäfts.[18] Daher sei § 25 Abs. 1 S. 1 HGB nicht einschlägig, wenn der Vertrag zwischen dem bisherigen und dem neuen Unternehmensinhaber nichtig oder (schwebend) unwirksam ist oder wenn der Veräußerer das Geschäft – etwa infolge einer Anfechtung oder eines Rücktritts – rückgängig macht.

cc) Stellungnahme: Da § 25 Abs. 1 S. 1 HGB den Rechtsverkehr schützt und für diesen von außen nicht erkennbar ist, ob ein wirksamer Vertrag zwischen altem und neuem Geschäftsinhaber vorliegt, kann für die Haftung aus § 25 Abs. 1 S. 1 HGB allein der nach außen wahrnehmbare tatsächliche Erwerb und nicht das interne Vertragsverhältnis maßgeblich sein. Zudem ist der Erwerber nicht schutzwürdiger als der Geschäftsverkehr, da er sich durch die Vereinbarung eines Haftungsausschlusses gemäß § 25 Abs. 2 HGB schützen bzw. die Firma ändern oder aufgeben kann.

3. Aufgrund des von F bei der B aufgenommenen Darlehens i.H.v. 100.000 € besteht gemäß § 488 Abs. 1 S. 2 BGB eine **Verbindlichkeit, die im Betrieb des früheren Inhabers begründet** worden ist.

4. Die Haftung darf **nicht gemäß § 25 Abs. 2 HGB ausgeschlossen sein.**

Beachte: Das Risiko verzögerter Eintragung und Bekanntmachung trifft den Erwerber. Es kommt weder auf sein Verschulden noch auf ein solches des Registergerichts an.

Der Veräußerer F und der Erwerber Z haben einen Haftungsausschluss zugunsten des Z vereinbart. Dieser wirkt gemäß § 25 Abs. 2 HGB Dritten gegenüber jedoch nur, wenn er im Handelsregister eingetragen und bekannt gemacht worden ist oder vom Erwerber oder Veräußerer dem Dritten mitgeteilt wurde.

Fraglich ist, ob es ausreicht, dass Z der B den mit F vereinbarten Haftungsausschluss mitgeteilt hat, als er von ihr in Anspruch genommen worden ist.

---

17 BGHZ 18, 252; 22, 239; Hopt § 25 HGB Rn. 5; Koller/Kindler/Roth/Drüen § 25 HGB Rn. 4.

18 Canaris HandelsR § 7 Rn. 24; Lettl HandelsR § 5 Rn. 19.

Zwar enthält § 25 Abs. 2 HGB keine Frist, innerhalb derer die Eintragung oder die Mitteilung an den Dritten zu erfolgen hat, die Vorschrift muss jedoch eng ausgelegt werden, um den mit § 25 Abs. 1 S. 1 HGB verfolgten Schutz des Rechtsverkehrs nicht zu unterlaufen. Daher muss die Eintragung oder die Mitteilung an den Dritten **mit der Geschäftsübernahme zusammenfallen** oder **unverzüglich danach** erfolgen.[19]

B hat Z erst drei Monate nach Geschäftsübernahme in Anspruch genommen und erst daraufhin hat Z der B den vereinbarten Haftungsausschluss mitgeteilt, sodass die Mitteilung nicht unverzüglich nach der Geschäftsübernahme erfolgte und der Haftungsausschluss nicht gegenüber B wirkt.

Demnach sind die Voraussetzungen des § 25 Abs. 1 S. 1 HGB gegeben.

II. Rechtsfolge des § 25 Abs. 1 S. 1 HGB ist eine unbeschränkte Haftung des neuen Inhabers für die vom alten Inhaber begründete Verbindlichkeit.

Der alte Inhaber F haftet gegenüber B aus § 488 Abs. 1 S. 2 BGB. Folglich haften F und Z gegenüber B als Gesamtschuldner ⇨ Innenausgleich über § 426 BGB.

Daher steht B gegen Z ein Anspruch aus § 488 Abs. 1 S. 2 BGB i.V.m. § 25 Abs. 1 S. 1 HGB i.H.v. 100.000 € zu.

19 Hopt § 25 HGB Rn. 15.

Fall 8: Geschäftsforderungen des alten Inhabers – § 25 Abs. 1 S. 2 HGB

Kaufmann T betreibt einen größeren Copy-Shop mit mehreren Filialen unter der im Handelsregister eingetragenen Firma „Thomas T. Kopien, e.K.". Für einen größeren Auftrag, den er im November 2020 erledigt hat, steht ihm eine Werklohnforderung gegen den Kaufmann S i.H.v. 10.000 € zu.

Im Januar 2021 veräußert T seinen Geschäftsbetrieb für 100.000 € an U, der ihn mit Zustimmung des T unter der eingetragenen Firma „Thomas T. Kopien, Inhaber U., e.K." fortführt. T und U haben bei der Veräußerung vereinbart, dass die Forderungen, die dem T noch aus dem Geschäftsbetrieb zustehen, nicht auf U übergehen. Eine Eintragung dieser Vereinbarung im Handelsregister erfolgte nicht.

Als U den S im April 2021 auf Zahlung der noch ausstehenden 10.000 € in Anspruch nimmt, wendet dieser ein, U sei nicht sein Vertragspartner.

Steht U gegen S ein Anspruch auf Zahlung i.H.v. 10.000 € zu, wenn T und S in ihrem Vertrag ein Abtretungsverbot vereinbart haben?

A. Mangels eines Werkvertrages zwischen U und S scheidet ein Anspruch des U gegen S **aus § 631 Abs. 1 BGB** aus.

B. U könnte gegen S ein Anspruch auf Zahlung i.H.v. 10.000 € **aus § 631 Abs. 1 BGB i.V.m. § 25 Abs. 1 S. 2 HGB** zustehen.

I. Dazu müssen die Voraussetzungen des § 25 Abs. 1 S. 2 HGB gegeben sein.

1. Die Vorschrift des § 25 Abs. 1 S. 2 HGB erfordert zunächst das Vorliegen der **Voraussetzungen des § 25 Abs. 1 S. 1 Hs. 1 HGB**, also den Erwerb eines Handelsgeschäfts unter Lebenden sowie die Fortführung des Geschäfts unter der bisherigen Firma.

U hat das Handelsgeschäft des T angekauft, also rechtsgeschäftlich erworben, und unter der bisherigen Firma mit Beifügung eines Nachfolgezusatzes fortgeführt.

Anm.: Dass § 25 Abs. 1 S. 2 HGB – im Gegensatz zu § 25 Abs. 1 S. 1 HGB – eine (zumindest konkludente) Einwilligung des alten Inhabers in die Firmenfortführung erfordert, rechtfertigt sich daraus, dass durch die Regelung des § 25 Abs. 1 S. 2 HGB in die Rechtsposition des alten Inhabers eingegriffen wird, was bei § 25 Abs. 1 S. 1 HGB nicht der Fall ist.

2. T hat der Firmenfortführung durch U auch zugestimmt, sodass die erforderliche **Einwilligung des alten Inhabers in die Firmenfortführung** gegeben ist.

3. Zudem verlangt § 25 Abs. 1 S. 2 HGB das **Bestehen einer Forderung, die im Betrieb des alten Inhabers begründet** worden ist.

Die Werklohnforderung des T gegen S ist im Geschäftsbetrieb des T begründet worden.

4. Weiterhin ist nach ganz h.M. erforderlich, dass die **Forderung überhaupt übertragbar ist** und dass für die Abtretung der Forderung **keine besonderen Formvorschriften** gegeben sind (Wahrung der Abtretungsvorschriften).[20] Zur Begründung dieser zusätzlichen ungeschriebenen Voraussetzungen wird darauf verwiesen, dass § 25 Abs. 1 S. 2 HGB, der eine Abtretungsfiktion zur Folge habe, nicht weitergehen könne als eine in

20 BGH WM 1992, 736; Hopt § 25 HGB Rn. 23; z.T. a.A. Canaris HandelsR § 7 Rn. 70, 71.

Wirklichkeit erfolgte Abtretung, und dass die Abtretungsfiktion bzgl. einer formbedürftigen Abtretung die damit verfolgten Formzwecke unterlaufe.

Die Abtretung einer Werklohnforderung unterliegt keiner besonderen Formvorschrift, aber T und S haben in ihrem Werkvertrag ein **Abtretungsverbot vereinbart**, sodass die Werklohnforderung nicht übertragbar sein könnte.

a) Gemäß § 399 Fall 2 BGB kann ein Abtretungsverbot zwischen dem Schuldner und dem Gläubiger wirksam mit Außenwirkung vereinbart werden, sodass eine Abtretung dann grundsätzlich nicht möglich ist und infolgedessen auch die Fiktion des § 25 Abs. 1 S. 2 HGB nicht eingreifen würde.

b) Die Abtretung der Werklohnforderung des T gegen S könnte jedoch trotz des vereinbarten Abtretungsverbots **gemäß § 354 a Abs. 1 S. 1 HGB** möglich sein.

Normzweck des § 354 a HGB: Erleichterte Finanzierungsmöglichkeiten für kleinere und mittlere Unternehmen (z.B. abtretbare Geldforderungen als Kreditsicherheit für Banken).

Danach kann eine Geldforderung, deren Abtretung durch Vereinbarung mit dem Schuldner gemäß § 399 BGB ausgeschlossen worden ist, gleichwohl wirksam abgetreten werden, wenn das Rechtsgeschäft, das die Forderung begründet hat, für beide Teile ein Handelsgeschäft ist.

aa) S und T haben die Abtretung der Werklohnforderung, also einer Geldforderung, durch Vereinbarung gemäß § 399 BGB ausgeschlossen.

bb) Ferner muss der Werkvertrag, der die Forderung begründet hat, für beide Teile ein Handelsgeschäft sein.

Handelsgeschäfte sind gemäß § 343 HGB alle Geschäfte eines Kaufmanns, die zum Betrieb seines Handelsgewerbes gehören.

S und T sind Kaufleute und es ist nach der Vermutung des § 344 Abs. 1 HGB davon auszugehen, dass der Werkvertrag zum Betrieb ihres jeweiligen Handelsgeschäfts gehört.

Folglich stammt die Forderung aus einem beiderseitigen Handelsgeschäft.

cc) Somit liegen die Voraussetzungen des § 354 a Abs. 1 S. 1 HGB vor und eine Abtretung der Werklohnforderung wäre in Wirklichkeit möglich.

Infolgedessen werden die Abtretungsvorschriften bei der Fiktion gewahrt.

5. Schließlich darf die Fiktionswirkung des § 25 Abs. 1 S. 2 HGB **nicht gemäß § 25 Abs. 2 HGB ausgeschlossen sein**.

T und U haben im Übernahmevertrag vereinbart, dass die Geschäftsforderungen nicht auf U übergehen. Insofern liegt eine abweichende Vereinbarung vor. Diese wirkt jedoch gemäß § 25 Abs. 2 HGB Dritten gegenüber nur dann, wenn sie im Handelsregister eingetragen und bekannt gemacht oder dem Dritten vom Erwerber oder Veräußerer mitgeteilt worden ist.

Es ist weder eine Eintragung im Handelsregister erfolgt noch haben T oder U dem S die abweichende Vereinbarung unverzüglich nach Geschäftsübernahme mitgeteilt.

Daher liegen die Voraussetzungen des § 25 Abs. 1 S. 2 HGB vor.

II. Als **Rechtsfolge** gilt die Forderung des T gegen U als auf den S übergegangen, sodass U von S gemäß § 631 Abs. 1 BGB i.V.m. § 25 Abs. 1 S. 2 HGB Zahlung i.H.v. 10.000 € verlangen kann.

Fall 9: Inhaberwechsel kraft Erbfolge

Der verwitwete Tierfuttermittelfabrikant F ist bei einem Verkehrsunfall ums Leben gekommen. Er wird aufgrund eines von ihm wirksam errichteten Testaments von seinem einzigen Sohn S beerbt, der den väterlichen Betrieb zunächst unter der bisherigen Firma „Tierfuttermittel Ferdinand F, e.K." fortführt.

Nachdem S sich zwei Monate lang in die geschäftliche Situation eingearbeitet hat, beschließt er, dass der Betrieb frischen Wind benötigt, wozu auch ein neuer Name gehört. S ändert die Firma und tritt nunmehr mit der eingetragenen Firma „Stefan F. – Alles was das Tier braucht, e.K." auf.

Sechs Monate nach dem Erbfall verlangt Gläubiger G, der F ein Geschäftsdarlehen i.H.v. 20.000 € gewährt hatte, von S Zahlung. Zu Recht?

Nachlassverbindlichkeiten:
- Erblasserschulden
- Erbfallschulden
- Erbschaftsverwaltungsschulden
- Nachlasserbenschulden

A. G könnte gegen S ein Anspruch **aus § 488 Abs. 1 S. 2 BGB i.V.m. § 1967 BGB** i.H.v. 20.000 € zustehen.

I. Gemäß § 1967 Abs. 1 BGB haftet der Erbe für die Nachlassverbindlichkeiten des Erblassers.

S ist gemäß §§ 1937, 1922 BGB testamentarischer Erbe des F. Ferner muss es sich bei der Darlehensschuld um eine Nachlassverbindlichkeit handeln.

Zu den Nachlassverbindlichkeiten gehören gemäß § 1967 Abs. 2 BGB insbesondere die vom Erblasser herrührenden Verbindlichkeiten, sog. Erblasserschulden. Die Darlehensverbindlichkeit ist vom Erblasser F zu Lebzeiten wirksam begründet worden, sodass es sich um eine Nachlassverbindlichkeit handelt, für die S gemäß § 488 Abs. 1 S. 2 BGB i.V.m. § 1967 BGB haftet.

II. Fraglich ist, **mit welcher Vermögensmasse** S für die Nachlassverbindlichkeit haftet.

1. Grundsätzlich haftet der Erbe für die Nachlassverbindlichkeiten in voller Höhe mit seinem gesamten Vermögen, d.h. mit dem Nachlass und mit seinem Eigenvermögen.

Merke: Jeder Erbe haftet für die Nachlassverbindlichkeiten unbeschränkt, aber beschränkbar auf den Nachlass.

2. Gemäß §§ 1975 ff. BGB kann der Erbe seine Haftung für die Nachlassverbindlichkeiten jedoch durch Nachlassverwaltung, Nachlassinsolvenz oder die Dürftigkeitseinrede auf den Nachlass beschränken.

Mangels Überschuldung oder Dürftigkeit des Nachlasses scheiden Nachlassinsolvenzverfahren und die Dürftigkeitseinrede als Beschränkungsmöglichkeit für S aus. In Betracht kommt die Beantragung einer Nachlassverwaltung, wovon der S jedoch zur Zeit noch keinen Gebrauch gemacht hat.

Somit steht G gegen S ein Anspruch aus § 488 Abs. 1 S. 2 BGB i.V.m. § 1967 BGB i.H.v. 20.000 € zu, für den S unbeschränkt haftet, ihm bleibt jedoch die Möglichkeit, seine Haftung auf das geerbte Vermögen durch die Anordnung einer Nachlassverwaltung zu beschränken.

Beachte: § 27 HGB tritt neben die erbrechtliche Haftung.

B. G könnte gegen S ein Anspruch aus **§ 488 Abs. 1 S. 2 BGB i.V.m. § 27 Abs. 1 HGB** i.H.v. 20.000 € zustehen.

Dazu müssen die Voraussetzungen des § 27 Abs. 1 HGB vorliegen.

I. Erforderlich ist, dass der **Erbe** ein **zum Nachlass gehörendes Handelsgeschäft fortführt**.

S hat die Tierfuttermittelfabrik seines Vaters – also ein Handelsgeschäft – geerbt und dieses fortgeführt.

II. Umstritten ist, ob der Erbe das Handelsgeschäft **unter der bisherigen Firma** fortführen muss.

1. Nach ganz h.M. erfordert die Haftung nach § 27 Abs. 1 HGB die Fortführung des Betriebs unter der bisherigen Firma.[21] Dies ergebe sich zum einen aus dem Verweis des § 27 Abs. 1 HGB auf den § 25 HGB, bei dem es sich um einen Rechtsgrundverweis handele, sodass die Voraussetzungen der Norm des § 25 HGB – also auch die Firmenfortführung – vorliegen müsse; zum anderen folge dies aus der systematischen Stellung des § 27 HGB im Abschnitt „Handelsfirma".

Beachte: Folglich entfällt die Haftung des Erben gemäß § 27 Abs. 1 HGB, wenn der Erbe das Handelsgeschäft von Anfang an unter anderer Firma fortführt.

2. Nach a.A. ist die Firmenfortführung für die Haftung des Erben gemäß § 27 HGB keine Voraussetzung, da es sich bei dem Verweis in § 27 Abs. 1 HGB um einen Rechtsfolgenverweis handele, sodass die Voraussetzungen des § 25 HGB nicht vorliegen müssten.[22]

3. Da S den Betrieb zunächst unter der bisherigen Firma fortgeführt hat, bedarf der Streit keiner Entscheidung.

III. Ferner muss eine **Verbindlichkeit** bestehen, die **im Betrieb des früheren Inhabers begründet** worden ist.

Die Darlehensschuld ist von F zu Lebzeiten wirksam im Geschäftsbetrieb begründet worden.

IV. Schließlich darf **keine Geschäftseinstellung gemäß § 27 Abs. 2 HGB** vorliegen.

1. Eine solche Einstellung liegt unzweifelhaft vor, wenn eine Aufgabe von Geschäft und Firma innerhalb von drei Monaten nach Kenntnis von der Erbschaft erfolgt.

Die dreimonatige Frist zur Einstellung soll dem Erben Gelegenheit geben, sich über die Geschäftslage zu informieren, um entscheiden zu können, ob er das Risiko einer Geschäftsfortführung eingehen möchte.

S hat das geerbte Handelsgeschäft jedoch bereits sechs Monate fortgeführt, sodass eine Einstellung in Form einer Geschäftsaufgabe innerhalb von drei Monaten ausscheidet.

2. S hat jedoch nach zweimonatiger Geschäftsfortführung unter der bisherigen Firma diese nachträglich geändert.

Es ist **umstritten**, ob die **nachträgliche Änderung der Firma** innerhalb von drei Monaten nach Kenntnis vom Anfall der Erbschaft eine **Einstellung i.S.v. § 27 Abs. 2 HGB** darstellt.

a) Nach einer Meinung ist die nachträgliche Änderung der Firma keine Einstellung i.S.v. § 27 Abs. 2 HGB, da die Regelung vom Wortlaut eine Einstellung der unternehmerischen Tätigkeit verlange.[23]

Danach lässt die nachträgliche Änderung der Firma durch den S seine Haftung aus § 27 Abs. 1 HGB unberührt.

21 Hopt § 27 HGB Rn. 3 m.w.N.

22 K. Schmidt HandelsR § 8 Rn 135.

23 GroßKomm/Hüffer § 27 HGB Rn. 26.

b) Nach a.A. reicht die nachträgliche Firmenänderung für eine Einstellung aus. Zur Begründung wird darauf abgestellt, dass auch bei § 27 HGB der Anknüpfungspunkt der Haftung die Beibehaltung der Firma sei, sodass es ausreichen müsse, wenn der Erbe innerhalb der ihm eingeräumten drei Monate diesen Haftungsanknüpfungspunkt beseitige.[24]

Folgt man dieser Ansicht, so entfällt die Haftung des S wegen der nach zwei Monaten erfolgten Änderung der Firma.

Unbestreitbar enthält die letztgenannte Ansicht eine gewisse Missbrauchsgefahr: der Erbe nutzt knappe drei Monate die Firma und entzieht sich dann durch nachträgliche Änderung der Firma der Haftung.

c) Stellungnahme: Der erstgenannten Ansicht ist zuzugeben, dass der Wortlaut des § 27 Abs. 2 HGB tatsächlich davon spricht, dass „die Fortführung des Geschäfts" eingestellt werden muss. Dass die Änderung der Firma als Einstellung ausreichend sein könnte, ist nach dem Wortlaut wirklich nicht ersichtlich. Ob diesem Wortlautargument großes Gewicht zukommt, erscheint allerdings zweifelhaft, da schon in § 27 Abs. 1 HGB von der Fortführung der Firma nicht die Rede war und die h.M. dieses Erfordernis aus dem Verweis auf § 25 HGB und der systematischen Stellung der Norm zieht. Ferner erscheint es wenig überzeugend, dass ein Erbe, der sofort – also ohne die geschäftliche Situation zu prüfen – die Firma ändert, der Haftung aus § 27 Abs. 1 HGB entgeht, während der Erbe, der die Möglichkeit, die ihm der Gesetzgeber durch die dreimonatige Frist zur Einstellung gegeben hat, nutzt und erst nach einer Prüfung der geschäftlichen Lage die Firma ändern möchte, der Haftung des § 27 Abs. 2 HGB auf diesem Wege nicht mehr entgehen kann.

Folglich ist die nachträgliche Änderung der Firma innerhalb der Dreimonatsfrist als Einstellung i.S.v. § 27 Abs. 2 HGB zu bewerten, sodass die Haftung des S gemäß § 27 Abs. 2 HGB ausgeschlossen ist.

G steht somit gegen S kein Anspruch aus § 488 Abs. 1 S. 2 BGB i.V.m. § 27 Abs. 1 HGB i.H.v. 20.000 € zu.

Abwandlung:

Wie ist die Rechtslage, wenn S unmittelbar nach Geschäftsübernahme einen Haftungsausschluss im Handelsregister eintragen lässt?

A. Ein Anspruch des G gegen S **aus § 488 Abs. 1 S. 2 BGB i.V.m. § 1967 BGB** i.H.v. 20.000 € besteht (s.o.).

B. G könnte gegen S ein Anspruch aus **§ 488 Abs. 1 S. 2 BGB i.V.m. § 27 Abs. 1 HGB** i.H.v. 20.000 € zustehen.

Dazu müssen die Voraussetzungen des § 27 Abs. 1 HGB vorliegen.

I. Erbe S hat das zum Nachlass gehörende Handelsgeschäft unter der bisherigen Firma fortgeführt (s.o.).

II. Das von F bei G aufgenommene Darlehen ist eine im Betrieb des früheren Inhabers begründete Verbindlichkeit (s.o.).

III. Es liegt **keine Geschäftseinstellung gemäß § 27 Abs. 2 HGB** vor (s.o.).

---

24 Canaris HandelsR § 7 Rn. 109.

IV. Der Haftung des S aus § 27 Abs. 1 HGB könnte entgegenstehen, dass er unmittelbar nach Geschäftsübernahme einen Haftungsausschluss im Handelsregister eintragen ließ.

Es ist umstritten, ob ein Ausschluss der Haftung nach § 27 HGB dadurch möglich ist, dass der Erbe die Eintragung eines Haftungsausschlusses ins Handelsregister gemäß § 25 Abs. 2 HGB bewirkt.

1. Nach einer Meinung ist ein einseitiger Haftungsausschluss gemäß § 25 Abs. 2 HGB im Rahmen der Haftung des Erben gemäß § 27 Abs. 1 HGB wegen der unterschiedlichen Interessenlage beim Erwerb unter Lebenden und beim erbrechtlichen Erwerb unzulässig.[25] Beim Erwerb eines Handelsgeschäfts unter Lebenden hafte den Gläubigern in jedem Falle der bisherige Inhaber. Ferner spreche auch der Normzweck des § 27 HGB gegen eine Anwendung des § 25 Abs. 2 HGB. Sollte der Erbe im Fall der Unternehmensfortführung den Altgläubigern gegenüber persönlich genauso haften wie gegenüber den Neugläubigern, dann bestehe kein Anlass zur Anerkennung eines einseitigen Haftungsausschlussgrundes, den es im Verhältnis zu den Neugläubigern nicht gibt.

Nach dieser Ansicht entfällt die Haftung des S nicht wegen des im Handelsregister eingetragenen Haftungsausschlusses.

2. Nach der h.M. ist § 25 Abs. 2 HGB auch im Rahmen des § 27 Abs. 1 HGB anwendbar.[26] Das ergebe sich schon daraus, dass nach § 27 Abs. 1 HGB der gesamte § 25 HGB, also nicht nur § 25 Abs. 1 HGB, sondern auch § 25 Abs. 2 HGB entsprechend anwendbar sei. Die Gläubiger seien dadurch auch nicht schlechter gestellt als beim Erwerb unter Lebenden: Zwar falle anders als bei einer Geschäftsübernahme unter Lebenden i.S.v. § 25 Abs. 1 HGB der bisherige Inhaber als Schuldner weg, jedoch hafte anstelle des Erblassers der Erbe nach bürgerlichem Recht jedenfalls mit dem Nachlass und diese Haftung könne nicht ausgeschlossen werden.

Danach entfällt die Haftung des S aus § 27 Abs. 1 HGB wegen des im Handelsregister eingetragenen Haftungsausschlusses.

Es ist daher jedem Erben eines Handelsgeschäfts dringend anzuraten, unverzüglich einen derartigen Haftungsausschluss im Handelsregister eintragen zu lassen.

3. Stellungnahme: Da § 27 Abs. 1 HGB explizit auf die Vorschriften des gesamten § 25 HGB verweist und die Gläubiger wegen der erbrechtlichen Haftung, die ihnen als Minimum den Nachlass des Verstorbenen als Haftungsmasse eröffnet, auch nicht schutzwürdig sind, erscheint es vorzugswürdig, mit der h.M. den § 25 Abs. 2 HGB im Rahmen des § 27 HGB für anwendbar zu halten.

Somit entfällt die Haftung des S aus § 27 Abs. 1 HGB wegen des im Handelsregister eingetragenen Ausschlusses, sodass G gegen S kein Anspruch aus § 488 Abs. 1 S. 2 BGB i.V.m. § 27 Abs. 1 HGB i.H.v. 20.000 € zusteht.

25 K. Schmidt § 8 Rn. 146, 147.
26 Hopt § 27 HGB Rn. 8 m.w.N.

Fall 10: Eintritt in das Geschäft eines Einzelkaufmanns – § 28 HGB

Kaufmann K betreibt eine größere Kfz-Werkstatt unter der eingetragenen Firma „Uwe König, e.K.". Da ihn die kaufmännische Buchführung mangels entsprechender Ausbildung ständig überfordert, nimmt er zum 01.01.2021 den L, der ein Betriebswirtschaftsstudium erfolgreich absolviert hat, als gleichberechtigten Partner in sein Unternehmen auf. Nach einer Idee des L firmiert der Betrieb nunmehr unter „Königliche Autoreparaturen, OHG".

Gläubiger G, der dem K vor Monaten Waren im Wert von 10.000 € geliefert und noch keine Bezahlung erhalten hat, fragt nach seinen Ansprüchen.

A. Ein Anspruch des **G gegen K aus § 433 Abs. 2 BGB** ist aufgrund des von K und G geschlossenen Kaufvertrags gegeben.

Beachte: Bei einem Anspruch gegen eine OHG ist § 124 HGB immer im Obersatz mitzuzitieren, um die Rechtsfähigkeit der OHG von Anfang an klarzustellen.

B. G könnte gegen die **OHG** ein Anspruch **aus § 433 Abs. 2 BGB i.V.m. § 28 Abs. 1 S. 1 HGB i.V.m. § 124 HGB** zustehen.

I. K und L haben sich wirksam geeinigt, das Handelsgewerbe des K gemeinsam zu betreiben, sodass eine **OHG besteht**, vgl. §§ 105, 123 Abs. 2 HGB.

II. Ferner muss eine **Verbindlichkeit der OHG aus § 433 Abs. 2 BGB i.V.m. § 28 Abs. 1 S. 1 HGB** gegeben sein.

1. Dazu müssen die **Voraussetzungen § 28 Abs. 1 S. 1 HGB** gegeben sein.

a) Die Kfz-Werkstatt des K ist das Geschäft eines Einzelkaufmanns.

b) Nach dem Wortlaut des § 28 Abs. 1 S. 1 HGB ist ferner der „Eintritt" eines persönlich haftenden Gesellschafters oder Kommanditisten in das Geschäft des Einzelkaufmanns erforderlich. Juristisch ist es allerdings nicht möglich, als Gesellschafter in das Geschäft eines Einzelkaufmanns einzutreten. Infolgedessen ist nach allgemeiner Ansicht erforderlich, dass **eine Personengesellschaft unter Einbringung des Handelsgeschäfts gegründet** wird.

K und L haben durch den Entschluss, die Kfz-Werkstatt des K nunmehr gemeinsam betreiben zu wollen, eine OHG unter Einbringung des vorher von K betriebenen Handelsgeschäfts gegründet.

Beachte: Dass bei § 28 HGB – im Gegensatz zu §§ 25, 27 HGB – die Firmenfortführung unerheblich ist, ist dadurch begründet, dass bei § 28 HGB der alte Inhaber noch als Bindeglied vorhanden ist, während bei §§ 25, 27 HGB die Verbindung durch Fortführung der bisherigen Firma hergestellt wird.

c) Die Kfz-Werkstatt wird von der OHG als Unternehmensgegenstand fortgeführt.

d) Wegen der von K gegenüber G eingegangenen Kaufpreisverbindlichkeit ist eine im Betrieb des früheren Inhabers begründete Verbindlichkeit gegeben.

e) Ein unverzüglicher Haftungsausschluss gemäß § 28 Abs. 2 HGB liegt nicht vor.

Somit sind die Voraussetzungen des § 28 Abs. 1 S. 1 HGB erfüllt.

2. Als **Rechtsfolge** haftet die nunmehr entstandene OHG unbeschränkt für die von K begründete Kaufpreisschuld i.H.v. 10.000 €.

Daher besteht ein Anspruch des G gegen die OHG aus § 433 Abs. 2 BGB i.V.m. § 28 Abs. 1 HGB i.V.m. § 124 HGB i.H.v. 10.000 €.

C. Ferner könnte G ein Anspruch gegen die **Gesellschafter K und L gemäß § 433 Abs. 2 BGB i.V.m. § 28 Abs. 1 S. 1 HGB i.V.m. § 128 HGB** zustehen.

I. Dazu müssen die **Voraussetzungen des § 128 HGB** gegeben sein.

1. Eine OHG besteht (s.o.).

2. Ferner liegt auch eine Verbindlichkeit der OHG gegenüber G aus § 433 Abs. 2 BGB i.V.m. § 28 Abs. 1 HGB i.V.m. § 124 HGB vor (s.o.).

3. Schließlich müssen **K und L zum Zeitpunkt der Begründung der Verbindlichkeit der OHG Gesellschafter der OHG** gewesen sein.

Diese Voraussetzung ergibt sich nicht aus dem Wortlaut des § 128 HGB, sondern folgt aus einem Umkehrschluss aus § 130 HGB.

Dies mag auf den ersten Blick bedenklich erscheinen, da K und L zum Zeitpunkt des Kaufvertragsabschlusses noch nicht Gesellschafter der OHG, die zu diesem Zeitpunkt auch noch gar nicht existierte, gewesen sind.

Maßgeblich ist jedoch nicht, wann die Verbindlichkeit aus dem Kaufvertrag entstanden ist, sondern für die Haftung der Gesellschafter nach § 128 HGB kommt es entscheidend darauf an, wann die Verbindlichkeit der OHG entstanden ist.

Die Verbindlichkeit gegenüber G aus § 433 Abs. 2 BGB i.V.m. § 28 Abs. 1 HGB i.V.m. § 124 HGB ist für die OHG im Moment ihrer Gründung entstanden. Zu diesem Zeitpunkt waren K und L, die den Vertrag zur Gründung der OHG geschlossen haben, Gesellschafter der OHG.

Infolgedessen sind die Voraussetzungen des § 128 HGB gegeben.

II. Als **Rechtsfolge** haften die Gesellschafter K und L akzessorisch für die Kaufpreiszahlungspflicht der OHG.

Somit steht G gegen die Gesellschafter K und L ein Anspruch auf Zahlung i.H.v. 10.000 € aus § 433 Abs. 2 BGB i.V.m. § 28 Abs 1 S. 1 HGB i.V.m. § 128 HGB zu.

3. Teil: Die Vertretung des Kaufmanns

1. Prokura, §§ 48 ff. HGB

Fall 11: Prokuraerteilung

Kaufmann K betreibt ein größeres Lebensmittelgeschäft. Da die interne Betriebsorganisation seine Zeit immer mehr in Anspruch nimmt erwägt K, seinem langjährigen Angestellten A Prokura zu erteilen.

Als am 04.06.2021 sein Geschäftspartner G nachfragt, ob K verschiedene neue Obstsorten aus Fernost in sein Warensortiment aufnehmen möchte, erklärt K, G solle sich mit dieser Frage an den A halten, der sei sein Prokurist und könne die Entscheidung treffen.

Daraufhin wendet sich G an A, der von der Äußerung des K nichts weiß, aber die Aufnahme neuer Obstsorten für eine pfiffige Geschäftsidee hält und daher namens des K bei G Ware für 10.000 € bestellt.

Hat G, der die Ware ordnungsgemäß geliefert hat, gegen K einen Anspruch auf Zahlung i.H.v. 10.000 €?

G könnte gegen K ein Anspruch auf Zahlung i.H.v. 10.000 € **aus § 433 Abs. 2 BGB** zustehen.

Dazu muss zwischen G und K ein **wirksamer Kaufvertrag** i.S.v. § 433 BGB zustande gekommen sein.

I. Eine direkte **Einigung** i.S.d. § 433 BGB zwischen K und G ist nicht erfolgt.

Beachte: Auch bei einer erteilten Prokura muss der normale Prüfungsaufbau einer Stellvertretung eingehalten werden!

II. Jedoch haben sich G und A i.S.d. § 433 BGB geeinigt. Die von A im Rahmen dieser Einigung abgegebene Willenserklärung wirkt für und gegen K, wenn A den K gemäß § 164 Abs. 1 S. 1 BGB **wirksam vertreten** hat.

1. A hat eine eigene Willenserklärung – gerichtet auf den Abschluss eines Kaufvertrags – im Namen des K abgegeben.

2. Ferner muss er innerhalb seiner Vertretungsmacht gehandelt haben. Seine Vertretungsbefugnis könnte sich aus einer wirksam erteilten **Prokura gemäß § 167 BGB i.V.m. §§ 48, 49 HGB** ergeben.

a) Dazu muss K dem A überhaupt wirksam eine Prokura erteilt haben.

aa) Eine Prokura kann gemäß § 48 Abs. 1 HGB nur von Kaufleuten und nur durch ausdrückliche Erklärung erteilt werden.

K ist Kaufmann und er hat im Telefonat mit G ausdrücklich davon gesprochen, dass A sein Prokurist sei.

bb) Es ist allerdings umstritten, ob die Prokura durch Erklärung gegenüber einem Dritten erteilt werden kann oder ob dafür eine Erklärung gegenüber dem zu Bevollmächtigenden erforderlich ist.

Beachte: Möglich ist auch eine Prokuraerteilung durch öffentliche Bekanntmachung.

(1) Nach h.M. kann eine Prokura auch als Außenvollmacht – also durch Erklärung gegenüber einem Dritten – erteilt werden.[27]

In § 48 HGB ist nicht geregelt, wem gegenüber die Erklärung der Prokuraerteilung zu erfolgen hat. Folglich kommen mangels spezieller Regelungen im HGB gemäß Art. 2 Abs. 1 EGHGB die Vorschriften des BGB zur Anwendung. Da es sich bei der Prokura um eine rechtsgeschäftliche Vollmacht handelt, gelten somit die §§ 167 ff. BGB.

Gemäß § 167 Abs. 1 BGB kann die Erteilung der Vollmacht durch Erklärung gegenüber dem zu Bevollmächtigenden oder dem Dritten, dem gegenüber die Vertretung stattfinden soll, erfolgen. Infolgedessen kann auch eine Prokura durch Erklärung gegenüber einem Dritten erteilt werden.

Daher hat K dem A durch seine Äußerung gegenüber G „er solle sich an A wenden, der sei sein Prokurist", wirksam eine Prokura erteilt, sodass A bei Abschluss des Kaufvertrags mit G gemäß § 167 Abs. 1 BGB i.V.m. §§ 48, 49 HGB Vertretungsmacht hatte. Dass A zu diesem Zeitpunkt von der Prokuraerteilung seitens K keine Kenntnis hatte, ist irrelevant, da es nur darauf ankommt, dass objektiv eine Vertretungsbefugnis für den Vertreter bestand.

(2) Demgegenüber kann **nach a.A.** die Prokura nicht durch Erklärung gegenüber einem Dritten erteilt werden.[28] Denn die Prokura könne nicht auf Geschäfte mit den einzelnen Adressaten der Vollmachtserklärung beschränkt werden, dies widerspreche der Idee des Verkehrsschutzes durch Formalisierung, die dem Institut der Prokura zugrunde liege.

Danach hat K dem A durch seine Äußerung gegenüber G keine wirksame Prokura erteilt.

(3) Stellungnahme: Mangels handelsrechtlicher Sonderregeln kommen nach den Bestimmungen des Gesetzgebers die bürgerlich-rechtlichen Vorschriften über die Vollmacht bei der Prokuraerteilung zur Anwendung. Damit gilt eindeutig auch § 167 Abs. 1 BGB, der die Möglichkeit eröffnet, die Vollmacht durch Erklärung gegenüber dem Dritten zu erteilen. Der Gegenansicht ist zuzugeben, dass es nicht möglich ist, die erteilte Prokura auf Geschäfte mit dem jeweiligen Adressaten der Vollmachtserklärung zu beschränken. Wird sie als Außenvollmacht erteilt, wirkt sie allen gegenüber. Das erscheint für den betroffenen Kaufmann auch nicht unbillig, da er es selbst in der Hand hat, auf welche Weise er die Prokuraerteilung vornimmt.

Folglich hat K durch seine Äußerung gegenüber G dem A wirksam eine Prokura erteilt.

b) Ferner muss das konkret getätigte Rechtsgeschäft vom **Umfang der Prokura** abgedeckt sein.

Die Prokura ermächtigt gemäß **§ 49 Abs. 1 HGB** zu allen Geschäften, die der Betrieb irgendeines Handelsgewerbes mit sich bringt, somit auch zum Abschluss eines Kaufvertrags über eine Obstlieferung.

Beachte: Die Prokura umfasst folglich auch Geschäfte, die nicht zur Branche des Kaufmanns gehören!

Demnach hat A bei Abschluss des Kaufvertrags innerhalb seiner Vertretungsmacht gehandelt und daher den K gemäß § 164 Abs. 1 BGB wirksam vertreten.

III. Die Einigung ist auch wirksam.

Somit kann G von K gemäß § 433 Abs. 2 BGB Zahlung des Kaufpreises i.H.v. 10.000 € verlangen.

---

27 Drexl/Mentzel Jura 2002, 289, 290 m.w.N.

28 Honsell JA 1984, 17, 18.

Fall 12: Prokura – Umfang der Vertretungsmacht

Kaufmann K bestellt P zum Prokuristen. Die Prokuraerteilung wurde ordnungsgemäß im Handelsregister eingetragen.

P erwirbt namens des K von X formgerecht ein Grundstück zum Preis von 350.000 €. K wird im Grundbuch als Eigentümer eingetragen. Da P für K zunächst auf den Kaufpreis nur 200.000 € zahlen kann, bestellt P namens des K zugleich eine Restkaufpreishypothek i.H.v. 150.000 € zugunsten des X. Die Hypothek wurde im Grundbuch eingetragen und der Hypothekenbrief dem X übergeben.

Bei Fälligkeit des Restkaufpreisanspruchs verlangt X von K Zahlung der 150.000 € und droht bei Nichtzahlung mit der Zwangsvollstreckung in das Grundstück. K verweigert die Zahlung, da P weder zum Grundstückserwerb noch zur Hypothekenbestellung berechtigt gewesen sei.

Welche Ansprüche hat X gegen K?

A. X könnte gegen K ein Anspruch auf Zahlung i.H.v. 150.000 € **aus § 433 Abs. 2 BGB** zustehen.

I. Damit zugunsten des X ein Anspruch gegen K aus § 433 Abs. 2 BGB entstanden ist, muss ein **wirksamer Kaufvertrag zwischen K und X** zustande gekommen sein.

1. Eine **direkte Einigung** i.S.d. § 433 BGB zwischen X und K ist nicht erfolgt.

2. Jedoch haben sich X und P i.S.d. § 433 BGB geeinigt. Die von P im Rahmen dieser Einigung abgegebene Willenserklärung wirkt für und gegen K, wenn P den K gemäß § 164 Abs. 1 S. 1 BGB **wirksam vertreten** hat.

a) P hat eine eigene Willenserklärung – gerichtet auf den Abschluss eines Kaufvertrags – im Namen des K abgegeben.

b) Ferner muss er innerhalb seiner Vertretungsmacht gehandelt haben. Seine Vertretungsbefugnis könnte sich aus einer wirksam erteilten **Prokura gemäß § 167 BGB i.V.m. §§ 48, 49 HGB** ergeben.

aa) Kaufmann K hat durch ausdrückliche und persönliche Erklärung gegenüber P diesem gemäß § 167 BGB i.V.m. §§ 48, 49 HGB eine wirksame Prokura erteilt.

bb) Das konkret getätigte Rechtsgeschäft muss vom **Umfang der Prokura** abgedeckt sein.

Die Prokura ermächtigt gemäß § 49 Abs. 1 HGB zu allen Geschäften, die der Betrieb irgendeines Handelsgewerbes mit sich bringt, somit grundsätzlich auch zu einem Kaufvertrag über ein Grundstück.

Beachte: § 49 Abs. 2 HGB erfasst lediglich die Veräußerung und Belastung von Grundstücken. Der Grundstückserwerb ist daher vom Umfang der Prokura abgedeckt!

Zwar bedarf der Prokurist **gemäß § 49 Abs. 2 HGB** zur Veräußerung und Belastung von Grundstücken einer besonderen Ermächtigung, jedoch hat P vorliegend ein **Grundstück erworben**, sodass die Einschränkung des § 49 Abs. 2 HGB nicht einschlägig ist.

Daher hat P bei Abschluss des Kaufvertrags mit X auch innerhalb seiner Vertretungsmacht gehandelt und somit den K gemäß § 164 Abs. 1 S. 1 BGB wirksam vertreten.

c) Die Einigung ist auch **wirksam** – insbesondere bestehen keinerlei Anhaltspunkte für ein kollusives Zusammenwirken von X und P gemäß § 138 BGB.

Folglich ist ein Anspruch des X gegen den K aus § 433 Abs. 2 BGB i.H.v. 350.000 € aufgrund des wirksamen Kaufvertrags entstanden.

II. P hat namens des K bereits 200.000 € auf den Kaufpreis gezahlt, sodass der Anspruch in dieser Höhe gemäß § 362 Abs. 1 BGB untergegangen ist und X gegen K noch ein Anspruch auf Zahlung i.H.v. 150.000 € aus § 433 Abs. 2 BGB zusteht.

B. X könnte gegen K ein Anspruch auf Duldung der Zwangsvollstreckung **aus § 1147 BGB** zustehen.

Dazu muss die X eine Hypothek am Grundstück des K erworben haben.

I. K und X müssen sich über die Bestellung einer Hypothek am Grundstück des K wirksam geeinigt haben.

1. Eine Einigung i.S.d. § 873 BGB mit dem Inhalt des § 1113 Abs. 1 BGB ist unmittelbar zwischen X und K nicht erfolgt.

2. Jedoch haben sich X und P i.S.d. § 873 BGB mit dem Inhalt des § 1113 Abs. 1 BGB geeinigt. Die von P im Rahmen dieser Einigung abgegebene Willenserklärung wirkt für und gegen K, wenn P den K gemäß § 164 Abs. 1 S. 1 BGB **wirksam vertreten** hat.

a) P hat eine eigene Willenserklärung – gerichtet auf die Bestellung einer Hypothek zugunsten des X am Grundstück des K – im Namen des K abgegeben.

b) Ferner muss P innerhalb seiner Vertretungsmacht gehandelt haben. Seine Vertretungsbefugnis könnte sich aus der wirksam erteilten **Prokura gemäß § 167 BGB i.V.m. §§ 48, 49 HGB** ergeben.

aa) K hat P wirksam eine Prokura erteilt (s.o.).

bb) Die Hypothekenbestellung muss auch vom Umfang der Prokura abgedeckt sein.

(1) Zwar ermächtigt die Prokura gemäß § 49 Abs. 1 HGB zu allen Geschäften, die der Betrieb irgendeines Handelsgewerbes mit sich bringt, jedoch erstreckt sich der Umfang der Prokura nicht auf Belastungen von Grundstücken, wenn der Prokurist hierzu nicht besonders ermächtigt wurde, vgl. **§ 49 Abs. 2 HGB**.

Die Immobiliarklausel des § 49 Abs. 2 HGB bezieht sich nur auf Geschäfte, deren unmittelbarer Gegenstand das Grundstück ist. Für Rechtsgeschäfte, die das Grundstück nur mittelbar betreffen, benötigt der Prokurist keine besondere Ermächtigung i.S.d. § 49 Abs. 2 HGB. Daher fällt z.B. eine Verfügung über ein bereits bestehendes Grundpfandrecht nicht unter § 49 Abs. 2 HGB.

Eine besondere Ermächtigung zur Belastung von Grundstücken wurde dem P seitens K nicht erteilt, sodass P grundsätzlich keine Vertretungsmacht zur Bestellung der Hypothek hatte.

(2) Es entspricht jedoch allgemeiner Ansicht, dass **§ 49 Abs. 2 HGB bei Bestellung eines Grundpfandrechts zur Sicherung des Restkaufpreises aufgrund einer teleologischen Reduktion nicht einschlägig** ist.[29]

§ 49 Abs. 2 HGB verfolgt den Zweck, den Kaufmann vor dem Verlust eines so sicheren Vermögenswertes – Grundstück – zu schützen; vor dem Erwerb eines sicheren Vermögenswertes – Grundstück – bedarf der Kaufmann keines Schutzes.

---

29 Canaris HandelsR § 12 Rn. 17; Hopt § 49 HGB Rn. 4.

Der Prokurist könnte daher aufgrund der ihm erteilten Prokura ohne Weiteres ein Grundstück für den Kaufmann erwerben, das mit einem Grundpfandrecht belastet ist.

Erwirbt der Prokurist ein unbelastetes Grundstück und bestellt zur Sicherung des Restkaufpreises ein Grundpfandrecht, steht der Kaufmann wirtschaftlich nicht schlechter als beim Erwerb eines bereits belasteten Grundstücks, sodass der Kaufmann auch in diesem Fall keines Schutzes bedarf.

Insofern ist eine Restkaufpreishypothekbestellung vom Umfang der Prokura abgedeckt.

Folglich hat P den K bei der Bestellung der Restkaufpreishypothek gemäß § 164 Abs. 1 S. 1 BGB wirksam vertreten, sodass eine Einigung zwischen K und X i.S.v. § 873 BGB mit dem Inhalt des § 1113 Abs. 1 BGB vorliegt.

3. Die **Einigung** ist **wirksam**.

II. Eine **Eintragung der Hypothek im Grundbuch** ist erfolgt, § 873 Abs. 1 i.V.m. § 1115 BGB.

III. Der **Hypothekenbrief** ist an X **übergeben** worden, vgl. § 1117 BGB.

IV. K ist verfügungsbefugter Grundstückseigentümer und daher zur Hypothekenbestellung **berechtigt**.

V. X hat gegen K aus § 433 Abs. 2 BGB noch einen Anspruch auf Zahlung i.H.v. 150.000 € (s.o.), sodass die **abzusichernde Forderung besteht**.

Folglich hat X eine Hypothek am Grundstück des K erworben und ihm steht gegen K ein Anspruch auf Duldung der Zwangsvollstreckung i.H.v. 150.000 € aus § 1147 BGB zu.

2. Handlungsvollmacht, § 54 HGB

Fall 13: Handlungsvollmacht

Kaufmann K, der eine große Blumen- und Pflanzenhandlung betreibt, hat seinem Angestellten P Prokura erteilt. Da dem P während des Urlaubs des K die Arbeit über den Kopf wächst, bestellt er einen weiteren Angestellten des K – den H – zum Prokuristen. Eine Eintragung der „Prokuraerteilung" im Handelsregister erfolgte nicht.

H bestellt bei Lieferant L namens des K 100 Bonsai-Bäume, obwohl er weiß, dass K diese Art der Gartenkunst wegen des weitgehenden Eingriffs in das Wachstum der Pflanzen ablehnt.

Nach Lieferung verlangt L von K Bezahlung der 100 Bonsai-Bäume i.H.v. insgesamt 5.000 €. K verweigert die Zahlung, da H nicht zur Bestellung der Lieferung berechtigt gewesen sei.

Kann L von K Zahlung i.H.v. 5.000 € verlangen?

L könnte gegen K ein Anspruch auf Zahlung i.H.v. 5.000 € **aus § 433 Abs. 2 BGB** zustehen.

Dazu muss zwischen K und L ein **wirksamer Kaufvertrag** vorliegen.

I. Eine **direkte Einigung** i.S.d. § 433 BGB zwischen K und L ist nicht erfolgt.

II. Jedoch haben sich H und L über die Lieferung und Bezahlung von 100 Bonsai-Bäumen geeinigt. Die von H im Rahmen dieser Einigung i.S.d. § 433 BGB abgegebene Willenserklärung wirkt für und gegen K, wenn H den K gemäß § 164 Abs. 1 S. 1 BGB **wirksam vertreten** hat.

1. H hat eine eigene Willenserklärung – gerichtet auf den Abschluss eines Kaufvertrags – im Namen des K abgegeben.

2. Ferner muss er **innerhalb seiner Vertretungsmacht gehandelt** haben.

a) Dazu muss H überhaupt **Vertretungsmacht** besessen haben.

aa) Seine Vertretungsmacht könnte sich aus einer wirksam erteilten **Prokura gemäß § 167 BGB i.V.m. §§ 48, 49 HGB** ergeben.

Der Prokurist P könnte H wirksam Prokura erteilt haben. Gemäß § 48 Abs. 1 HGB kann jedoch **nur der Inhaber des Handelsgeschäfts oder sein gesetzlicher Vertreter** die Prokura erteilen. Eine Prokuraerteilung durch einen Prokuristen ist nicht möglich.

Folglich hat P dem H keine wirksame Prokura erteilt, sodass H bei Abschluss des Kaufvertrags mit L keine Vertretungsmacht aufgrund einer wirksamen Prokuraerteilung hatte.

bb) Die Vertretungsmacht des H könnte sich aus einer wirksam erteilten **Handlungsvollmacht gemäß § 167 BGB i.V.m. § 54 HGB** ergeben.

(1) P wollte dem H ausdrücklich eine Prokura und keine Handlungsvollmacht erteilen. Somit ist keine ausdrückliche Erteilung einer Handlungsvollmacht erfolgt.

Beachte: Eine Handlungsvollmacht kann auch konkludent erteilt werden.

(2) Die unwirksame Prokuraerteilung kann aber eventuell **gemäß § 140 BGB in die wirksame Erteilung einer Handlungsvollmacht umgedeutet** werden.[30]

(a) Das gemäß § 140 BGB für eine Umdeutung erforderliche „nichtige Rechtsgeschäft" liegt mit der unwirksamen Prokuraerteilung vor.

§ 140 BGB dient der Durchsetzung des mutmaßlichen Willens der Parteien. Der von ihnen angestrebte wirtschaftliche Erfolg soll auch dann verwirklicht werden, wenn sie eine rechtlich unzulässige Regelung gewählt haben.

(b) Ferner ist ein Umdeutungswille erforderlich. D.h. es muss ein entsprechender – zumindest hypothetischer – Parteiwille festgestellt werden können, dass ein anderes Rechtsgeschäft vorgenommen worden wäre, wenn die Partei gewusst hätte, dass das ursprüngliche Rechtsgeschäft nichtig ist.

P wollte dem H wegen seiner Arbeitsüberlastung auf jeden Fall eine Vollmacht erteilen und es ist nicht ersichtlich, dass H nur mit einer Prokuraerteilung, aber nicht mit einer sonstigen Bevollmächtigung einverstanden gewesen wäre. Folglich hätten P und H gewollt, dass H zumindest irgendeine Vollmacht erhält, wenn sie gewusst hätten, dass die Prokuraerteilung unwirksam ist.

Somit ist der erforderliche Umdeutungswille gegeben.

(c) Schließlich muss das nichtige Rechtsgeschäft den Erfordernissen eines anderen Rechtsgeschäfts entsprechen. D.h. es müssen in dem nichtigen Rechtsgeschäft sämtliche Tatbestandserfordernisse eines anderen gültigen Rechtsgeschäfts enthalten sein und das Ersatzgeschäft darf in seinen rechtlichen Wirkungen nicht weiter reichen als das unwirksame.[31]

(aa) Die unwirksame Prokuraerteilung muss folglich als Erteilung einer Handlungsvollmacht wirksam sein; es müssen also sämtliche Voraussetzungen einer wirksamen Handlungsvollmachtserteilung vorliegen.

§ 54 Abs. 1 HGB verlangt keine persönliche Erteilung der Handlungsvollmacht durch den Kaufmann selbst und kann daher auch von einem Vertreter des Kaufmanns erteilt werden.

P ist von K wirksam zum Prokuristen bestellt worden und die Prokura ermächtigt ihn zu allen Geschäften, die der Betrieb irgendeines Handelsgewerbes mit sich bringt, also auch zur Erteilung einer Handlungsvollmacht.

Insofern erfüllt die unwirksame Prokuraerteilung durch P die Voraussetzungen einer Handlungsvollmachtserteilung.

(bb) Ferner darf die Handlungsvollmacht in ihren rechtlichen Wirkungen nicht weiter reichen als die Prokura.

Die Handlungsvollmacht räumt dem Vertreter – ebenso wie die Prokura – in gesetzlich festgelegtem Umfang eine Vertretungsbefugnis ein – allerdings nur zu solchen Geschäften, die der Betrieb eines derartigen Handelsgewerbes gewöhnlich mit sich bringt. Insofern ist der Umfang der Vertretungsbefugnis des Handlungsbevollmächtigten deutlich geringer als die des Prokuristen, sodass die Handlungsvollmacht in ihren rechtlichen Wirkungen nicht weiter reicht als die Prokura.

30 Hopt § 48 HGB Rn. 1.

31 Grüneberg/Ellenberger § 140 Rn. 5, 6.

Somit sind die Voraussetzungen des § 140 BGB gegeben, sodass die unwirksame Prokuraerteilung in die wirksame Erteilung einer Handlungsvollmacht umgedeutet werden kann.

Die Vertretungsmacht des H ergibt sich daher aus einer wirksam erteilten Handlungsvollmacht gemäß § 167 BGB i.V.m. § 54 HGB.

b) Das konkret getätigte Rechtsgeschäft muss vom **Umfang der Vertretungsmacht** abgedeckt sein.

aa) Gemäß § 54 Abs. 1 HGB ermächtigt die Handlungsvollmacht zu allen Geschäften, die der Betrieb eines derartigen Handelsgewerbes oder die Vornahme derartiger Geschäfte gewöhnlich mit sich bringt. D.h. der Handlungsbevollmächtigte darf **nur branchenübliche Geschäfte** vornehmen. Dabei bestimmt sich das, was als gewöhnlich gilt, nach der Branche sowie der Art und Größe des Unternehmens.

Beachte den Unterschied:

- Prokura ermächtigt zu allen Geschäften, die der Betrieb irgendeines Handelsgewerbes mit sich bringt
- Handlungsvollmacht ermächtigt nur zu Geschäften, die der Betrieb eines derartigen Handelsgewerbes gewöhnlich mit sich bringt

Der Ankauf von Bonsai-Bäumen ist ein Geschäft, das im Rahmen einer Blumen- und Pflanzenhandlung durchaus vorkommen wird, also ein Geschäft, das der Betrieb eines derartigen Handelsgewerbes gewöhnlich mit sich bringt.

bb) Eine andere Beurteilung könnte geboten sein, weil der Ankauf von Bonsai-Bäumen im Betrieb des K wegen dessen persönlicher Einstellung nicht vorkommt und daher für diesen konkreten Betrieb nicht gewöhnlich ist.

Für die Beurteilung der Branchenfremdheit bzw. Branchenüblichkeit kommt es im Rahmen des § 54 HGB jedoch nicht auf das konkrete Handelsgeschäft, sondern auf das Handelsgewerbe ganz allgemein an.[32] Dies ergibt sich aus dem Zweck des § 54 HGB, der mit seiner gesetzlichen Festlegung der Reichweite des Umfangs der Vertretungsmacht bei der Handlungsvollmacht die Abwicklung der handelsrechtlichen Geschäfte vereinfachen will.

Folglich spielt es keine Rolle, dass der Ankauf von Bonsai-Bäumen im Betrieb des K sonst nicht vorkommt und daher für dieses Unternehmen ungewöhnlich ist. Entscheidend ist vielmehr, dass ein solches Geschäft in der Branche, in die der Betrieb des K fällt, gewöhnlich vorkommt.

Somit ist das konkret getätigte Rechtsgeschäft – der Kaufvertrag mit L – auch vom Umfang der Vertretungsmacht abgedeckt, sodass H den K gemäß § 164 Abs. 1 S. 1 BGB wirksam vertreten hat.

III. Die Einigung ist auch wirksam.

Demnach liegt zwischen K und L ein wirksamer Kaufvertrag bezüglich der 100 Bonsai-Bäume vor, sodass L gegen K ein Anspruch auf Zahlung der 5.000 € aus § 433 Abs. 2 BGB zusteht.

---

32 Hopt § 54 HGB Rn. 10; Koller/Kindler/Roth/Drüen § 54 HGB Rn. 11.

4. Teil: Publizität des Handelsregisters

Fall 14: § 15 Abs. 1 HGB - Primärtatsachen

B betreibt einen größeren Holzhandel mit 55 Mitarbeitern. Eine Eintragung im Handelsregister hat B bislang nicht beantragt, da er dies für überflüssigen Formalismus hält.

Im Mai 2021 hat er der Y-GmbH, mit der er bislang noch keine Geschäfte getätigt hat, Bauholz für 5.000 € geliefert. Nach der Lieferung der Ware am 12.06.2021 gerät sie bei der Y-GmbH wegen anderer Geschäfte in Vergessenheit. Erst als das Holz für einen Bauauftrag Anfang Juli benötigt wird, stellt der Geschäftsführer G der Y-GmbH fest, dass die von B gelieferten Holzbalken brüchig und daher unverwertbar sind.

Die Y-GmbH verlangt von B Lieferung neuer Holzbalken. Dieser verweigert eine Neulieferung, da die Y-GmbH den Mangel nicht rechtzeitig gerügt habe.

Steht der Y-GmbH gegen B ein Anspruch auf Lieferung neuer Holzbalken zu?

Der Y-GmbH könnte gegen B ein Anspruch auf Lieferung neuer Holzbalken **aus § 437 Nr. 1 i.V.m. § 439 Abs. 1 BGB** zustehen.

I. Dazu müssen die **Voraussetzungen** des Nacherfüllungsanspruchs gegeben sein.

1. Zwischen B und der Y-GmbH ist ein wirksamer Kaufvertrag über die Lieferung von Bauholz zum Preis von 5.000 € zustande gekommen.

2. Die von B gelieferten Holzbalken sind brüchig und daher unverwertbar, sodass ein Mangel i.S.v. § 434 Abs. 1 S. 2 Nr. 2 BGB gegeben ist.

II. Als **Rechtsfolge** steht der Y-GmbH somit ein Anspruch auf Nacherfüllung – also Lieferung neuer Holzbalken – zu.

III. Der Nacherfüllungsanspruch könnte **gemäß § 377 Abs. 2 HGB** wegen nicht rechtzeitiger Rüge seitens der Y-GmbH ausgeschlossen sein.

Dazu muss für die Y-GmbH überhaupt eine **Rügeobliegenheit gemäß § 377 Abs. 1 HGB** bestehen.

Dies setzt zunächst einen **beiderseitigen Handelskauf** voraus.

1. Ein wirksamer Kaufvertrag zwischen B und der Y-GmbH besteht (s.o.).

2. Der Kaufvertrag muss **für beide Seiten ein Handelsgeschäft** sein.

Gemäß § 343 Abs. 1 HGB sind Handelsgeschäfte alle Geschäfte eines Kaufmanns, die zum Betrieb seines Handelsgewerbes gehören. Daher müssen sowohl B als auch die Y-GmbH **Kaufmannseigenschaft** aufweisen.

Beachte: Bei Formkaufleuten (GmbH, (GmbH, AG, KGaA, eG) kommt es nicht darauf an, ob tatsächlich ein Gewerbe oder Handelsgewerbe betrieben wird!

a) Die **Y-GmbH** ist **Kaufmann kraft Gesellschaftsform gemäß § 6 HGB i.V.m. § 13 Abs. 3 GmbHG**.

b) B könnte **Kaufmann kraft Betriebs eines Handelsgewerbes gemäß § 1 Abs. 1 HGB** sein.

aa) Der Holzhandel des B ist eine nach außen erkennbare, erlaubte, selbstständige, planmäßige, mit Gewinnerzielungsabsicht betriebene Tätigkeit, die kein freier Beruf ist und stellt somit ein Gewerbe dar.

bb) Gemäß § 1 Abs. 2 HGB ist jeder Gewerbebetrieb ein Handelsgewerbe, es sei denn, dass kaufmännische Einrichtungen nach Art und/oder Umfang des Betriebs nicht erforderlich sind. Daher wird auch bezüglich des Holzhandels des B vermutet, dass es ein Handelsgewerbe ist und diese Vermutung kann B angesichts seines großen und komplexen Betriebs nicht widerlegen.

Folglich betreibt B ein Handelsgewerbe i.S.v. § 1 Abs. 2 HGB und ist daher Kaufmann gemäß § 1 Abs. 1 HGB. Die fehlende Eintragung der Kaufmannseigenschaft steht dem angesichts ihrer lediglich deklaratorischen Wirkung nicht entgegen.

c) Eventuell kann B der Y-GmbH seine Kaufmannseigenschaft gemäß § 15 Abs. 1 HGB nicht entgegenhalten.

aa) Dazu müssen die **Voraussetzungen des § 15 Abs. 1 HGB** gegeben sein.

(1) Erforderlich ist, dass es sich bei der Kaufmannseigenschaft des B um eine **eintragungspflichtige Tatsache** handelt.

(a) Es muss sich um eine **Tatsache** handeln, die in dem Zeitpunkt des Vorgangs, aus dem der Dritte Rechte herleitet, wahr gewesen ist.

Bei Abschluss des Kaufvertrags mit der Y-GmbH war B Kaufmann, sodass eine Tatsache i.S.v. § 15 Abs. 1 HGB gegeben ist.

(b) Die Kaufmannseigenschaft muss **gemäß § 29 HGB** ins Handelsregister eingetragen werden, sodass es sich grundsätzlich auch um eine **eintragungspflichtige** Tatsache handelt.

Es ist allerdings **umstritten, ob § 15 Abs. 1 HGB auch auf Primärtatsachen**, also Tatsachen, die erstmalig die Rechtslage verändern – wie z.B. Kaufmannseigenschaft oder Erteilung einer Prokura –, **anwendbar ist.**

(aa) Teilweise wird eine Beschränkung der Anwendbarkeit des § 15 Abs. 1 HGB auf Sekundärtatsachen befürwortet. Sekundärtatsachen sind solche, die eine Änderung der gesetzlich oder rechtsgeschäftlich vorgegebenen Rechtslage bewirken – wie z.B. der Widerruf einer Prokura. Eine Anwendung des § 15 Abs. 1 HGB auf Primärtatsachen würde den Unterschied zwischen konstitutiv und deklaratorisch wirkenden Eintragungen verwischen. So würde es systematisch merkwürdig erscheinen, eine gesetzliche Regelung, wie die Vermutung der Kaufmannseigenschaft gemäß § 1 Abs. 2 HGB, für den Zeitraum vor Eintragung durch eine andere Regelung, nämlich die Heranziehung des § 15 Abs. 1 HGB, „auszuhebeln".[33]

Danach ist § 15 Abs. 1 HGB auf die Eintragung der Kaufmannseigenschaft gemäß § 29 HGB nicht anwendbar.

Beachte: Ein weiterer Meinungsstreit wird über die Anwendbarkeit des § 15 Abs. 1 HGB bezüglich konstitutiv wirkender Tatsachen geführt.

- Nach einem Teil der Lit. soll § 15 Abs. 1 HGB nicht auf konstitutiv wirkende Tatsachen anwendbar sein, da das Gesetz für diese nur die Eintragung und nicht die Bekanntmachung fordere. Diese Gesetzessystematik werde bei Anwendung des § 15 Abs. 1 HGB unterlaufen (K. Schmidt HandelsR § 14 Rn. 25).
- Die h.M. lehnt diese Differenzierung wegen des Wortlauts des § 15 Abs. 1 HGB, der eine derartige Differenzierung nicht vorsehe, ab (Hopt § 15 HGB Rn. 5).

33 Lieb NJW 1999, 35, 36.

(bb) Nach h.M. ist § 15 Abs. 1 HGB auch auf Primärtatsachen anwendbar.[34] Dafür spreche der Wortlaut der Norm und die Schutzbedürftigkeit des Dritten.

Folglich ist nach h.M. § 15 Abs. 1 HGB auch auf die Eintragung der Kaufmannseigenschaft anwendbar.

(cc) Stellungnahme: Der Wortlaut des § 15 Abs. 1 HGB stellt lediglich auf eine „einzutragende Tatsache" ab. Die von der Gegenansicht vorgenommene Differenzierung zwischen Primär- und Sekundärtatsachen findet also keine Stütze im Gesetz. Auch ergibt sich aus dem Sinn und Zweck der Norm keine Einschränkung i.S.d. Gegenauffassung: § 15 Abs. 1 HGB dient dem Schutz des Dritten und es ist nicht ersichtlich, warum ihm dieser Schutz bei unterbliebener Eintragung der Kaufmannseigenschaft von vornherein verwehrt werden sollte. Der Kaufmann ist nicht schutzwürdig, weil er bei Erfüllung seiner Eintragungspflicht die bestehende Rechtslage dem Dritten entgegenhalten kann. Es liegt also in der Hand des Kaufmanns, dem Dritten durch rechtzeitige Erfüllung der ihn treffenden Eintragungspflichten den Schutz des § 15 Abs. 1 HGB zu entziehen.

Demnach findet § 15 Abs. 1 HGB auch auf die Eintragung der Kaufmannseigenschaft Anwendung, sodass eine einzutragende Tatsache gegeben ist.

(2) Die Kaufmannseigenschaft des B ist **nicht im Handelsregister eingetragen und auch nicht bekannt gemacht** worden.

(3) Es handelte sich um den ersten Geschäftskontakt zwischen der Y-GmbH und B und es ist nicht ersichtlich, dass die Y-GmbH Kenntnisse über den Betrieb des B hatte. Folglich hatte die Y-GmbH **keine positive Kenntnis** von der Kaufmannseigenschaft des B.

(4) Bei dem Kaufvertrag über die Holzbalken handelt es sich um einen **Vorgang im Geschäftsverkehr**.

Beachte: Ein Dritter hat gemäß § 15 Abs. 1 HGB ein Wahlrecht – er kann sich auf die fingierte oder auf die wahre Rechtslage berufen.

bb) Als **Rechtsfolge** des § 15 Abs. 1 HGB kann der Y-GmbH nicht entgegengehalten werden, dass B Kaufmann ist. Die Y-GmbH ist daher so zu behandeln, als ob B nicht Kaufmann sei.

Daher liegt zwischen B und der Y-GmbH kein beiderseitiger Handelskauf vor, sodass für die Y-GmbH auch keine Rügeobliegenheit gemäß § 377 Abs. 1 HGB besteht.

Folglich ist das Nacherfüllungsverlangen der Y-GmbH nicht gemäß § 377 Abs. 2 HGB ausgeschlossen.

Der Y-GmbH steht somit gegen B ein Anspruch auf Lieferung neuer Holzbalken aus § 437 Nr. 1 i.V.m. § 439 Abs. 1 BGB zu.

34 Hopt § 15 HGB Rn. 15 m.w.N.

Fall 15: § 15 Abs. 1 HGB – „sekundäre Unrichtigkeit"

Kaufmann K, der einen größeren Fachhandel für elektronische Geräte betreibt, hat dem P Prokura erteilt. Eine Eintragung der Prokuraerteilung im Handelsregister ist nicht erfolgt. Nachdem P in der Folgezeit Geschäfte abgeschlossen hat, mit denen K nicht zufrieden war, widerruft K die Prokura gegenüber P. Auch diesbezüglich unterbleibt eine Handelsregistereintragung.

Da P dem K beweisen möchte, dass er den Anforderungen der Tätigkeit als Prokurist gewachsen ist, kauft er namens des K beim Lieferanten L 200 E-Book-Reader zum Preis von 30.000 €.

Als L nach der Lieferung Zahlung von K verlangt, verweigert dieser jegliche Zahlung, da P keine Vertretungsbefugnis gehabt habe und er das Geschäft auch nicht genehmige, da er E-Book-Reader für neumodischen Unsinn halte.

Steht L gegen K ein Anspruch auf Zahlung i.H.v. 30.000 € zu?

L könnte gegen K ein Anspruch auf Zahlung i.H.v. 30.000 € **aus § 433 Abs. 2 BGB** zustehen.

Dazu muss zwischen L und K ein **wirksamer Kaufvertrag** zustande gekommen sein.

I. L und K müssen sich **i.S.d. § 433 BGB geeinigt** haben.

1. Eine direkte Einigung zwischen L und K ist nicht ersichtlich.

2. Jedoch haben sich P und L über den Kauf der 200 E-Book-Reader zum Preis von 30.000 € – also i.S.v. § 433 BGB – geeinigt. Die im Rahmen dieser Einigung von P abgegebene Willenserklärung wirkt für und gegen K, wenn P den K **gemäß § 164 Abs. 1 S. 1 BGB wirksam vertreten** hat.

Beachte: Auch bei einer erteilten Prokura muss der normale Prüfungsaufbau einer Stellvertretung eingehalten werden!

a) P hat eine eigene Willenserklärung – gerichtet auf den Ankauf von 200 E-Book-Reader – im Namen des K abgegeben.

b) Ferner muss P **innerhalb seiner Vertretungsmacht gehandelt** haben.

aa) Dazu muss P überhaupt **Vertretungsmacht** besessen haben.

(1) Diese könnte sich aus einer von K **erteilten Prokura** ergeben, **§ 167 Abs. 1 BGB i.V.m. §§ 48, 49 HGB.**

Gemäß § 48 Abs. 1 HGB kann die Prokura nur vom Inhaber eines Handelsgeschäfts – also vom Kaufmann – und nur mittels ausdrücklicher Erklärung erteilt werden.

K ist Kaufmann und er hat dem P ausdrücklich Prokura erteilt. Folglich ist eine wirksame Prokuraerteilung durch Erklärung gegenüber dem zu Bevollmächtigenden gemäß § 167 Abs. 1 BGB i.V.m. § 48 Abs. 1 HGB erfolgt.

Zwar muss die Erteilung der Prokura gemäß § 53 Abs. 1 HGB im Handelsregister eingetragen werden, dies hat jedoch **nur deklaratorische Wirkung**, sodass die fehlende Eintragung unschädlich ist.

Infolgedessen hatte P ursprünglich aufgrund der wirksam erteilten Prokura Vertretungsmacht gemäß § 167 Abs. 1 BGB i.V.m. § 48 Abs. 1 HGB.

(2) Die **Prokura** könnte jedoch **erloschen** sein, bevor P den Vertragsschluss mit L getätigt hat.

K hat die Prokura gegenüber P widerrufen, bevor P und L sich über den Kauf der E-Book-Reader geeinigt haben. Gemäß § 52 Abs. 1 HGB kann eine Prokura jederzeit frei widerrufen werden. Der Widerruf kann gemäß § 168 S. 3 i.V.m. § 167 Abs. 1 BGB entweder durch Erklärung gegenüber dem Prokuristen oder gegenüber Dritten erfolgen.

K hat folglich durch seine gegenüber P abgegebene Widerrufserklärung die Prokura wirksam widerrufen.

Zwar muss das Erlöschen der Prokura gemäß § 53 Abs. 2 HGB im Handelsregister eingetragen werden, dies hat jedoch ebenfalls nur deklaratorische Wirkung, sodass die fehlende Eintragung unschädlich ist.

Demzufolge hatte P zurzeit des Vertragsschlusses mit L keine Prokura mehr und damit keine Vertretungsmacht.

(3) Das Erlöschen der Prokura kann L jedoch eventuell **gemäß § 15 Abs. 1 HGB** nicht entgegengehalten werden.

(a) Dazu müssen die **Voraussetzungen des § 15 Abs. 1 HGB** gegeben sein.

(aa) Erforderlich ist zunächst, dass eine **eintragungspflichtige Tatsache nicht eingetragen und bekannt gemacht worden** ist.

Das Erlöschen der Prokura, das gemäß § 53 Abs. 2 HGB eintragungspflichtig ist, ist nicht eingetragen und bekannt gemacht worden.

Problematisch erscheint jedoch, dass bereits die Erteilung der Prokura nicht eingetragen wurde, obwohl auch dies gemäß § 53 Abs. 1 HGB im Handelsregister einzutragen ist.

Das Problem der sekundären Unrichtigkeit kann sich ferner ergeben:
- bei Ausscheiden eines Gesellschafters, dessen Eintritt nicht eingetragen war, §§ 107, 143 Abs. 2 HGB
- bei Auflösung einer OHG (KG), deren Gründung nicht eingetragen war, §§ 106, 143 Abs. 1 HGB

Es ist umstritten, ob § 15 Abs. 1 HGB in den Fällen, in denen bereits die Voreintragung fehlt, bei Fehlen der zweiten Eintragung anwendbar ist – sog. **sekundäre Unrichtigkeit**.

- In der **Lit.**[35] wird teilweise vertreten, § 15 Abs. 1 HGB sei in diesen Fällen nicht anwendbar, da bei Fehlen der Voreintragung vom Handelsregister kein Rechtsschein ausgehe. Sollten Dritte von der voreintragungspflichtigen Tatsache auf andere Weise Kenntnis erlangt haben, so könne man sie ausreichend über die allgemeinen Rechtsscheinsregeln schützen.
- Nach **h.M.**[36] ist § 15 Abs. 1 HGB auch im Fall sekundärer Unrichtigkeit einschlägig, da ansonsten derjenige, der mehrfach gegen seine Eintragungspflichten verstoße, eine bessere Rechtsposition innehabe als derjenige, der den Eintragungspflichten zumindest teilweise nachkomme. Zudem schütze § 15 Abs. 1 HGB nicht das Vertrauen auf die Richtigkeit des Registers, sondern darauf, dass eine Veränderung nicht eingetreten sei, wenn sie nicht eingetragen ist. Ferner greife der von der Gegenauffassung gewährte Schutz über allgemeine Rechtsscheinsregeln zu kurz, da in deren Rahmen bereits leichte Fahrlässigkeit schade und konkrete Kausalität erforderlich sei.

---

35 Medicus/Petersen BR Rn. 105; Schilken AcP 187 (1987), 1, 8.

36 BGH NJW 1983, 2258, 2259; Hopt § 15 HGB Rn. 11; Brox/Henssler HandelsR Rn. 110.

- **Stellungnahme:** Für die h.M. spricht zunächst einmal der Wortlaut des § 15 Abs. 1 HGB, der lediglich eine „einzutragende" Tatsache – unabhängig von einer erfolgten Voreintragung – verlangt. Zudem steht die Lösung der Gegenansicht über die allgemeinen Rechtsscheinsprinzipien, die eine konkrete Kausalität fordern, in Widerspruch zum Prinzip des Handelsregisters, wonach die abstrakte Möglichkeit der Kenntnisnahme ausreicht. Ferner wird der Dritte bei Anwendung der allgemeinen Rechtsscheinsprinzipien insofern benachteiligt, als bereits leichte Fahrlässigkeit schadet.

Infolgedessen ist der h.M. zu folgen, sodass § 15 Abs. 1 HGB auch im Fall der sekundären Unrichtigkeit anwendbar ist.

Somit ist mit dem Erlöschen der Prokura des P eine einzutragende Tatsache i.S.v. § 15 Abs. 1 HGB gegeben, die nicht eingetragen und bekannt gemacht worden ist.

(bb) L hatte **keine positive Kenntnis** vom Erlöschen der Prokura.

(cc) Bei dem Kaufvertrag über die E-Book-Reader handelt es sich um einen **Vorgang im Geschäftsverkehr**.

(b) Als **Rechtsfolge** des § 15 Abs. 1 HGB kann dem L nicht entgegengehalten werden, dass die Prokura des P erloschen ist.

Beachte: Ein Dritter hat gemäß § 15 Abs. 1 HGB ein Wahlrecht – er kann sich auf die fingierte oder auf die wahre Rechtslage berufen.

L ist daher so zu behandeln, als ob die Prokura des P nicht erloschen sei, sodass P bei Abschluss des Kaufvertrags „fingierte" Vertretungsbefugnis hatte.

bb) Die Prokura ermächtigt gemäß § 49 Abs. 1 HGB zu allen Geschäften, die der Betrieb irgendeines Handelsgewerbes mit sich bringt – also auch zum Abschluss eines Kaufvertrags über E-Book-Reader, sodass das konkret getätigte Rechtsgeschäft auch vom Umfang der Vertretungsmacht abgedeckt ist.

Folglich liegt eine **wirksame Stellvertretung** des K durch P gemäß § 164 Abs. 1 S. 1 BGB vor, sodass die **Einigung**, die P und L erzielt haben, für und gegen K wirkt.

II. Die Einigung ist wirksam – insbesondere liegt mangels Vorsatzes aufseiten des L kein gemeinsamer, kollusiver Missbrauch (§ 138 BGB) vor.

Daher ist zwischen K und L ein wirksamer Kaufvertrag gegeben, sodass L von K Zahlung des vereinbarten Kaufpreises gemäß § 433 Abs. 2 BGB i.H.v. 30.000 € verlangen kann.

Fall 16: § 15 Abs. 1 HGB – ungeschriebene Voraussetzung

A, B und C betreiben einen Werkstoffhandel in Form einer ordnungsgemäß im Handelsregister eingetragenen OHG. Gesellschafter C schied zum 31.05.2021 aus der OHG aus, was jedoch nicht im Handelsregister eingetragen wurde.

Im Juli 2021 fährt Gesellschafter A bei einer Warenauslieferung den Passanten P an, der durch den Unfall einen Beinbruch erleidet.

Da die OHG und die Gesellschafter A und B zurzeit über keine ausreichenden Geldmittel verfügen, nimmt P den C auf Ersatz seiner Heilbehandlungskosten i.H.v. 3.000 € in Anspruch. C verweigert die Zahlung, da der Unfall nach seinem Ausscheiden aus der Gesellschaft geschehen sei.

Steht P gegen C ein Anspruch auf Ersatz der Heilungskosten i.H.v. 3.000 € zu?

P könnte gegen C ein Anspruch auf Schadensersatz in Höhe der Heilungskosten von 3.000 € aus **§ 823 Abs. 1 BGB i.V.m. § 128 HGB** zustehen.

Voraussetzungen des § 128 HGB:
- Bestehen einer OHG
- Verbindlichkeit der OHG
- Gesellschafterstellung des Inanspruchgenommenen zurzeit der Begründung der Verbindlichkeit

Dazu müssen die **Voraussetzungen des § 128 HGB** gegeben sein.

I. Eine **OHG besteht** trotz des Ausscheidens des Gesellschafters C, vgl. § 131 Abs. 3 S. 1 Nr. 6 HGB.

II. P hat eine Körperverletzung durch rechtswidriges und schuldhaftes Verhalten des Gesellschafters A erlitten und der OHG wird das Verhalten und Verschulden ihres Gesellschafters analog § 31 BGB zugerechnet, sodass eine **Verbindlichkeit der OHG** gegenüber P aus § 823 Abs. 1 BGB i.V.m. § 124 HGB besteht.

III. Ferner muss **C zum Zeitpunkt der Begründung der Verbindlichkeit Gesellschafter** der OHG gewesen sein.

1. C war ursprünglich Gesellschafter der OHG. Als die Verbindlichkeit der OHG gegenüber P durch den von A verursachten Unfall im Juli 2021 begründet wurde, war C jedoch aufgrund seines Ausscheidens zum 31.05. 2021 bereits nicht mehr Gesellschafter der OHG, § 131 Abs. 3 S. 2 HGB.

Zwar muss das Ausscheiden eines Gesellschafters gemäß § 143 Abs. 2 HGB im Handelsregister eingetragen werden, dies hat jedoch nur deklaratorische Wirkung, sodass die fehlende Eintragung unschädlich ist.

2. Die fehlende Gesellschafterstellung des C zur Zeit der Begründung der Verbindlichkeit aufgrund seines vorherigen Ausscheidens kann P jedoch eventuell **gemäß § 15 Abs. 1 HGB** nicht entgegengehalten werden.

a) Das Ausscheiden eines OHG-Gesellschafters ist gemäß § 143 Abs. 2 HGB ins Handelsregister einzutragen und somit eine **eintragungspflichtige Tatsache**.

b) Das Ausscheiden des C ist **weder im Handelsregister eingetragen noch bekannt gemacht** worden.

c) P hatte vom Ausscheiden des C **keine positive Kenntnis**.

d) Möglicherweise muss für die Anwendung des § 15 Abs. 1 HGB noch eine weitere Voraussetzung erfüllt sein.

Die ganz **h.M.** und **Rspr.** verlangt als ungeschriebene weitere Voraussetzung einen **Vorgang im Geschäftsverkehr**.[37] Zwar sei es unerheblich, ob der Dritte im Einzelfall das Register konkret eingesehen und auf sein Schweigen vertraut habe. Da § 15 Abs. 1 HGB dem Verkehrsschutz diene, sei er jedoch nicht anwendbar, wenn ein Vertrauensschutz überhaupt nicht eingreifen könne. Es müsse zumindest abstrakt die Möglichkeit bestehen, dass der Dritte sein Verhalten mit Rücksicht auf seine Kenntnisse von bestimmten Tatsachen ausrichte. Diese Möglichkeit bestehe aber nur bei Vorgängen, die mit dem Geschäftsverkehr in einem inneren Zusammenhang stünden.

Beachte: Diese ungeschriebene Voraussetzung gilt auch für § 15 Abs. 2 und Abs. 3 HGB!

Im Unrechtsverkehr, d.h. bei rein deliktischen Ansprüchen, bei denen ein Zusammenhang mit dem Geschäftsverkehr völlig fehle, sei noch nicht einmal theoretisch vorstellbar, dass der Dritte sein Verhalten auf den vom Handelsregister ausgehenden Rechtsschein ausgerichtet habe, sodass § 15 Abs. 1 HGB in diesem Fall keine Anwendung finde.

Beachte: Der Begriff des Geschäftsverkehrs ist weit auszulegen – er erfasst daher nicht nur rechtsgeschäftliche, sondern auch sonstige rechtlich erhebliche Beziehungen, die ein Kaufmann im Betrieb seines Handelsgewerbes mit Dritten aufnimmt.
Bei deliktischen Ansprüchen, die in Zusammenhang mit dem Geschäftsverkehr stehen, findet § 15 HGB Anwendung!

Bei einem Verkehrsunfall handelt es sich um einen reinen Unrechtsverkehr, bei dem ein Zusammenhang mit dem Geschäftsverkehr vollständig fehlt, sodass § 15 Abs. 1 HGB nicht anwendbar ist.

Folglich kann sich P nicht darauf berufen, dass ihm die fehlende Gesellschafterstellung des C gemäß § 15 Abs. 1 HGB nicht entgegengehalten werden kann.

Somit liegen die Voraussetzungen des § 128 HGB mangels Gesellschafterstellung des C zur Zeit der Begründung der Verbindlichkeit nicht vor.

P steht daher gegen C kein Anspruch auf Schadensersatz in Höhe der Heilungskosten von 3.000 € aus § 823 Abs. 1 BGB i.V.m. § 128 HGB zu.

---

37 Hopt § 15 HGB Rn. 8 m.w.N.

Fall 17: § 15 Abs. 1 HGB – „Rosinentheorie"

A, B und K hatten im Jahre 2014 für den gemeinsamen Vertrieb von Kinderspielzeug eine KG gegründet. A und B waren persönlich haftende Gesellschafter (Komplementäre), während K die Stellung eines Kommanditisten übernommen hatte. A, B und K hatten in ihrem Gesellschaftsvertrag vereinbart, dass A und B nur gemeinsam zur Vertretung der KG berechtigt sind, was auch ordnungsgemäß im Handelsregister eingetragen wurde.

Gesellschafter A ist auf seinen Wunsch aus privaten Gründen zum Ende des Jahres 2020 aus der KG ausgeschieden. Eine Eintragung des Ausscheidens im Handelsregister erfolgte nicht.

Am 07.06.2021 bestellte B namens der KG beim Lieferanten L Kinderspielzeug zum Preis von 50.000 €, welches L auch ordnungsgemäß lieferte.

Da die KG trotz mehrerer Zahlungsaufforderungen den Kaufpreis bislang nicht gezahlt hat, nimmt L den A auf Zahlung des Kaufpreises i.H.v. 50.000 € in Anspruch. A verweigert die Zahlung, da der Kaufvertrag nach seinem Ausscheiden aus der Gesellschaft abgeschlossen worden sei.

Steht L gegen A ein Anspruch auf Kaufpreiszahlung i.H.v. 50.000 € zu?

L könnte gegen A ein Anspruch auf Kaufpreiszahlung i.H.v. 50.000 € aus **§ 433 Abs. 2 BGB i.V.m. §§ 128, 161 Abs. 2 HGB** zustehen.

Voraussetzungen der §§ 128, 161 Abs. 2 HGB
- Bestehen einer KG
- Verbindlichkeit der KG
- Komplementärsstellung des Inanspruchgenommenen zur Zeit der Begründung der Verbindlichkeit

Dazu müssen die **Voraussetzungen der §§ 128, 161 Abs. 2 HGB** gegeben sein.

I. Eine **KG besteht** trotz des Ausscheidens des Gesellschafters A, vgl. §§ 131 Abs. 3 S. 1 Nr. 6, 161 Abs. 2 HGB.

II. Ferner muss eine **Verbindlichkeit der KG** gegenüber L aus § 433 Abs. 2 BGB i.V.m. §§ 124, 161 Abs. 2 HGB bestehen.

Dazu muss ein **wirksamer Kaufvertrag zwischen L und der KG** zustande gekommen sein.

1. Gesellschafter B hat sich mit L über den Ankauf von Kinderspielzeug zum Preis von 50.000 € – also i.S.d. § 433 BGB – geeinigt. Die von B im Rahmen dieser Einigung abgegebene Willenserklärung wirkt für und gegen die KG, wenn B die KG **gemäß § 164 Abs. 1 S. 1 BGB wirksam vertreten** hat.

a) B hat eine eigene Willenserklärung – gerichtet auf den Ankauf von Kinderspielzeug zum Kaufpreis von 50.000 € – im Namen der KG abgegeben.

b) B muss bei Abschluss des Vertrags mit L **innerhalb seiner Vertretungsmacht** gehandelt haben.

aa) Dazu muss B zunächst überhaupt **Vertretungsmacht** gehabt haben.

Beachte: Der Kommanditist ist gemäß § 170 HGB von der Vertretung ausgeschlossen.

(1) Grundsätzlich sind bei einer KG die Komplementäre gemäß §§ 125 Abs. 1, 161 Abs. 2 HGB jeweils allein vertretungsbefugt.

A, B und K haben jedoch im Gesellschaftsvertrag vereinbart, dass die Komplementäre A und B nur gemeinsam zur Vertretung der KG berechtigt sein sollen, sog. **echte Gesamtvertretung** gemäß §§ 125 Abs. 2, 161 Abs. 2 HGB.

Folglich stand B ursprünglich keine Einzelvertretungsbefugnis zu.

(2) Fraglich ist, wie sich das Ausscheiden des Gesellschafters A auf die Vertretungssituation in der KG ausgewirkt hat.

(a) Grundsätzlich ändert das Ausscheiden eines Gesellschafters nichts an der Vertretungsmacht der oder des anderen Gesellschafters. Fällt also ein Gesamtvertreter fort, so erhält grundsätzlich nicht der andere Gesellschafter, der mit ihm zusammen vertretungsberechtigt war, Alleinvertretungsrecht, sondern die Gesamtvertretung ruht, bis durch die Einräumung der Vertretungsmacht bei einem anderen verbleibenden persönlich haftenden Gesellschafter entsprechender Ersatz geschaffen ist.[38]

(b) Wenn in einer KG infolge des Ausscheidens eines Komplementärs nur noch ein persönlich haftender Gesellschafter vorhanden ist, ist jedoch eine andere Beurteilung geboten: Die KG muss vertreten werden können, um sich rechtsgeschäftlich zu betätigen. Dabei muss es nach dem sog. **Grundsatz der Selbstorganschaft** eine Möglichkeit zur Stellvertretung geben, bei der die Gesellschaft nur durch ihre Organe, also unabhängig von der Mitwirkung Dritter, vertreten werden kann. Da der Kommanditist gemäß § 170 HGB von der organschaftlichen Vertretung zwingend ausgeschlossen ist, bleibt bei einer KG, bei der infolge des Ausscheidens eines Komplementärs nur noch ein persönlich haftender Gesellschafter vorhanden ist, lediglich die Alleinvertretung durch den einzigen Komplementär als Lösungsmöglichkeit übrig, um dem Grundsatz der Selbstorganschaft zu genügen. In einem solchen Fall muss zwangsläufig das Gesamtvertretungsrecht zur Alleinvertretungsbefugnis erstarken.[39]

Folglich hatte B zum Zeitpunkt des Kaufvertragsabschlusses mit L Einzelvertretungsbefugnis. Zwar müssen Veränderungen der Vertretungsmacht der Gesellschafter gemäß §§ 107, 161 Abs. 2 HGB im Handelsregister eingetragen werden, dies hat jedoch nur deklaratorische Wirkung, sodass die fehlende Eintragung unschädlich ist.

(3) Eventuell muss sich L gemäß § 15 Abs. 1 HGB so behandeln lassen, dass die Gesamtvertretung nicht erloschen ist.

(a) Dazu müssen zunächst die **Voraussetzungen des § 15 Abs. 1 HGB** gegeben sein.

(aa) Das Erlöschen der Gesamtvertretung ist gemäß §§ 107, 161 Abs. 2 HGB ins Handelsregister einzutragen und daher eine **eintragungspflichtige Tatsache**.

(bb) Das Erlöschen der Gesamtvertretung ist **weder im Handelsregister eingetragen noch bekannt gemacht** worden.

(cc) L hatte **keine positive Kenntnis** vom Erlöschen der Gesamtvertretung.

Vertretungsbefugnisse bei OHG/KG

- grundsätzlich Einzelvertretung durch jeden Gesellschafter/Komplementär, § 125 Abs. 1 HGB (i.V.m. § 161 Abs. 2 HGB)
- vereinbart werden kann im Gesellschaftsvertrag
  - Vertretung nur durch mehrere Gesellschafter/Komplementäre zusammen, sog. echte Gesamtvertretung – § 125 Abs. 2 HGB (i.V.m. § 161 Abs. 1 HGB)
  - Vertretung durch Gesellschafter/Komplementär zusammen mit einem Prokuristen, sog. unechte Gesamtvertretung – § 125 Abs. 3 HGB (i.V.m. § 161 Abs. 2 HGB)

---

38 BGHZ 41, 367, 369.
39 BGHZ 41, 367, 369.

(dd) Der Kaufvertrag über das Kinderspielzeug ist ein **Vorgang im Geschäftsverkehr**.

(b) Als **Rechtsfolge** des § 15 Abs. 1 HGB kann L nicht entgegengehalten werden, dass die Gesamtvertretung A, B erloschen ist. Da § 15 Abs. 1 HGB jedoch dem Schutz des Dritten dient, steht ihm ein **Wahlrecht** zu: er kann sich auf die fingierte oder auf die wahre Rechtslage berufen.[40] Dadurch, dass L den A auf Kaufpreiszahlung in Anspruch nimmt, hat er sich konkludent auf die wahre Rechtslage berufen, denn anderenfalls hätte er B als Vertreter ohne Vertretungsmacht gemäß § 179 BGB in Anspruch nehmen müssen.

Folglich muss sich L nicht gemäß § 15 Abs. 1 HGB so behandeln lassen, als ob die Gesamtvertretung A, B nicht erloschen sei.

Demzufolge hatte Gesellschafter B bei Abschluss des Kaufvertrags mit L Alleinvertretungsmacht.

Beachte: Der Umfang der Vertretungsmacht kann Dritten gegenüber nicht wirksam beschränkt werden, § 126 Abs. 2 HGB.

bb) Gemäß §§ 126 Abs. 1, 161 Abs. 2 HGB ist der Abschluss eines Kaufvertrags über Kinderspielzeug vom Umfang der Vertretungsmacht eines Gesellschafters erfasst, sodass auch das konkret getätigte Rechtsgeschäft vom **Umfang der Vertretungsmacht abgedeckt** ist.

Damit hat B die KG bei Abschluss des Kaufvertrags wirksam vertreten, sodass die von B und L erzielte Einigung i.S.v. § 433 BGB für und gegen die KG gemäß § 164 Abs. 1 S. 1 BGB wirkt.

2. Die Einigung ist auch wirksam.

Daher ist ein wirksamer Kaufvertrag zwischen der KG und L zustande gekommen, sodass am 07.06.2021 für die KG eine Verbindlichkeit gegenüber L gemäß § 433 Abs. 2 BGB i.V.m. §§ 124, 161 Abs. 2 HGB begründet worden ist.

III. Schließlich muss **A zum Zeitpunkt der Begründung der Verbindlichkeit Komplementär der KG** gewesen sein.

1. A war ursprünglich Komplementär der KG. Als die Verbindlichkeit der KG gegenüber L durch den von B für die KG abgeschlossenen Kaufvertrag am 07.06.2021 begründet wurde, war A jedoch aufgrund seines Ausscheidens zum 31.12.2020 bereits nicht mehr Komplementär der KG, §§ 131 Abs. 3 S. 2, 161 Abs. 2 HGB.

Zwar muss das Ausscheiden eines Komplementärs gemäß §§ 143 Abs. 2, 161 Abs. 2 HGB im Handelsregister eingetragen werden, dies hat jedoch nur deklaratorische Wirkung, sodass die fehlende Eintragung unschädlich ist.

2. Die fehlende Komplementärsstellung des A zur Zeit der Begründung der Verbindlichkeit aufgrund seines vorherigen Ausscheidens kann L jedoch eventuell **gemäß § 15 Abs. 1 HGB** nicht entgegengehalten werden.

a) Dazu müssen die **Voraussetzungen des § 15 Abs. 1 HGB** vorliegen.

---

40 BGHZ 55, 267, 273.

aa) Das Ausscheiden eines Komplementärs ist gemäß §§ 143 Abs. 2, 161 Abs. 2 HGB ins Handelsregister einzutragen und daher eine **eintragungspflichtige Tatsache**.

bb) Das Ausscheiden des Gesellschafters A ist **weder im Handelsregister eingetragen noch bekannt gemacht** worden.

cc) L hatte **keine positive Kenntnis** vom Ausscheiden des A.

dd) Der Kaufvertrag über das Kinderspielzeug ist ein **Vorgang im Geschäftsverkehr**.

b) Als **Rechtsfolge** des § 15 Abs. 1 HGB kann L grundsätzlich nicht entgegengehalten werden, dass A aus der Gesellschaft ausgeschieden ist. L steht zwar ein Wahlrecht zwischen der fingierten und der wahren Rechtslage zu, jedoch hat er sich durch die Inanspruchnahme des ausgeschiedenen A für die fingierte Rechtslage entschieden.

c) Das Wahlrecht des L könnte ausgeschlossen sein, weil er sich bezüglich der Vertretungsmacht bereits auf die wahre Rechtslage berufen hat, sodass er sich auch bezüglich des Ausscheidens des A an der wahren Rechtslage festhalten lassen muss.

Ob das **Wahlrecht des Dritten** im Rahmen des § 15 Abs. 1 HGB in dem Sinne **teilbar** ist, dass er sich einerseits auf die wahre Rechtslage und andererseits auf die fingierte Rechtslage berufen kann, ist **umstritten**.

aa) Die h.M. gesteht dem Dritten ein teilbares Wahlrecht zu.[41] § 15 Abs. 1 HGB diene dem Schutz des Dritten und zwar uneingeschränkt. Folglich widerspräche es dem Sinn und Zweck der Norm, wenn man es dem Dritten verwehre, sich teils auf die fingierte und teils auf die wahre Rechtslage zu berufen.

Danach ist L so zu behandeln, als ob A nicht als Komplementär ausgeschieden ist.

bb) Nach a.A. ist das Wahlrecht des Dritten nicht teilbar.[42] Das Handelsregister könne nur in seiner Gesamtheit gewürdigt werden. Der Dritte könne nur verlangen, dass er so gestellt werde, wie die Rechtslage sich zum Zeitpunkt des Vertragsschlusses aus dem Handelsregister ergebe. Nach der Lösung der h.M. stehe der Dritte besser, als wenn die scheinbare Rechtslage der Wirklichkeit entspreche. Der Dritte könne sich danach gleichzeitig aus der fingierten und der wahren Rechtslage die für ihn günstigsten Tatbestandsstücke wie Rosinen herauspicken (sog. **Rosinentheorie**) und für eine derartige Privilegierung gäbe es keinen sachlichen Grund.

Danach kann sich L bezüglich des Ausscheidens des A nicht auf die fingierte Rechtslage berufen, sondern muss sich an seiner vorher ausgeübten Wahl zugunsten der wahren Rechtslage festhalten lassen.

cc) Stellungnahme: Der a.A. ist zuzugeben, dass die h.M. den Dritten erheblich bevorzugt. Andererseits besteht der Sinn und Zweck des § 15 Abs. 1 HGB gerade in dem Schutz des Dritten und der Wortlaut der Norm macht bezüglich des Wahlrechts keinerlei Einschränkungen. Zudem er-

---

41 Hopt § 15 HGB Rn. 6 m.w.N.

42 Canaris HandelsR § 5 Rn. 26.

Im Innenverhältnis hat der ausgeschiedene Gesellschafter gegen die Gesellschaft einen Regressanspruch aus § 670 BGB, gegen die ehemaligen Mitgesellschafter aus § 426 Abs. 1 und 2 BGB.[43]

scheint der Eintragungspflichtige nicht schutzwürdig, da er der negativen Publizität des § 15 Abs. 1 HGB dadurch entgehen kann, dass er seinen Eintragungspflichten nachkommt.

Infolgedessen ist der h.M. zu folgen und L kann sich bezüglich des Ausscheidens des A auf die fingierte Rechtslage berufen.

L ist also so zu behandeln, als ob A nicht als Komplementär der KG ausgeschieden ist. Folglich ist L so zu stellen, als ob A zum Zeitpunkt der Begründung der Verbindlichkeit der KG deren Komplementär war.

Damit sind die Voraussetzungen der §§ 128, 161 Abs. 2 HGB gegeben.

Als **Rechtsfolge** haftet A für die Kaufpreisverbindlichkeit der KG gegenüber L.

Somit steht L gegen A ein Kaufpreiszahlungsanspruch i.H.v. 50.000 € aus § 433 Abs. 2 BGB i.V.m. §§ 128, 161 Abs. 2 HGB zu.

43 Hopt § 110 HGB Rn. 2 sowie § 128 HGB Rn. 25, 27.

Fall 18: § 15 Abs. 2 HGB

A, B und C haben Anfang 2021 zum Vertrieb von Fahrrädern eine OHG gegründet. Die drei Gesellschafter haben im Gesellschaftsvertrag vereinbart, dass nur A und B gemeinsam vertretungsberechtigt sind, während C von der Vertretung ausgeschlossen ist. Die OHG und die Vertretungsvereinbarung wurde am 22.01.2021 ordnungsgemäß im Handelsregister eingetragen und bekannt gemacht.

Anfang März 2021 kauft A für die OHG Fahrräder von X zum Preis von 5.000 €. Nach Lieferung der Fahrräder verlangt X von der OHG Zahlung des Kaufpreises. Die OHG verweigert die Zahlung mit Hinweis auf die fehlende Vertretungsbefugnis des A.

Muss die OHG den Kaufpreis an X, der nichts von der Vertretungsvereinbarung zwischen den Gesellschaftern gewusst hat, zahlen?

X könnte gegen die OHG ein Anspruch auf Kaufpreiszahlung aus **§ 433 Abs. 2 BGB i.V.m. § 124 HGB** i.H.v. 5.000 € zustehen.

I. Eine OHG besteht.

II. Ferner muss eine **Verbindlichkeit der OHG gegenüber X aus § 433 Abs. 2 BGB i.V.m. § 124 HGB** i.H.v. 5.000 € gegeben sein.

Dazu ist erforderlich, dass zwischen X und der OHG ein **wirksamer Kaufvertrag** zustande gekommen ist.

1. Eine direkte Einigung zwischen X und OHG ist nicht gegeben.

2. Jedoch haben sich X und A über den Kauf der Fahrräder zum Preis von 5.000 € – also i.S.v. § 433 BGB – geeinigt. Die im Rahmen dieser Einigung von A abgegebene Willenserklärung wirkt für und gegen die OHG, wenn A die OHG **gemäß § 164 Abs. 1 S. 1 BGB wirksam vertreten** hat.

Beachte: Auch bei einer Vertretung einer Gesellschaft muss der normale Prüfungsaufbau einer Stellvertretung eingehalten werden!

a) A hat eine eigene Willenserklärung – gerichtet auf den Ankauf von Fahrrädern – im Namen der OHG abgegeben.

b) Ferner muss A **innerhalb seiner Vertretungsmacht gehandelt** haben.

Dazu muss A überhaupt **Vertretungsmacht** besessen haben.

aa) Gemäß § 125 Abs. 1 HGB hat **jeder Gesellschafter** der OHG **Einzelvertretungsmacht**; **gemäß § 125 Abs. 2 HGB** kann jedoch bestimmt werden, dass mehrere Gesellschafter nur gemeinsam zur Vertretung berechtigt sind, sog. **echte Gesamtvertretung**. Eine solche Abrede haben A, B und C getroffen, sodass der A alleine keine Vertretungsbefugnis hatte.

bb) Fraglich ist, ob der X diese Einschränkung eventuell nicht gegen sich gelten lassen muss, weil er bei Abschluss des Vertrags mit A keine Kenntnis von der Vertretungsvereinbarung der Gesellschafter hatte und als außenstehender Dritter aufgrund der Regelung des § 125 Abs. 1 HGB grundsätzlich von einer Einzelvertretungsbefugnis jedes OHG-Gesellschafters ausgehen darf.

Möglicherweise muss X die abweichende Vertretungsvereinbarung jedoch trotz seiner Unkenntnis gemäß § 15 Abs. 2 HGB gegen sich gelten lassen.

(1) Dazu müssen die **Voraussetzungen des § 15 Abs. 2 HGB** vorliegen.

(a) Erforderlich ist, dass die Vertretungsvereinbarung eine **einzutragende Tatsache** i.S.v. § 15 Abs. 2 HGB darstellt.

(aa) Nach h.M. gilt § 15 Abs. 2 HGB nur für eintragungspflichtige Tatsachen.[44] Dies wird zum einen mit dem Wortlaut der Norm – *„die Tatsache"* – und zum anderen mit dem Regelungszusammenhang mit § 15 Abs. 1 HGB, der auch nur für eintragungspflichtige Tatsachen gilt, begründet. Für eintragungsfähige Tatsachen habe der Gesetzgeber z.B. in §§ 25 Abs. 2, 28 Abs. 2 HGB Sonderregeln geschaffen.

Zur Begründung verweist diese Ansicht auf die richtlinienkonforme Auslegung des § 15 Abs. 2 HGB unter Berücksichtigung des Art. 3 a Abs. 4 der Richtlinie 2003/58/EG (ABl 2003 L 221/13).

(bb) Nach a.A. ist § 15 Abs. 2 HGB sowohl auf eintragungspflichtige Tatsachen als auch auf eintragungsfähige Tatsachen, bei denen die Eintragung konstitutive Wirkung hat, anzuwenden.[45]

(cc) Die Vertretungsmacht der OHG-Gesellschafter ist gemäß § 106 Abs. 2 Nr. 4 HGB eine eintragungspflichtige Tatsache, sodass nach beiden Auffassungen eine einzutragende Tatsache i.S.v. § 15 Abs. 2 HGB vorliegt und sich eine Entscheidung des Meinungsstreits erübrigt.

(b) Die einzutragende Tatsache muss **korrekt im Handelsregister eingetragen und bekannt gemacht** worden sein.

A, B und C haben ihre Vertretungsvereinbarung ordnungsgemäß im Handelsregister eintragen lassen und es ist auch eine korrekte Bekanntmachung erfolgt.

(c) Ferner müssen im Zeitpunkt des Geschäftsabschlusses **15 Tage seit der Bekanntmachung vergangen** sein **oder der Dritte** muss bzgl. der eingetragenen und bekannt gemachten Tatsache **bösgläubig** sein.

Die Bekanntmachung erfolgte am 22.01.2021 und der Vertragsschluss mit X kam Anfang März 2021 zustande, sodass im maßgeblichen Zeitpunkt 15 Tage seit der Bekanntmachung vergangen waren.

(d) Schließlich handelt sich bei dem Kaufvertragsabschluss auch um einen **Vorgang im Geschäftsverkehr**.

Folglich sind die Voraussetzungen des § 15 Abs. 2 HGB gegeben.

(2) Als **Rechtsfolge** kann der Anmeldepflichtige dem Dritten die eingetragene und bekannt gemachte Tatsache entgegenhalten. Die OHG hat sich auf die fehlende Vertretungsmacht des A berufen und damit dem X die eingetragene und bekannt gemachte Vertretungsvereinbarung entgegengehalten.

Daher muss X die im Handelsregister eingetragene und bekannt gemachte echte Gesamtvertretung gegen sich gelten lassen.

A hat folglich mangels Vertretungsmacht die OHG nicht wirksam vertreten, sodass die von ihm abgegebene Willenserklärung nicht gemäß § 164 Abs. 1 S. 1 BGB für und gegen die OHG wirkt.

Beachte: X hat gegen den A, der als Vertreter ohne Vertretungsmacht gehandelt hat, einen Anspruch aus § 179 BGB.

cc) Die OHG hat den Vertragsabschluss des A auch nicht gemäß § 177 BGB genehmigt.

Zwischen X und der OHG ist folglich kein Kaufvertrag zustande gekommen, sodass die OHG ist nicht zur Kaufpreiszahlung an X verpflichtet ist.

---

44 BAG NJW 1988, 223; Baumbacht/Hopt § 15 HGB Rn. 13 m.w.N.

45 Koller/Kindler/Roth/Drüen § 15 HGB Rn. 19.

Fall 19: § 15 Abs. 3 HGB

A und B betreiben seit 2014 eine Werbeagentur in Form einer OHG, die ordnungsgemäß im Handelsregister eingetragen ist. Zum 21.06.2021 tritt C als neuer Gesellschafter in die OHG ein. Trotz korrekt gestellten Eintragungsantrags seitens A, B und C wird im Handelsregister eingetragen und bekannt gemacht, dass U neuer Gesellschafter der OHG ist.

D, der Inhaber einer Druckerei ist, hat für die OHG im Januar 2021 einen größeren Druckauftrag ausgeführt. Die daraus resultierende Werklohnforderung i.H.v. 12.000 € hat die OHG bislang nicht beglichen.

D nimmt nunmehr U auf Zahlung der 12.000 € in Anspruch. Zu Recht?

D könnte gegen U ein Anspruch auf Werklohnzahlung aus **§ 631 Abs. 1 BGB i.V.m. § 130 HGB** zustehen.

Dazu müssen die **Voraussetzungen des § 130 HGB** vorliegen.

I. Eine OHG besteht.

II. Wegen des im Januar 2021 zwischen der OHG und D zustande gekommenen und seitens D ausgeführten Druckauftrags besteht auch eine Verbindlichkeit der OHG gegenüber D aus § 631 Abs. 1 BGB i.V.m. § 124 HGB.

III. Ferner muss U **als Gesellschafter in die OHG eingetreten** sein.

1. Es ist jedoch nicht U, sondern C am 21.06.2021 als neuer Gesellschafter in die OHG eingetreten.

2. Möglicherweise kann sich D jedoch gemäß § 15 Abs. 3 HGB gegenüber U darauf berufen, dass bekannt gemacht worden ist, U sei als Gesellschafter in die OHG eingetreten.

Dazu müssen die **Voraussetzungen des § 15 Abs. 3 HGB** gegeben sein.

a) Dies erfordert zunächst, dass es sich bei der bekannt gemachten Tatsache um eine **eintragungspflichtige Tatsache** handelt.

Folglich muss der Eintritt des Gesellschafters in eine OHG eine eintragungspflichtige Tatsache darstellen.

aa) Gemäß § 107 HGB ist der Eintritt eines OHG-Gesellschafters zur Eintragung im Handelsregister anzumelden, sodass an sich eine eintragungspflichtige Tatsache gegeben ist.

bb) Möglicherweise steht dem entgegen, dass U tatsächlich gar nicht als Gesellschafter in die OHG eingetreten ist, sodass für ihn insofern auch **keine konkrete Eintragungspflicht** bestand.

cc) Der Zweck des § 15 Abs. 3 HGB, der auf den Verkehrsschutz gerichtet ist, gebietet es jedoch, dass die bekannt gemachte Tatsache lediglich **abstrakt** eintragungspflichtig sein muss, d.h. die Tatsache müsste, wenn sie wahr wäre, eintragungspflichtig sein.[46]

Beachte: Im Rahmen des § 15 Abs. 1 HGB wird die Eintragungspflicht konkret beurteilt; demgegenüber erfolgt bei § 15 Abs. 3 HGB eine abstrakte Betrachtung!

46 Canaris HandelsR § 5 Rn. 47 m.w.N.

Wäre U in die OHG eingetreten, so wäre diese Tatsache gemäß § 107 HGB eintragungspflichtig. Demzufolge ist eine abstrakt eintragungspflichtige Tatsache gegeben.

b) Ferner muss die **Bekanntmachung unrichtig** sein. Dies ist der Fall, wenn sie im Zeitpunkt der Veröffentlichung nicht mit der wirklichen Sach- und Rechtslage übereinstimmt.

aa) Mangels tatsächlichen Eintritts in die OHG seitens des U stellt die Bekanntmachung bezüglich seines Gesellschaftereintritts eine unrichtige Bekanntmachung dar.

bb) Eventuell ist eine andere Beurteilung geboten, weil bereits die Eintragung im Handelsregister den U als neu eingetretenen Gesellschafter der OHG ausweist, sodass **keine Diskrepanz zwischen Eintragung im Handelsregister und Bekanntmachung** gegeben ist.

(1) Die EG-Publizitätsrichtlinie,[47] zu deren Umsetzung § 15 Abs. 3 HGB im Jahre 1969 eingeführt wurde, betraf nur das Auseinanderfallen zwischen Eintragung im Handelsregister und Bekanntmachung. Dies könnte dafür sprechen, § 15 Abs. 3 HGB auch in diesem Sinne auszulegen.

Beachte: Unrichtige Bekanntmachung i.S.v. § 15 Abs. 3 HGB bedeutet nicht Abweichung der Bekanntmachung von der Eintragung, sondern Abweichung der Bekanntmachung von der materiellen Rechtslage!

(2) Eine solche Auslegung hätte jedoch zur Folge, dass bei gleichzeitiger Unrichtigkeit von Eintragung und Bekanntmachung dem Dritten der Schutz des § 15 Abs. 3 HGB nicht zugute käme. In diesem Fall ist der Dritte aber besonders schutzwürdig, da von beiden Publikationsakten eine unrichtige Information ausgeht, der Dritte also quasi einem doppelten Rechtsschein ausgesetzt ist. Zudem ist die gleichzeitige Unrichtigkeit von Eintragung und Bekanntmachung der in der Praxis wichtigste Fall. Der deutsche Gesetzgeber hat sich daher nicht auf die Umsetzung der Richtlinie beschränkt, sondern § 15 Abs. 3 HGB bewusst weiter formuliert.[48] Daher ist die Regelung ihrem Wortlaut gemäß auf alle Fälle der unrichtigen Bekanntmachung anzuwenden – also immer dann, wenn die Bekanntmachung von der materiellen Rechtslage abweicht – unabhängig davon, ob die Eintragung im Handelsregister ebenfalls unrichtig oder richtig oder gar nicht erfolgt ist.

Da U in Wirklichkeit nicht in die OHG als Gesellschafter eingetreten ist, dies aber bekannt gemacht wurde, liegt mithin eine unrichtige Bekanntmachung vor.

c) Zudem darf der Dritte **keine positive Kenntnis von der Unrichtigkeit der Bekanntmachung** gehabt haben.

D hatte keine positive Kenntnis davon, dass U in Wirklichkeit nicht als Gesellschafter in die OHG eingetreten ist. Folglich hatte er keine positive Kenntnis von der Unrichtigkeit der Bekanntmachung.

d) Schließlich gilt auch § 15 Abs. 3 HGB nach h.M. wegen seiner Schutzrichtung für den Rechtsverkehr nur für **Vorgänge im Geschäftsverkehr**, d.h. nicht für rein deliktische Ansprüche, z.B. aus §§ 823 ff. BGB.

D begehrt Zahlung aus einem Werkvertrag, sodass ein Vorgang im Geschäftsverkehr gegeben ist.

---

47 Erste Richtlinie 65/151/EWG vom 09.03.1968 (ABl. 1968 L 65 S. 8).

48 Canaris HandelsR § 5 Rn. 46.

e) **Streitig ist,** ob bei § 15 Abs. 3 HGB **noch eine zusätzliche Voraussetzung** besteht.

aa) Nach h.M. ist § 15 Abs. 3 HGB restriktiv zu interpretieren: Die Vorschrift wirke nur zulasten desjenigen, der eine Rechtstatsache zur Eintragung angemeldet hat oder sich eine Anmeldung zurechnen lassen muss **(modifiziertes Veranlasserprinzip).**[49] Für die Haftung unbeteiligter Dritter mit ihrem gesamten gegenwärtigen und künftigen Vermögen gäbe es keinen vernünftigen Grund.

U hat die unrichtige Bekanntmachung, dass er als Gesellschafter in die OHG eingetreten sei, in keiner Weise veranlasst, sodass nach h.M. die Voraussetzungen des § 15 Abs. 3 HGB nicht erfüllt sind.

Nach h.M. wirkt § 15 Abs. 3 HGB nur zulasten desjenigen, der die unrichtige Bekanntmachung irgendwie – wenn auch durch einen richtigen Antrag – veranlasst hat.

bb) Nach a.A. widerspricht diese einschränkende Auslegung dem Willen des Gesetzgebers.[50] Dies ergebe sich aus dem Wortlaut und der Entstehungsgeschichte der Norm, mit welcher der Gesetzgeber einen umfassenden Vertrauensschutz bezweckt habe – ohne Rücksicht darauf, wie es zur unrichtigen Bekanntmachung gekommen sei. Der unbeteiligte Dritte sei auch nicht ganz schutzlos, da er bei einem Fehler des Registergerichts einen Schadensersatzanspruch wegen Amtspflichtverletzung aus Art. 34 GG, § 839 BGB habe.

Danach hat § 15 Abs. 3 HGB keine weitere Voraussetzung, sodass sämtliche Voraussetzungen erfüllt sind.

cc) Nach einer vermittelnden Meinung wirkt die Vorschrift nur gegen den, „in dessen Angelegenheit die Tatsache einzutragen war". Folglich wirke sie nur gegen Personen, die solche „Angelegenheiten" haben. Die Privatperson, die keine Angelegenheiten im Handelsregister einzutragen habe, brauche daher § 15 Abs. 3 HGB nicht zu fürchten, auch wenn sie unversehens, z.B. als OHG-Gesellschafter, in einer Bekanntmachung erscheine. Erfahre der unbeteiligte Dritte von einer unrichtigen Bekanntmachung, die ihn betrifft, und sorge er nicht für eine Korrektur, so könne er zwar nach den allgemeinen Rechtsscheinsgrundsätzen haften, nicht aber aus § 15 Abs. 3 HGB. Kaufleute seien dagegen gehalten, auch im eigenen Interesse dafür zu sorgen, dass sich der offen gelegte Stand ihrer offenlegungspflichtigen Verhältnisse stets mit dem wahren Stand decke. Deshalb beschränke sich § 15 Abs. 3 HGB auf tatsächlich registerpflichtige Unternehmen, ihre Unternehmensträger und ihre Gesellschafter.[51]

U als Privatperson hat keine registerlichen Angelegenheiten, sodass § 15 Abs. 3 HGB nach dieser Ansicht nicht verwirklicht ist.

dd) Stellungnahme: Gegen die Ansicht, dass § 15 Abs. 3 HGB keine weitere Voraussetzung hat, spricht schon der Wortlaut der Norm *„in dessen Angelegenheiten die Tatsache einzutragen ist"*. Zudem gerät nach dieser Ansicht ein Unbeteiligter, der z.B. als OHG-Gesellschafter bekannt gemacht worden ist, zunächst dem Gläubiger gegenüber in die Haftung und muss dann das Land wegen des Fehlers des Registergerichts aus Amtshaftung in Regress nehmen. Dies erscheint für jemanden, der mit dem Handelsregister und

49 Canaris HandelsR § 5 Rn. 51 m.w.N.

50 Brox/Henssler HandelsR Rn. 132.

51 K. Schmidt HandelsR § 14 Rn. 89.

mit der unrichtigen Bekanntmachung nichts zu tun hat, als eine unbillige und nicht gerechtfertigte Belastung. Infolgedessen ist die zweitgenannte Auffassung abzulehnen. Die beiden anderen Ansichten kommen im vorliegenden Fall zum identischen Ergebnis, sodass insoweit keine Streitentscheidung erforderlich ist.

Daher sind die Voraussetzungen des § 15 Abs. 3 HGB nicht erfüllt und D kann sich nicht gemäß § 15 Abs. 3 HGB gegenüber U darauf berufen, dass bekannt gemacht worden ist, U sei als Gesellschafter in die OHG eingetreten.

3. U hat nicht den Rechtsschein gesetzt, dass er als Gesellschafter in die OHG eingetreten sei, sodass auch die Fiktion des Gesellschaftereintritts nach allgemeinen Rechtsscheinregeln ausscheidet.

Demgegenüber haftet C, der tatsächlich als Gesellschafter in die OHG eingetreten ist, gegenüber D aus § 631 BGB i.V.m. § 130 HGB.

Da U nicht als Gesellschafter in die OHG eingetreten ist und sich gegenüber D auch nicht so behandeln lassen muss, liegen die Voraussetzungen des § 130 HGB nicht vor.

Somit steht D gegen U kein Anspruch auf Werklohnzahlung aus § 631 Abs. 1 BGB i.V.m. § 130 HGB zu.

Zum 01.08.2022 wird § 15 Abs. 3 HGB durch das Gesetz zur Umsetzung der Digitalisierungsrichtlinie (DiRUG) vom 05.07.2021 wie folgt geändert:

„Ist eine einzutragende und bekannt gemachte Tatsache unrichtig eingetragen, so kann sich ein Dritter demjenigen gegenüber, in dessen Angelegenheiten die Tatsache einzutragen war, auf die eingetragene Tatsache berufen, es sei denn, dass er die Unrichtigkeit kannte."

Diese Gesetzesänderung ist eine **Folge der Neukonzeption der Bekanntmachung**.[52] Das Bekanntmachungsportal (www.handelsregisterbekanntmachungen.de) wird abgeschafft und die Informationen sind nur noch über das Informations- und Kommunikationssystem nach § 9 HGB abrufbar, und zwar für jedermann kostenlos.[53] Unter Bekanntmachung ist nach § 10 Abs. 1 HGB n.F. nunmehr *„die erstmalige Abrufbarkeit der Eintragung über das Informations- und Kommunikationssystem nach § 9 Abs. 1 HGB"*, d.h. über das Gemeinsame Registerportal der Länder (www.handelsregister.de), zu verstehen.

Da es nach Auffassung des Gesetzgebers nach der Neukonzeption der Bekanntmachung kein Auseinanderfallen von Eintragung und Bekanntmachung mehr geben kann, kommt es nach § 15 Abs. 3 HGB n.F. mangels separater Bekanntmachung nur noch auf die (Un-)Richtigkeit der Eintragung an. Allerdings nur, wenn die Tatsache bereits bekannt gemacht wurde, da es ansonsten an der erforderlichen Publizität der Tatsache fehlt.[54]

Die Lösung des vorstehenden Falles, bei dem eine unrichtige Eintragung und unrichtige Bekanntmachung vorliegt, bleibt durch die Neuregelung (im Ergebnis) unverändert.

52 Begr. RegE, BT-Drs.19/28177, S. 93.
53 Lieder DNotZ 2021, 830, 831.
54 Begr. RegE, BT-Drs.19/28177, S. 94.

Fall 20: § 15 Abs. 3 HGB analog?

A, B und C betreiben seit mehreren Jahren eine Lackiererei in Form einer OHG. Die drei Gesellschafter hatten sich darauf geeinigt, dass jeder Gesellschafter allein vertretungsberechtigt ist. Dies wurde auch ordnungsgemäß im Handelsregister eingetragen.

Zum Ende des Jahres 2020 scheidet Gesellschafter C aus der Gesellschaft aus. A und B vereinbaren nunmehr, dass sie nur gemeinsam vertretungsberechtigt sind. Trotz korrekt gestellten Eintragungsantrags seitens der Gesellschafter wird im Februar 2021 im Handelsregister eingetragen, dass A allein vertretungsberechtigt ist, während B von der Vertretung ausgeschlossen ist. Bekannt gemacht wird demgegenüber die gemeinsame Vertretungsbefugnis von A und B.

In der Folgezeit streiten sich A und B darüber, ob sie modernere Farben in ihr Angebot aufnehmen sollen. Obwohl B dagegen ist, bestellt A namens der OHG bei L, der mit der OHG noch nie in Geschäftskontakt stand und vor Vertragsabschluss auch nicht das Handelsregister eingesehen hat, giftgrüne Farbe zum Preis von 7.000 €.

Kann L von der OHG Zahlung i.H.v. 7.000 € verlangen?

L könnte gegen die OHG ein Anspruch auf Kaufpreiszahlung i.H.v. 7.000 € aus **§ 433 Abs. 2 BGB i.V.m. § 124 HGB** zustehen.

I. Eine **OHG besteht** trotz des Ausscheidens des Gesellschafters C, vgl. § 131 Abs. 3 S. 1 Nr. 6 HGB.

Bei einer OHG führen Gründe, die in der Person eines Gesellschafters liegen, lediglich zum Ausscheiden dieses Gesellschafters, vgl. § 131 Abs. 3 HGB. Demgegenüber führen diese Umstände bei einer GbR zur Auflösung der GbR, wenn die Gesellschafter nicht eine abweichende Vereinbarung getroffen haben, vgl. §§ 723 ff. BGB.

II. Ferner muss eine **Verbindlichkeit der OHG gegenüber L aus § 433 Abs. 2 BGB i.V.m. § 124 HGB** i.H.v. 7.000 € gegeben sein.

Dazu ist erforderlich, dass zwischen L und der OHG ein **wirksamer Kaufvertrag** zustande gekommen ist.

1. Eine direkte Einigung zwischen L und OHG liegt nicht vor.

2. Jedoch haben sich L und A über den Kauf der Farbe zum Preis von 7.000 € – also i.S.v. § 433 BGB – geeinigt. Die im Rahmen dieser Einigung von A abgegebene Willenserklärung wirkt für und gegen die OHG, wenn A die OHG **gemäß § 164 Abs. 1 S. 1 BGB wirksam vertreten** hat.

a) A hat eine eigene Willenserklärung – gerichtet auf den Ankauf giftgrüner Farbe – im Namen der OHG abgegeben.

b) Ferner muss A **innerhalb seiner Vertretungsmacht gehandelt** haben.

Dazu muss A überhaupt **Vertretungsmacht** besessen haben.

aa) Gemäß § 125 Abs. 1 HGB hat jeder Gesellschafter der OHG Einzelvertretungsmacht; gemäß § 125 Abs. 2 HGB kann jedoch bestimmt werden, dass mehrere Gesellschafter nur gemeinsam zur Vertretung berechtigt sind, sog. echte Gesamtvertretung. Eine solche Abrede haben A und B nach dem Ausscheiden des Gesellschafters C getroffen, sodass A alleine keine Vertretungsbefugnis hatte.

bb) Möglicherweise kann sich L jedoch **gemäß § 15 Abs. 3 HGB** gegenüber der OHG darauf berufen, dass im Handelsregister eingetragen worden ist, A habe Einzelvertretungsbefugnis.

Dazu müssen die Voraussetzungen des § 15 Abs. 3 HGB gegeben sein.

(1) Die Änderung der Vertretungsmacht ist gemäß § 107 HGB im Handelsregister einzutragen und daher eine eintragungspflichtige Tatsache.

(2) Ferner muss die **Bekanntmachung unrichtig** sein. Dies ist der Fall, wenn sie im Zeitpunkt der Veröffentlichung nicht mit der wirklichen Sach- und Rechtslage übereinstimmt.

Bekannt gemacht wurde, dass A und B zusammen vertretungsberechtigt sind. Dies stimmt mit der wahren Rechtslage überein, sodass die Bekanntmachung nicht unrichtig ist und die Voraussetzungen des § 15 Abs. 3 HGB nicht vorliegen.

Daher kann L sich gegenüber der OHG nicht gemäß § 15 Abs. 3 HGB auf die Einzelvertretungsbefugnis des A berufen.

Beachte: Ob § 15 Abs. 3 HGB analog auf den reinen Eintragungsfehler anzuwenden ist, gehört zu den klassischen Problemen einer Handelsrechtsklausur. Es bietet sich aus klausurtaktischen Gründen an, der h.M. zu folgen, um sich anschließend mit der allgemeinen Rechtsscheinshaftung auseinandersetzen zu können.

Nach der Neuregelung des § 15 Abs. 3 HGB zum 01.08.2022 durch das DiRUG erfasst der Wortlaut der Neufassung den reinen Eintragungsfehler. Jedoch muss nach Ansicht der Literatur der § 15 Abs. 3 HGB n.F. bei richtiger Bekanntmachung aufgrund teleologischer Reduktion unangewendet bleiben, da die unrichtige Eintragung ein reines Internum ist und daher kein Anknüpfungspunkt für einen Vertrauensschutz besteht (Lieder DNotZ 2021, 830, 842). Wie die Rspr. diese Frage beurteilen wird, bleibt abzuwarten.

(3) Eventuell kann sich L jedoch **analog § 15 Abs. 3 HGB** gegenüber der OHG darauf berufen, dass im Handelsregister eingetragen worden ist, A habe Einzelvertretungsbefugnis.

Es ist umstritten, ob § 15 Abs. 3 HGB analog angewendet werden kann, wenn die Bekanntmachung richtig, aber die Eintragung im Handelsregister falsch ist, sog. **reiner Eintragungsfehler**.

(a) Die überwiegende Ansicht lehnt eine analoge Anwendung des § 15 Abs. 3 HGB auf den Fall des reinen Eintragungsfehlers ab.[55] Der Gesetzgeber habe in § 15 Abs. 1 und 2 HGB jeweils auf Eintragung und Bekanntmachung abgestellt, sodass davon auszugehen sei, dass es eine bewusste gesetzgeberische Entscheidung darstelle, wenn in § 15 Abs. 3 HGB lediglich auf die Bekanntmachung abgestellt werde. Folglich scheide eine analoge Anwendung des § 15 Abs. 3 HGB mangels Planwidrigkeit der Regelungslücke aus und es kämen, wenn der Vertrauenstatbestand nur in der unrichtigen Eintragung zu finden sei, die allgemeinen Rechtsscheinsgrundsätze.

(b) Nach a.A. ist § 15 Abs. 3 HGB analog auf den reinen Eintragungsfehler anzuwenden, da auch von falschen Eintragungen im Handelsregister ein Rechtsschein ausgehe, sodass der Dritte schutzbedürftig sei.[56] Ferner seien die elektronische Eintragung und Bekanntmachung gleichwertige Rechtsscheinsträger, sodass durch die analoge Anwendung des § 15 Abs. 3 HGB zudem Wertungswidersprüche vermieden würden.

(c) Stellungnahme: Der letztgenannten Ansicht ist zuzugeben, dass auch von unrichtigen Handelsregistereintragungen für den Rechtsverkehr ein Rechtsschein ausgeht und insofern ein Schutzbedürfnis besteht. Fraglich ist allein, auf welchem Weg der Rechtsverkehr zu schützen ist.
Gegen eine analoge Anwendung des § 15 Abs. 3 HGB spricht zum einen, dass es sich um eine Ausnahmeregelung handelt, die schon allein aus diesem Grund nicht analogiefähig ist. Zum anderen ergibt ein Vergleich des Wortlauts des § 15 Abs. 3 HGB – „unrichtige Bekanntmachung" – mit dem Wortlaut des § 15 Abs. 1 und Abs. 2 HGB, der Bekanntmachung und die Eintragung erwähnt, dass keine planwidrige Regelungslücke besteht. Schließlich hält die h.M. den Wortlaut des § 15 Abs. 3 HGB im Übrigen für zu weit geraten, sodass sie ihn durch weitere Voraussetzungen (Vorgang im Geschäftsverkehr, modifiziertes Veranlasserprinzip) einschränkt. Damit ist eine analoge Anwendung der Norm auf weitere Fälle nur schwer vereinbar.

55 Canaris HandelsR § 5 Rn. 45 m.w.N.
56 Hopt § 15 HGB Rn. 18.

Schließlich kann der schutzwürdige Dritte, der auf den Rechtsschein des Handelsregisters vertraut hat, über die allgemeinen Rechtsscheinsregeln ausreichend geschützt werden. Folglich ist eine analoge Anwendung des § 15 Abs. 3 HGB auf den Fall des reinen Eintragungsfehlers abzulehnen.

Daher kann sich L nicht analog § 15 Abs. 3 HGB gegenüber der OHG darauf berufen, dass im Handelsregister eingetragen worden ist, A habe Einzelvertretungsbefugnis.

(4) Eventuell kann zugunsten des L eine **Einzelvertretungsbefugnis des A über den allgemeinen Rechtsschein fingiert** werden.

(a) Die allgemeinen Rechtsscheinsregeln sind **für die Fälle anwendbar, die von § 15 HGB tatbestandlich nicht erfasst sind**. Da § 15 Abs. 3 HGB nicht einschlägig ist, sind die allgemeinen Rechtsscheinsregeln anwendbar.

(b) Die OHG muss den Rechtsschein der unrichtigen Eintragung der Einzelvertretungsbefugnis des A zurechenbar veranlasst haben.

(aa) Wer durch eine unrichtige Anmeldung eine unrichtige Eintragung im Handelsregister veranlasst, muss, da die Eintragung für die Öffentlichkeit bestimmt ist, seine in der Anmeldung liegende Erklärung zugunsten eines redlichen Dritten, der sein Verhalten nach der Eintragung richtet, gegen sich gelten lassen.

Die unrichtige Eintragung der Vertretungsbefugnis ist von der OHG nicht veranlasst worden, weil der von den Gesellschaftern gestellte Antrag richtig war.

(bb) Selbst wenn der Betroffene die unrichtige Eintragung nicht veranlasst hat, ist sie ihm zuzurechnen, wenn er es schuldhaft unterlassen hat, für ihre Berichtigung zu sorgen.

Die OHG bzw. die Gesellschafter der OHG, deren schuldhaftes Verhalten der OHG analog § 31 BGB zugerechnet wird, haben es schuldhaft unterlassen, eine Berichtigung der falschen Eintragung herbeizuführen. Dies war ihnen durchaus möglich und zumutbar, da sie die Obliegenheit haben, sich regelmäßig über die im Handelsregister verlautbarten Informationen bezüglich der OHG zu informieren.

Gemäß § 383 Abs. 1 FamFG wird zudem demjenigen, der etwas ins Handelsregister eintragen lässt, die Eintragung bekannt gegeben.

Insofern hat die OHG bzw. deren Gesellschafter den Rechtsschein, A sei einzelvertretungsberechtigt, zurechenbar andauern lassen.

(c) L war gutgläubig.

(d) Schließlich ist noch **konkrete Kausalität** erforderlich, d.h. L muss in Kenntnis der falschen Handelsregistereintragung gehandelt haben.

L hatte jedoch bei Vertragsabschluss keine Kenntnis von der Registereintragung, sodass keine konkrete Kausalität gegeben ist und insofern auch eine Fiktion der Einzelvertretungsberechtigung des A über allgemeinen Rechtsschein ausscheidet.

A hatte somit keine Vertretungsmacht, sodass die von ihm abgegebene Erklärung nicht für und gegen die OHG gemäß § 164 Abs. 1 S. 1 BGB wirkt.

3. Die OHG hat den Vertragsabschluss des A auch nicht gemäß § 177 BGB genehmigt, sodass kein Kaufvertrag zwischen L und der OHG zustande gekommen ist.

Folglich besteht kein Anspruch des L gegen die OHG aus § 433 Abs. 2 BGB i.V.m. § 124 HGB auf Zahlung i.H.v. 7.000 €.

5. Teil: Allgemeine Regeln für Handelsgeschäfte

Fall 21: § 348 HGB
(frei nach BGH NJW 2009, 1882)

Kaufmann K, der eine Textilfabrik betreibt, hat seit mehreren Jahren Boutiquenbesitzer B mit T-Shirts, etc. beliefert. Als B für die Eröffnung neuer Filialen 10.000 T-Shirts zu Werbezwecken bei K bestellt, ist es für B sehr wichtig, die Lieferung auf jeden Fall zum 01.07.2021 zu erhalten. Daher vereinbaren K und B für den Fall, dass K nicht zum 01.07.2021 liefert, eine Vertragsstrafe von 500.000 €.

K kann die T-Shirts nicht zum 01.07.2021 – sondern erst drei Tage später – liefern, da er nicht – wie bei Vertragsabschluss mit B erhofft – kurzfristig weiteres geeignetes Personal für die Herstellung einstellen konnte.

Steht B gegen K ein Anspruch auf Zahlung i.H.v. 500.000 € zu, wenn davon auszugehen ist, dass eine Vertragsstrafe i.H.v. 50.000 € angemessen gewesen wäre?

B könnte gegen K ein Anspruch auf Zahlung i.H.v. 500.000 € aus einem Vertragsstrafeversprechen **gemäß § 339 BGB** zustehen.

I. Der **Anspruch** müsste zunächst **entstanden** sein.

1. Dazu müssen sich K und B zunächst i.S.d. § 339 BGB wirksam **geeinigt** haben.

a) K und B haben sich darüber geeinigt, dass K für den Fall der nicht rechtzeitigen Lieferung zum 01.07.2021, an B eine Strafe i.H.v. 500.000 € zu zahlen hat. Folglich ist eine Einigung i.S.v. § 339 BGB zwischen K und B erfolgt.

b) Die Einigung könnte wegen der immensen Höhe der vereinbarten Strafe **gemäß § 138 BGB unwirksam** sein.

Beachte: Allein die Höhe eines Vertragsstrafeversprechens kann nicht zur Sittenwidrigkeit der Abrede gemäß § 138 BGB führen, vgl. § 343 BGB.

Gemäß § 343 BGB kann jedoch eine unverhältnismäßig hohe Vertragsstrafe durch Urteil auf den angemessenen Betrag herabgesetzt werden. Dieser Regelung widerspricht es, eine Vertragsstrafenabrede allein wegen ihrer Höhe als sittenwidrig und daher nichtig einzustufen. Zwar kann ein Strafversprechen gemäß § 138 BGB nichtig sein, dazu müssen jedoch besondere Umstände in Bezug auf Inhalt, Beweggrund oder Zweck der Abrede hinzukommen,[57] die bezüglich der Abrede zwischen K und B nicht ersichtlich sind.

Demnach liegt eine wirksame Einigung über ein Vertragsstrafeversprechen i.S.v. § 339 BGB zwischen K und B vor.

Beachte: „Verwirkt" i.S.v. § 339 BGB meint „entstanden"!

2. Ferner muss die **Strafe verwirkt** sein.

Die Strafe ist gemäß § 339 BGB „verwirkt", wenn K sich mit der versprochenen Leistung im **Verzug gemäß § 286 BGB** befunden hat.

a) Aufgrund des von K und B abgeschlossenen Kaufvertrags über 10.000 T-Shirts bestand ein fälliger, durchsetzbarer Lieferanspruch des B gegen K aus § 433 Abs. 1 BGB, den dieser bislang nicht erfüllt hat.

57 BGH WM 1971, 441, 443.

b) Die Leistungszeit war kalendermäßig für den 01.07.2021 bestimmt, sodass eine Mahnung gemäß § 286 Abs. 2 Nr. 1 BGB entbehrlich war.

c) Das Verschulden des K wird gemäß § 286 Abs. 4 BGB vermutet und eine Exkulpation seitens K ist bislang nicht erfolgt. Ein solche wird ihm auch nicht gelingen, da er die Personalbeschaffungssituation falsch eingeschätzt hat.

Daher befand sich K mit der Lieferung der T-Shirts in Verzug und die Vertragsstrafe ist i.S.v. § 339 BGB verwirkt.

Infolgedessen ist der Anspruch aus § 339 BGB entstanden.

II. Der Anspruch könnte jedoch **untergegangen** sein bzw. verändert werden.

1. Möglicherweise kommt eine **Herabsetzung der Vertragsstrafe gemäß § 343 BGB** in Betracht.

Anm.: § 343 BGB greift in die Vertragsfreiheit ein, da trotz wirksamer Vereinbarung der Vertragsstrafe der Richter rechtsgestaltend die vereinbarte Strafe absenken kann.

a) Grundsätzlich kann gemäß § 343 BGB eine Vertragsstrafe, die unverhältnismäßig hoch ist, auf Antrag des Schuldners durch Urteil auf den angemessenen Betrag herabgesetzt werden.

b) Eine Herabsetzung ist jedoch ausgeschlossen, wenn die Vertragsstrafe durch einen Kaufmann im Betriebe seines Handelsgewerbes versprochen wird, **§ 348 HGB**.

K ist Kaufmann und er hat das Vertragsstrafeversprechen auch im Betrieb seines Handelsgewerbes abgegeben, wofür im Übrigen auch die Vermutung gemäß § 344 HGB spricht, sodass die Voraussetzungen des § 348 HGB gegeben sind.

Folglich ist eine Herabsetzung der Vertragsstrafe gemäß § 343 BGB über § 348 HGB ausgeschlossen.

2. Die Herabsetzung der Vertragsstrafe könnte jedoch ausnahmsweise wegen der immensen Höhe gemäß § 242 BGB in Betracht kommen.

Nach der Rspr. des BGH schließt die Regelung des § 348 HGB es nicht aus, dass in besonders gelagerten Fällen auch bei einer von einem Kaufmann übernommenen Vertragsstrafe eine Herabsetzung nach § 242 BGB in Betracht kommt.[58]

Der Grundsatz von Treu und Glauben, der das gesamte Rechtsleben beherrscht und daher auch bei Geschäften von Kaufleuten zu beachten ist, gebietet es, dass die Höhe der vereinbarten Vertragsstrafe nicht in einem Missverhältnis zu dem Interesse steht, das der Vertragspartner an der Verhinderung einer Zuwiderhandlung hat.

Bei der Bemessung der Vertragsstrafe kommt es in erster Linie auf den Sanktionscharakter der Vertragsstrafe und deren Funktion, weitere Zuwiderhandlungen zu verhüten, auf Schwere und Ausmaß der Zuwiderhandlung und ihre Gefährlichkeit für den Gläubiger, auf das Verschulden des Verletzers und auf die Funktion der Vertragsstrafe als pauschalierter Schadensersatz an.[59]

---

58 BGH WRP 1998, 164.
59 BGH WRP 1994, 37.

B hat ein nachvollziehbares Interesse daran, dass die Lieferung der T-Shirts rechtzeitig zur Eröffnung seiner Filialen erfolgt, da er sie in diesem Zusammenhang als Werbemittel einsetzen möchte. Andererseits übersteigt die vereinbarte Strafe den angemessenen Betrag um das Zehnfache. Ferner kann B die von K gelieferten T-Shirts immer noch zu Werbezwecken bei seinen Kunden einsetzen, da die Neueröffnung der Filialbetriebe zum Zeitpunkt der Lieferung durch K erst drei Tage her gewesen ist.

Nach alledem steht eine Vertragsstrafe von 500.000 € für den Fall der nicht rechtzeitigen Lieferung von 10.000 T-Shirts zu Werbezwecken bei der Neueröffnung von Filialbetrieben in einem außerordentlichen Missverhältnis zu der Bedeutung der Zuwiderhandlung, sodass ihre Durchsetzung einen Verstoß gegen den Grundsatz von Treu und Glauben gemäß § 242 BGB darstellt.

Beachte: Die Anwendung des § 242 BGB auf eine vom Kaufmann versprochene Vertragsstrafe führt nicht zu einer Reduzierung auf den gemäß § 343 BGB angemessenen Betrag, sondern die Strafe wird nur insoweit herabgesetzt, dass sie nicht mehr gegen § 242 BGB verstößt!

Die von K verwirkte Vertragsstrafe ist deshalb auf ein Maß zu reduzieren, das ein Eingreifen des § 242 BGB noch nicht rechtfertigen würde. Eine weitergehende Verringerung der Vertragsstrafe auf einen angemessenen Betrag kommt dagegen nach § 242 BGB nicht in Betracht. Die Herabsetzung der Vertragsstrafe auf ein angemessenes Maß durch das Gericht sieht § 343 BGB vor, dessen Anwendung vorliegend gemäß § 348 HGB gerade ausgeschlossen ist. Diese gesetzliche Folge darf nicht durch die Anwendung des Grundsatzes von Treu und Glauben nach § 242 BGB umgangen werden. Vielmehr ist die Vertragsstrafe nur soweit zu reduzieren, als der Betrag unter Würdigung aller Umstände im Einzelfall nach dem Grundsatz von Treu und Glauben noch hingenommen werden kann. Anhaltspunkt für die Bestimmung des Betrages kann insoweit nach der Rspr. des BGH das Doppelte der nach § 343 BGB angemessenen Vertragsstrafe sein.[60]

Demnach ist die von K versprochene Strafe auf das Doppelte des Betrages zu reduzieren, der nach § 343 BGB angemessen wäre. Da gemäß § 343 BGB ein Betrag i.H.v. 50.000 € angemessen gewesen wäre, ist die Vertragsstrafe des K gemäß § 242 BGB folglich auf 100.000 € zu reduzieren.

B kann daher von K gemäß § 339 BGB die Zahlung einer Strafe in Höhe von 100.000 € verlangen.

---

60 BGH NJW 2009, 1882.

Fall 22: §§ 349, 350 HGB

Kaufmann K hat sich gegenüber der X-Bank für ein Darlehen i.H.v. 20.000 €, welches seinem Geschäftspartner G gewährt wurde, mündlich verbürgt, um seine geschäftliche Verbindung mit diesem auf Dauer zu festigen.

Nachdem das Darlehen zur Rückzahlung fällig war und G die 20.000 € nicht an die X-Bank zahlte, hat diese den G erfolgreich auf Rückzahlung der Darlehenssumme verklagt. Im Rahmen der von der X-Bank beantragten Zwangsvollstreckung pfändete der Gerichtsvollzieher bei G ein wertvolles Bild, das K gehört und welches er dem G geliehen hatte.

K erhebt gegen die X-Bank eine Drittwiderspruchsklage gemäß § 771 ZPO. Ist die zulässige Klage begründet?

Die Drittwiderspruchsklage ist begründet, wenn K ein die Veräußerung hinderndes Recht an dem gepfändeten Bild zusteht und die Berufung auf dieses Recht nicht gemäß § 242 BGB ausgeschlossen ist.

I. Also muss K zunächst ein die Veräußerung hinderndes Recht (sog. **Interventionsrecht**) an dem gepfändeten Gegenstand zustehen.

Ein Interventionsrecht i.S.v. § 771 ZPO liegt vor, wenn der Dritte eine Berechtigung an dem Gegenstand besitzt, aufgrund derer sich die Veräußerung der den Vollstreckungsgegenstand bildenden Sache durch den Schuldner dem berechtigten Dritten gegenüber als rechtswidrig darstellen würde.[61]

Beachte: Ein die Veräußerung hinderndes Recht in dem Sinn, dass eine Veräußerung rechtlich gar nicht möglich ist, kann es nicht geben, da selbst bei Eigentum des Dritten ein gutgläubiger Erwerb möglich ist. Deshalb ist darauf abzustellen, ob der Schuldner im Verhältnis zum Dritten berechtigt ist, die Sache zu veräußern.

K ist Eigentümer des gepfändeten Bildes, sodass die Veräußerung des Bildes durch G dem K gegenüber rechtswidrig wäre.

Folglich steht K ein Interventionsrecht i.S.v. § 771 ZPO zu.

II. Die Drittwiderspruchsklage des K ist jedoch unbegründet, wenn die **Berufung auf sein Interventionsrecht Eigentum gemäß § 242 BGB rechtsmissbräuchlich ist.**

K kann sich auf seine formale Eigentumsposition nicht berufen, wenn er seinerseits nach dem Grundsatz von Treu und Glauben (§ 242 BGB) **zur Duldung der Zwangsvollstreckung in den Gegenstand verpflichtet** ist.

Eine solche Duldungspflicht besteht, wenn K für den Anspruch, den die X-Bank als Vollstreckungsgläubiger gegen G vollstreckt, dieser gegenüber persönlich haftet. Denn in diesem Fall könnte sich die X-Bank wegen der persönlichen Haftung des K einen Titel gegen diesen beschaffen und aus diesem in das Vermögen des K – also auch in das Bild – vollstrecken. Folglich würde K im Wege der Drittwiderspruchsklage einen Gegenstand herausverlangen, den er bei einer gegen ihn gerichteten Zwangsvollstreckung wieder herausgeben müsste. Dies stellt eine unzulässige Rechtsausübung i.S.v. § 242 BGB dar.

Maßgeblich ist daher, ob K gegenüber der X-Bank für die Darlehensschuld des G haftet. Eine solche Haftung des K könnte sich **aus § 765 Abs. 1 BGB** ergeben.

---

61 BGHZ 55, 20, 26.

1. Der **Anspruch** müsste **entstanden** sein.

a) Dies erfordert zunächst eine **wirksame Einigung** zwischen K und der X-Bank **i.S.v. § 765 BGB**.

aa) Eine Einigung zwischen K und der X-Bank i.S.v. § 765 BGB ist erfolgt.

bb) Fraglich ist, ob diese Einigung **wirksam** ist.

(1) Gemäß **§ 766 S. 1 BGB** bedarf ein Bürgschaftsversprechen grundsätzlich der Schriftform.

Beachte: Gemäß § 766 S. 1 BGB bedarf nicht der gesamte Bürgschaftsvertrag der Schriftform, sondern nur die Willenserklärung des Bürgen, da nur dieser gewarnt werden muss.

K hat sein Bürgschaftsversprechen gegenüber der X-Bank nur mündlich abgegeben, sodass die Form des § 766 S. 1 BGB nicht eingehalten worden ist und die Einigung daher gemäß § 125 S. 1 BGB formnichtig sein könnte.

(2) Gemäß **§ 350 HGB** findet die Formvorschrift des § 766 S. 1 BGB jedoch keine Anwendung, wenn die Bürgschaft für den Bürgen ein Handelsgeschäft darstellt. Daher ist das mündliche Bürgschaftsversprechen des K formwirksam, wenn der Abschluss des Bürgschaftsvertrags für ihn ein Handelsgeschäft ist.

Handelsgeschäfte sind **gemäß § 343 HGB** alle Geschäfte eines Kaufmannes, die zum Betrieb seines Handelsgewerbes gehören.

K ist Kaufmann und er hat das Bürgschaftsversprechen auch im Betrieb seines Handelsgewerbes abgegeben, wofür im Übrigen auch die Vermutung gemäß § 344 HGB spricht, sodass die Bürgschaft für K ein Handelsgeschäft i.S.v. § 343 HGB ist.

Infolgedessen sind die Voraussetzungen des § 350 HGB erfüllt, sodass K das Bürgschaftsversprechen formfrei abgeben konnte. Somit liegt eine wirksame Einigung i.S.v. § 765 BGB vor.

b) Die abzusichernde Forderung der X-Bank gegenüber G aus § 488 Abs. 1 S. 2 BGB besteht.

Damit ist der Anspruch der X-Bank gegen K aus § 765 BGB entstanden.

2. Untergangsgründe sind nicht ersichtlich.

3. Die Bürgschaft ist **nicht durchsetzbar**, falls K eine **Einrede entgegensetzen kann**.

a) Grundsätzlich besteht für den Bürgen die **Einrede der Vorausklage, § 771 BGB**, sodass ein Bürge nur subsidiär haftet.

b) Die Einrede der Vorausklage steht dem Bürgen **gemäß § 349 HGB** jedoch nicht zu, wenn die Bürgschaft für den Bürgen ein Handelsgeschäft ist.

Die Bürgschaft stellt für K ein Handelsgeschäft dar (s.o.), sodass ihm die Einrede der Vorausklage nicht zusteht.

Der Anspruch aus der Bürgschaft ist damit auch durchsetzbar, sodass K gegenüber der X-Bank gemäß § 765 BGB für die Forderung haftet, die die X-Bank als Vollstreckungsgläubiger gegen G vollstreckt.

Daher ist K zur Duldung der Zwangsvollstreckung in das Bild verpflichtet und seine Berufung auf sein Interventionsrecht Eigentum somit gemäß § 242 BGB ausgeschlossen.

Infolgedessen ist die Drittwiderspruchsklage des K unbegründet.

Fall 23: § 366 HGB
(frei nach OLG Düsseldorf RÜ 1999, 153)

Die noch nicht in das Handelsregister eingetragene G-GmbH hat unter ihrer Firma in kleinem Rahmen mit der Vermietung von Maschinen begonnen. Als sie schon nach kurzer Zeit in Zahlungsschwierigkeiten geriet, verkaufte ihr alleiniger Gesellschafter und Geschäftsführer G einen kurz zuvor von dem Eigentümer K geleasten fast fabrikneuen Gabelstapler (Neuwert 40.000 €) zum Preis von 10.000 € an den Großhändler B, der bei dem Vertragsschluss im Vertrauen darauf handelte, dass sein Vertragspartner eine GmbH sei.

Nachdem K wegen Zahlungsverzuges der G-GmbH vom Leasingvertrag zurückgetreten war, verlangt er von B gemäß § 985 BGB Herausgabe des Gabelstaplers. Zu Recht?

K könnte gegen B ein Anspruch auf Herausgabe des Gabelstaplers **aus § 985 BGB** zustehen.

I. Der Herausgabeanspruch aus § 985 BGB setzt zunächst voraus, dass **K Eigentümer** des Gabelstaplers ist.

1. Ursprünglich war K Eigentümer des Gabelstaplers.

2. Eventuell hat K das Eigentum dadurch verloren, dass B das Eigentum von der (Vor-)GmbH **gemäß § 929 S. 1 BGB** erworben hat.

a) B und die (Vor-)GmbH haben sich wirksam über den Eigentumsübergang geeinigt – die Gesellschaft wurde dabei gemäß § 164 Abs. 1 S. 1 BGB von ihrem Geschäftsführer wirksam vertreten, vgl. § 35 GmbHG.

b) Die Übergabe des Gabelstaplers an den B ist erfolgt.

c) Die (Vor-)GmbH war allerdings weder verfügungsbefugte Eigentümerin des Gabelstaplers noch hat sie die Verfügungsbefugnis durch Zustimmung des Berechtigten K oder kraft Gesetzes erhalten, sodass sie nicht zur Eigentumsübertragung berechtigt war.

Daher hat B das Eigentum nicht gemäß § 929 S. 1 BGB von der (Vor-)GmbH erworben.

3. Möglicherweise hat K das Eigentum dadurch verloren, dass B das Eigentum gutgläubig von der (Vor-)GmbH **gemäß §§ 929 S. 1, 932 BGB** erworben hat.

a) B und die (Vor-)GmbH haben sich wirksam über den Eigentumsübergang geeinigt, die Übergabe an B ist erfolgt und die (Vor-)GmbH war Nichtberechtigte, sodass nur gutgläubiger Erwerb möglich ist.

b) In Betracht kommt ein gutgläubiger Erwerb gemäß § 932 BGB.

aa) Ein Rechtsgeschäft i.S.e. Verkehrsgeschäfts ist gegeben.

bb) Ferner ist die (Vor-)GmbH durch den Rechtsschein des Besitzes legitimiert.

cc) Schließlich muss B gutgläubig sein. Angesichts des auffallend niedrigen Kaufpreises für den fast fabrikneuen Gabelstapler hätte sich B – zumal als Kaufmann – das Eigentum der (Vor-)GmbH durch Vorlage von Urkunden

Beachte: Eine GmbH entsteht erst mit der Eintragung im Handelsregister. Vorher – ab Abschluss des notariellen Gesellschaftsvertrags – besteht eine sog. Vor-GmbH. Dabei handelt es sich um eine Gesellschaft sui generis mit eigener Rechtsfähigkeit, auf die das GmbH-Recht analog angewendet wird, soweit die Vorschriften nicht gerade die Eintragung voraussetzen.

belegen lassen müssen. Somit hat B das fehlende Eigentum der (Vor-)GmbH grob fahrlässig i.S.v. § 932 Abs. 2 BGB nicht gekannt, da er trotz sich aufdrängender Zweifel keine diesbezüglichen Nachforschungen angestellt hat, und ist daher bösgläubig.

Somit hat B das Eigentum nicht gutgläubig gemäß §§ 929 S. 1, 932 BGB von der (Vor-)GmbH erworben.

Beachte: Die Regelung des § 366 HGB schützt für den erfassten Bereich des Handelsrechts den von den §§ 932 ff. BGB nicht geregelten guten Glauben an die Verfügungsmacht.

4. Möglicherweise hat B das Eigentum von der (Vor-)GmbH **gemäß §§ 929 S. 1, 932 BGB i.V.m. § 366 Abs. 1 HGB** gutgläubig erworben.

a) B und die (Vor-)GmbH haben sich wirksam über den Eigentumsübergang geeinigt, die Übergabe an B ist erfolgt und die (Vor-)GmbH war Nichtberechtigte, sodass nur gutgläubiger Erwerb möglich ist.

b) In Betracht kommt ein gutgläubiger Erwerb gemäß § 932 BGB i.V.m. § 366 HGB.

aa) Ein Rechtsgeschäft i.S.e. Verkehrsgeschäfts ist gegeben und die (Vor-)GmbH ist durch den Rechtsschein des Besitzes legitimiert.

bb) Ferner muss B gutgläubig gewesen sein.

(1) Gutgläubigkeit des B bezüglich des Eigentums der (Vor-)GmbH ist nicht gegeben (s.o.).

Voraussetzungen des § 366 Abs. 1 HGB:
- Veräußerer = Kaufmann
- Veräußerung einer beweglichen Sache im Betrieb des Handelsgeschäfts
- Gutgläubigkeit des Erwerbers in Bezug auf die Verfügungsbefugnis des Veräußerers

(2) Es könnte jedoch **gemäß § 366 Abs. 1 HGB** der **gute Glaube des B an die Verfügungsbefugnis** der (Vor-)GmbH ausreichend sein.

Dazu ist erforderlich, dass ein Kaufmann bewegliche Sachen im Betrieb seines Handelsgewerbes veräußert und der Erwerber in Bezug auf die Verfügungsbefugnis des Veräußerers gutgläubig ist.

Demnach greift § 366 Abs. 1 HGB nur ein, wenn der Veräußerer – also die (Vor-)GmbH – **Kaufmann** ist.

(a) Während für die GmbH, die aber erst mit der Eintragung im Handelsregister entsteht – vgl. § 11 Abs. 1 GmbHG – die **Kaufmannseigenschaft kraft Rechtsform** gemäß § 6 HGB i.V.m. § 13 Abs. 3 GmbHG angeordnet ist, besteht eine solche Regelung für die bis zur Eintragung existente Vor-GmbH nicht.

(b) Die Vor-GmbH könnte Kaufmann **kraft Betriebs eines Handelsgewerbes gemäß § 1 Abs. 1 HGB** sein.

(aa) Die Vermietung von Maschinen ist eine nach außen erkennbare, erlaubte, selbstständige, planmäßige, mit Gewinnerzielungsabsicht betriebene Tätigkeit, die kein freier Beruf ist und somit ein Gewerbe.

(bb) Der kleine Betrieb erforderte jedoch nach Art und/oder Umfang keine kaufmännischen Einrichtungen, sodass kein Handelsgewerbe i.S.v. § 1 Abs. 2 HGB gegeben ist.

(cc) Mangels Eintragung im Handelsregister liegt auch kein Handelsgewerbe i.S.v. § 2 HGB vor.

Daher ist die Vor-GmbH nicht Kaufmann kraft Betriebs eines Handelsgewerbes.

(c) Die Vor-GmbH könnte wegen ihres Auftretens als GmbH **Scheinkaufmann** gemäß § 5 HGB analog bzw. § 242 BGB sein.

Nach allgemeinen Rechtsscheinsgrundsätzen muss sich derjenige, der einen Rechtsschein zurechenbar veranlasst hat, gegenüber gutgläubigen Dritten, die im konkreten Vertrauen auf diesen Rechtsschein gehandelt haben, an diesem Rechtsschein festhalten lassen.[62] Demzufolge muss sich derjenige, der im Rechtsverkehr als Kaufmann auftritt, gutgläubigen Dritten gegenüber auch als solcher behandeln lassen.[63]

(aa) Die Vor-GmbH ist im Rechtsverkehr als GmbH aufgetreten und hat daher durch ihren Geschäftsführer zurechenbar den Rechtsschein gesetzt, sie sei Kaufmann kraft Rechtsform gemäß § 6 HGB i.V.m. § 13 Abs. 3 GmbHG. B, den keine Nachforschungspflicht bezüglich dieses Auftretens trifft, hat sich auf das Auftreten als GmbH verlassen, war damit gutgläubig. B hat den Kaufvertrag mit der Vor-GmbH im konkreten Vertrauen auf deren Kaufmannseigenschaft geschlossen.

Die Vor-GmbH ist somit Scheinkaufmann und muss sich daher gegenüber B wie ein Kaufmann behandeln lassen.

(bb) Es ist jedoch **umstritten, ob § 366 Abs. 1 HGB auch beim Erwerb vom Scheinkaufmann anzuwenden** ist.

- **Eine Ansicht** befürwortet die Anwendung des § 366 HGB auf den Scheinkaufmann, da die Vorschrift dem Schutz gutgläubiger Dritter im Verkehr mit einem Kaufmann dienen solle und es aus der Sicht des Dritten keinen Unterschied mache, ob dieser wirklich Kaufmann sei oder im Handelsverkehr nur als solcher auftrete.[64]
- Die **h.M.** lehnt die Anwendung des § 366 HGB auf den Scheinkaufmann ab, da der von diesem veranlasste Rechtsschein nicht in die Rechtsposition unbeteiligter Dritter eingreifen könne.[65]
- **Stellungnahme:** Es erscheint unbillig, dass wegen eines Rechtsscheins, den ein anderer zurechenbar veranlasst hat, ein unbeteiligter Dritter Rechte einbüßt. Der Schutz des Dritten über allgemeinen Rechtsschein kann daher nur gegenüber demjenigen eingreifen, der diesen Rechtsschein zurechenbar gesetzt hat. Der Dritte, der auf den Rechtsschein vertraut hat, ist auch nicht schutzlos gestellt, da er bei Bedarf gegen den „Rechtsscheinverursacher" vorgehen kann.

Demnach kann § 366 HGB nicht auf den Scheinkaufmann angewendet werden, sodass B das Eigentum an dem Gabelstapler auch nicht nach § 366 Abs. 1 HGB i.V.m. §§ 929 S. 1, 932 BGB gutgläubig erworben hat.

Nach OLG Düsseldorf hätte B zudem auch nicht ohne grobe Fahrlässigkeit von der Verfügungsbefugnis der Vor-GmbH ausgehen dürfen.[66]

K ist folglich Eigentümer des Gabelstaplers.

II. B ist auch Besitzer des Gabelstaplers.

III. Der von B mit der Vor-GmbH geschlossene Kaufvertrag über den Gabelstapler verschafft B kein Recht zum Besitz i.S.v. § 986 BGB im Verhältnis zu K.

Demnach kann K von B gemäß § 985 BGB Herausgabe des Gabelstaplers verlangen.

---

62 BGHZ 17, 13, 18.
63 Canaris HandelsR § 6 Rn. 7 ff.
64 Nickel JA 1980, 566, 576.
65 OLG Düsseldorf RÜ 1999, 153, 154.
66 Vgl. OLG Düsseldorf DB 1999, 90.

Abwandlung:

Die GmbH war zurzeit des Vertragsabschlusses mit B bereits im Handelsregister eingetragen und ihr Geschäftsführer G ist bei der Veräußerung des Gabelstaplers im Namen des K aufgetreten.

Kann K von B die Herausgabe des Gabelstaplers verlangen, wenn B gutgläubig von der Vertretungsmacht der GmbH bzw. ihres Geschäftsführers ausgegangen ist?

A. K könnte gegen B ein Anspruch auf Herausgabe des Gabelstaplers **aus § 985 BGB** zustehen.

Der Herausgabeanspruch aus § 985 BGB setzt zunächst voraus, dass **K Eigentümer** des Gabelstaplers ist.

I. Ursprünglich war K Eigentümer des Gabelstaplers.

Beachte: Der Eigentumserwerb des B von der GmbH gemäß § 929 S. 1 BGB scheitert nicht erst an der fehlenden Berechtigung der GmbH, sondern bereits an der dinglichen Einigung!

II. K hat sein Eigentum nicht durch einen Eigentumserwerb des B von der GmbH gemäß § 929 S. 1 BGB verloren, da schon keine Einigung zwischen B und der GmbH über den Eigentumsübergang gegeben ist, weil der Geschäftsführer der GmbH nicht im Namen der GmbH gehandelt hat.

III. Möglicherweise hat B das Eigentum **gemäß § 929 S. 1 BGB unmittelbar von K** erworben.

1. Dazu müssen sich K und B über den Eigentumsübergang **wirksam geeinigt** haben.

Eine direkte Einigung zwischen K und B über den Eigentumsübergang ist nicht erfolgt. Jedoch haben sich B und der GmbH-Geschäftsführer G wirksam i.S.v. § 929 S. 1 BGB geeinigt. Die von G im Rahmen dieser Einigung abgegebene Willenserklärung wirkt für und gegen K, wenn G ihn **gemäß § 164 Abs. 1 S. 1 BGB** wirksam vertreten hat.

a) G hat eine eigene Willenserklärung im Namen des K abgegeben.

b) Ferner muss G innerhalb seiner Vertretungsmacht gehandelt haben.

aa) Dazu muss G **Vertretungsmacht** gehabt haben.

(1) G besitzt weder eine rechtsgeschäftliche Vollmacht noch eine gesetzliche Vertretungsmacht für die Angelegenheiten des K.

(2) B könnte wegen seines guten Glaubens an die Vertretungsmacht der GmbH bzw. ihres Geschäftsführers G gemäß § 366 Abs. 1 HGB analog so zu behandeln sein, als ob Vertretungsmacht bestanden habe.

(a) Es ist **umstritten, ob § 366 HGB analog** überhaupt **auf den guten Glauben an die Vertretungsmacht anzuwenden** ist.

(aa) Die **überwiegende Ansicht** befürwortet die Analogie wegen des Schutzzwecks des § 366 HGB, der die Sicherheit des Handelsverkehrs gewährleisten möchte.[67]

(bb) Nach a.A. kann § 366 HGB nicht analog auf den guten Glauben an die Vertretungsmacht angewendet werden. Der Dritte sei nicht schutzwürdig, da sich schon aus der Berufsstellung des Verfügenden ergebe, ob er im ei-

67 Hopt § 366 HGB Rn. 5 m.w.N.

genen oder fremden Namen handele. Ferner könnten die meisten Fälle in der Praxis über Rechtsscheinsvollmachten oder § 56 HGB gelöst werden.[68]

(cc) Stellungnahme: Für die analoge Anwendung des § 366 HGB auf die Vertretungsmacht spricht, dass der Gesetzgeber im HGB auch sonst nicht scharf zwischen einer Ermächtigung, die dem Betroffenen ein Handeln im eigenen Namen ermöglicht, und einer Vollmacht, die ihm ein Handeln im fremden Namen erlaubt, trennt (vgl. § 49 Abs. 1 HGB, der von einer Ermächtigung spricht, obwohl Vertretungsmacht gemeint ist).

Daher kann § 366 HGB analog auf den guten Glauben an die Vertretungsmacht angewendet werden.

(b) Ferner müssen die **Voraussetzungen des § 366 Abs. 1 HGB analog** vorliegen.

Die GmbH ist Kaufmann kraft Rechtsform gemäß § 6 HGB i.V.m. § 13 Abs. 3 GmbHG und ihr Geschäftsführer hat eine bewegliche Sache – Gabelstapler – im Betrieb des Handelsgeschäfts veräußert. Schließlich war B in Bezug auf die Vertretungsmacht der GmbH bzw. ihres Geschäftsführers gutgläubig.

Beachte: Mit der Eintragung im Handelsregister ist die GmbH als solche entstanden.

Daher wird der gute Glaube des B an die Vertretungsmacht gemäß § 366 HGB analog geschützt.

bb) Das konkrete Rechtsgeschäft war vom Umfang der Vertretungsmacht abgedeckt, sodass eine wirksame Stellvertretung gemäß § 164 Abs. 1 S. 1 BGB vorliegt, und die von G abgegebene Willenserklärung wirkt für und gegen K, sodass eine wirksame Einigung zwischen K und B über den Eigentumsübergang gegeben ist.

2. Eine Übergabe an B ist erfolgt.

3. K war verfügungsbefugter Eigentümer des Gabelstaplers und damit Berechtigter.

Daher hat B das Eigentum von K gemäß § 929 S. 1 BGB erworben, sodass K nicht mehr Eigentümer ist und ihm somit kein Herausgabeanspruch gemäß § 985 BGB gegen B zusteht.

B. K könnte gegen B ein Anspruch auf Herausgabe des Gabelstaplers **aus § 812 Abs. 1 S. 1 Alt. 1 BGB** zustehen.

I. B hat Eigentum und Besitz am Gabelstapler erhalten und somit etwas i.S.v. § 812 Abs. 1 S. 1 BGB erlangt.

II. Aus Sicht des B ist der Vertretene K derjenige, der sein Vermögen bewusst und gewollt gemehrt hat, sodass B die Bereicherung auch durch Leistung des K erlangt hat.

III. B muss die Bereicherung **ohne rechtlichen Grund** erlangt haben.

Die Leistung erfolgt im Rahmen des § 812 Abs. 1 S. 1 Alt. 1 BGB ohne rechtlichen Grund, wenn der Zweck, die Verbindlichkeit zu erfüllen, nicht erreicht wird.[69]

Daher erfolgte die Leistung rechtsgrundlos, wenn zwischen K und B **kein wirksamer Kaufvertrag** über den Gabelstapler zustande gekommen ist.

---

68 Petersen Jura 2004, 247, 249.

69 Münch/Komm/Schwab § 812 Rn. 396.

1. Eine direkte Einigung zwischen K und B i.S.v. § 433 BGB ist nicht erfolgt. Jedoch haben sich B und der GmbH-Geschäftsführer G wirksam i.S.v. § 433 BGB geeinigt. Die von G im Rahmen dieser Einigung abgegebene Willenserklärung wirkt für und gegen K, wenn G ihn **gemäß § 164 Abs. 1 S. 1 BGB** wirksam vertreten hat.

a) G hat eine eigene Willenserklärung im Namen des K abgegeben.

b) Ferner muss G innerhalb seiner Vertretungsmacht gehandelt haben.

aa) Dazu muss G **Vertretungsmacht** gehabt haben.

(1) G besitzt weder eine rechtsgeschäftliche Vollmacht noch eine gesetzliche Vertretungsmacht für die Angelegenheiten des K.

(2) B könnte wegen seines guten Glaubens an die Vertretungsmacht der GmbH bzw. ihres Geschäftsführers G gemäß § 366 Abs. 1 HGB analog so zu behandeln sein, als ob Vertretungsmacht bestanden habe.

Es ist **umstritten, ob § 366 HGB analog auch bezüglich des guten Glaubens an die Vertretungsmacht des Veräußerers bezüglich des schuldrechtlichen Kausalgeschäfts anzuwenden** ist.

(a) Nach h.M. erfasst die analoge Anwendung des § 366 HGB bezüglich des guten Glaubens an die Vertretungsmacht des Veräußerers nur das dingliche Erwerbsgeschäft, aber nicht das schuldrechtliche Kausalgeschäft. Bei der analogen Anwendung des § 366 HGB ginge es nur um die Sicherheit des Handelsverkehrs bezüglich der dinglichen Zuordnung.[70]

(b) Von der **Gegenauffassung** wird diese Differenzierung der h.M. für inkonsequent gehalten und § 366 HGB analog auch auf den guten Glauben an die Vertretungsmacht bezüglich des schuldrechtlichen Geschäfts angewandt.[71]

Für die h.M. ließe sich zudem anführen, dass der Gesetzgeber auch beim gutgläubigen Erwerb streng zwischen schuldrechtlicher und dinglicher Ebene differenziert. Während auf dinglicher Ebene ein solcher möglich ist, findet ein gutgläubiger Erwerb von Forderungen grundsätzlich nicht statt (Ausn.: § 405 BGB). Diese Differenzierung lässt sich auch auf die Gutgläubigkeit bezüglich der Vertretungsmacht übertragen.

(c) Stellungnahme: Für die h.M. spricht zum einen der Schutzzweck des HGB, der auf die Rechtssicherheit des Handelsverkehrs gerichtet ist und es daher in erster Linie nur um die dingliche Zuordnung geht. Zum anderen ist der Erwerber auch nicht schutzlos gestellt, da er dem Herausgabeverlangen des ursprünglichen Eigentümers seinen an den Vertreter ohne Vertretungsmacht gezahlten Kaufpreis entgegenhalten kann.

Daher kann § 366 HGB nicht analog angewendet werden, sodass G keine Vertretungsmacht hatte.

Folglich wirkt die von G abgegebene Willenserklärung nicht gemäß § 164 Abs. 1 S. 1 BGB für und gegen K, sodass keine wirksame Einigung zwischen K und B i.S.v. § 433 BGB vorliegt.

Damit erfolgte die Bereicherung des B mangels wirksamen Kaufvertrags zwischen K und B rechtsgrundlos.

IV. Als Rechtsfolge kann K Rückübereignung des Gabelstaplers von B verlangen, aber nur Zug um Zug gegen Rückzahlung des von B an die GmbH gezahlten Kaufpreises.

---

70 Hopt § 366 HGB Rn. 5 m.w.N.

71 K. Schmidt JuS 1987, 936, 937.

Fall 24: § 369 HGB

Kaufmann K, der eine Fahrradreparaturwerkstatt betreibt, hat für den im Handelsregister eingetragenen Fahrradhändler F, der auch mit gebrauchten Rädern handelt, im Februar 2021 einige Fahrräder repariert. Der Werklohn i.H.v. insgesamt 1.500 € ist bislang von F noch nicht gezahlt worden.

Anfang Juli 2021 fragt F bei K nach, ob dieser zehn gebrauchte Fahrräder bis spätestens Ende der Woche reparieren könne, da er sie für einen Kunden benötige. Nachdem K die Reparatur bis Ende der Woche zugesagt hat, übergibt F ihm die zehn zu reparierenden Räder.

Nach erfolgter Reparatur zahlt F die dafür entstandenen Kosten i.H.v. 1.000 €. K verweigert die Herausgabe der Fahrräder jedoch mit dem Hinweis auf die noch offene Rechnung aus dem Februar i.H.v. 1.500 €.

Kann F von K Herausgabe der Fahrräder gemäß § 985 BGB verlangen?

F könnte gegen K ein Anspruch auf Herausgabe der reparierten Fahrräder **aus § 985 BGB** zustehen.

I. F ist Eigentümer der Fahrräder und K ist deren Besitzer.

II. K darf **kein Recht zum Besitz i.S.v. § 986 BGB** zustehen

Recht zum Besitz i.S.v. § 986 BGB:
- dingliche Rechte
- schuldrechtliche Verträge, die den Besitz implizieren, z.B. Miete, Verwahrung

1. K könnte ein Recht zum Besitz aus einem **Werkunternehmerpfandrecht gemäß § 647 BGB** zustehen.

a) Bezüglich der im Februar reparierten Fahrräder ist ein Werkunternehmerpfandrecht bzgl. der daraus resultierenden Werklohnforderung i.H.v. 1.500 € zwar gemäß § 647 BGB für K entstanden. Jedoch ist es mit der damaligen Herausgabe der Fahrräder an F erloschen, §§ 1253, 1257 BGB. Zudem bezog sich das damals vorhandene Werkunternehmerpfandrecht auch nur auf die im Rahmen des damaligen Werkvertrages übergebenen Räder und nicht auf die jetzt von K zurückbehaltenen Räder.

b) Bezüglich der im Juli reparierten Fahrräder ist zwar zunächst ebenfalls gemäß § 647 BGB ein Pfandrecht entstanden. Das Pfandrecht an diesen Rädern erstreckt sich aber nicht auf die vorherige Forderung i.H.v. 1.500 € über die Reparatur der im Februar reparierten Fahrräder. Im Übrigen ist dieses Pfandrecht durch Bezahlung der diesbezüglichen Reparaturrechnung i.H.v. 1.000 € untergegangen, §§ 1257, 1252 BGB.

Somit steht K kein Recht zum Besitz aus einem Werkunternehmerpfandrecht gemäß § 647 BGB zu.

2. In Betracht kommt ein **Recht zum Besitz aus einem Zurückbehaltungsrecht**.

a) Streitig ist, **ob** ein **Zurückbehaltungsrecht überhaupt ein Recht zum Besitz** i.S.v. § 986 BGB gibt. Während bei Annahme eines Rechts zum Besitz die Herausgabeklage gemäß § 986 BGB abzuweisen ist, führt ein Zurückbehaltungsrecht gemäß § 274 BGB nur zu einer Zug um Zug Verurteilung.

Insbesondere wichtig für Ansprüche aus §§ 987 BGB ff.

aa) Nach **h.Lit.** ist das Zurückbehaltungsrecht kein Recht zum Besitz. Danach ist der Herausgabeanspruch aus § 985 BGB entstanden. Jedoch ist seine Durchsetzbarkeit gehemmt, wenn der GmbH ein Zurückbehaltungsrecht zusteht.[72]

bb) Die **Rspr.** geht hingegen davon aus, dass ein Zurückbehaltungsrecht ein Recht zum Besitz i.S.v. § 986 BGB gibt.[73] Allerdings sei „atypischerweise" die Herausgabeklage nicht abzuweisen, sondern nur Zug-um-Zug zu verurteilen.

cc) Somit gelangen beide Auffassungen letztlich zu einer Zug-um-Zug-Verurteilung, sodass eine Stellungnahme, ob es sich bei einem Zurückbehaltungsrecht um ein Recht zum Besitz handelt oder nicht, entbehrlich ist.

b) Fraglich ist, woraus sich das Zurückbehaltungsrecht des K ergeben könnte.

aa) K könnte ein **Zurückbehaltungsrecht gemäß § 273 Abs. 1 BGB** zustehen.

Dazu ist eine Gegenforderung erforderlich, die aus demselben rechtlichen Verhältnis stammt wie die Forderung, sog. **Konnexität**.

K hat gegen F aus der Fahrradreparatur vom Februar einen Werklohnzahlungsanspruch i.H.v. 1.500 €. Diese Gegenforderung des K stammt aber aus einem anderen Werkvertrag als die Forderung des F auf Herausgabe der im Juli reparierten Räder, sodass keine Konnexität zwischen Forderung und Gegenforderung besteht.

Beachte: Alle Möglichkeiten, die K nach dem BGB zur Verfügung stehen könnten, scheitern letztlich daran, dass die Verknüpfung zwischen der Forderung aus dem Vertrag vom Februar und den im Juli im Rahmen eines weiteren Vertrags übergebenen Rädern nach den BGB-Regeln nicht möglich ist.

Daher steht K kein Zurückbehaltungsrecht gemäß § 273 Abs. 1 BGB zu.

bb) Sowohl das **Zurückbehaltungsrecht gemäß § 273 Abs. 2 BGB als auch das gemäß § 1000 BGB** setzen eine Identität zwischen Verwendungsgegenstand und Herausgabegegenstand voraus: K hält die im Juli reparierten Räder jedoch nicht wegen Verwendungen auf diese, sondern wegen Verwendungen auf die im Februar reparierten Räder zurück. Folglich steht K weder ein Zurückbehaltungsrecht gemäß § 273 Abs. 2 BGB noch eines aus § 1000 BGB zu.

cc) K könnte ein **kaufmännisches Zurückbehaltungsrecht gemäß § 369 HGB** zustehen.

Beachte: Anders als bei § 273 Abs. 1 BGB muss bei § 369 HGB also **keine Konnexität** zwischen Forderung und Gegenforderung bestehen. Ferner muss auch nicht, wie bei § 273 Abs. 2 oder § 1000 BGB, eine Identität bzgl. des Gegenstandes bestehen.

(1) Voraussetzung für ein kaufmännisches Zurückbehaltungsrecht des K ist zunächst, dass **beide Vertragspartner Kaufmannseigenschaft** besitzen.

K und F sind jeweils Kaufmann kraft Betriebs eines Handelsgewerbes gemäß § 1 Abs. 1 HGB.

(2) Die für das kaufmännische Zurückbehaltungsrecht gemäß § 369 HGB ferner erforderliche **fällige (Geld-)Forderung** (vgl. § 371 Abs. 1 HGB) ergibt sich aus der noch offen stehenden Werklohnforderung i.H.v. 1.500 € aus dem im Februar zwischen F und K abgeschlossenen Werkvertrag über die Reparatur der Räder, vgl. §§ 631, 641 BGB.

(3) Zudem verlangt § 369 HGB, dass diese **Forderung aus einem Handelsgeschäft** zwischen den beiden Kaufleuten stammt.

---

72 Grüneberg/Herrler § 986 Rn. 5.

73 BGH NJW 2002, 1050.

Die Werklohnforderung stammt aus einem Werkvertrag, der für K und F ein Handelsgeschäft i.S.v. § 343 HGB darstellt. Im Übrigen besteht gemäß § 344 HGB hierfür eine Vermutung.

(4) Die Fahrräder sind auch bewegliche Sachen, die im Eigentum des F stehen und mit seinem Willen aufgrund eines Handelsgeschäfts in den Besitz des K gelangt sind. Folglich sind sie ein **tauglicher Gegenstand** für ein Zurückbehaltungsrecht i.S.v. § 369 HGB.

(5) Ferner darf das Zurückbehaltungsrecht nicht **gemäß § 369 Abs. 3 HGB** ausgeschlossen sein.

Danach ist das Zurückbehaltungsrecht ausgeschlossen, wenn die Zurückbehaltung des Gegenstandes der vom Schuldner vor oder bei der Übergabe erteilten Anweisung, in einer bestimmten Weise mit dem Gegenstand zu verfahren, widerstreitet.

K hat sich auf Nachfrage des F bereit erklärt, die zehn Fahrräder bis Ende der Woche zu reparieren, da F diese sodann für einen Kunden benötigte. Insofern widerstreitet die Zurückbehaltung der Räder der Anweisung, die F vor Vertragsschluss erteilt hat und mit welcher der K einverstanden war.

Folglich ist das kaufmännische Zurückbehaltungsrecht des K gemäß § 369 Abs. 3 HGB ausgeschlossen.

Dementsprechend muss er die im Juli reparierten Räder an F herausgeben, ohne von F Zug-um-Zug Zahlung wegen der noch offenen Rechnung über die Fahrradreparatur im Februar i.H.v. 1.500 € verlangen zu können.

Bestünde ein Zurückbehaltungsrecht gemäß § 369 HGB, ergäbe sich die Zug-um-Zug-Verurteilung aus § 274 BGB i.V.m. Art. 2 Abs. 1 EGHGB.

Fall 25: § 377 HGB – Voraussetzungen und Rechtsfolgen

Kaufmann K, der einen Computerhandel betreibt, hat bei seinem Lieferanten L, der ebenfalls als Kaufmann im Handelsregister eingetragen ist, 100 Notebooks zum Preis von 30.000 € bestellt.

Nach der Lieferung seitens L Anfang Mai 2021 geraten die Notebooks bei K zunächst in Vergessenheit, da er sich intensiv mit dem gerade auf dem Markt erschienenen neuen iPad beschäftigt. Erst als L die Zahlung der 30.000 € im Juli 2021 anmahnt, untersucht K die gelieferten Notebooks und stellt fest, dass L lediglich 95 Notebooks geliefert hat.

K begehrt Nachlieferung der fehlenden 5 Notebooks. Zu Recht?

K könnte gegen L ein Anspruch auf Lieferung der fehlenden 5 Notebooks **aus §§ 437 Nr. 1, 439 Abs. 1 BGB** zustehen.

I. Zwischen K und L besteht ein wirksamer Kaufvertrag über 100 Notebooks.

II. Ferner muss ein **Mangel i.S.v. §§ 434, 435 BGB** vorliegen.

Für Kaufverträge, die ab 01.01.2022 geschlossen werden, ist die Zuweniglieferung in § 434 Abs. 2 S. 2, Abs. 3 S. 2 BGB geregelt.

L hat anstelle der bestellten 100 Notebooks lediglich 95 geliefert. Diese Zuweniglieferung stellt keine Beschaffenheitsabweichung i.S.v. § 434 Abs. 1 BGB dar. Jedoch wird die Zuweniglieferung gemäß § 434 Abs. 3 Alt. 2 BGB dem Sachmangel gleichgestellt. Voraussetzung dafür ist allerdings, dass der Verkäufer die Leistung als Erfüllung seiner Pflicht erbringt. Für den Käufer muss erkennbar dieser Zusammenhang zwischen Leistung und Verpflichtung bestehen. Es darf sich nicht um eine Teilleistung oder eine Leistung aufgrund einer anderen Verbindlichkeit handeln.[74]

Es ist nicht ersichtlich, dass es sich bei der Lieferung der 95 Notebooks um eine Teilleistung des L handelte. Vielmehr stellte es sich aus Sicht des K so dar, dass L mit der Lieferung der 95 Notebooks seine Verpflichtung gemäß § 433 Abs. 1 BGB aus dem Kaufvertrag über die 100 Notebooks erbringen wollte.

Folglich liegt eine Zuweniglieferung vor, die gemäß § 434 Abs. 3 Fall 2 BGB dem Sachmangel gleichgestellt wird.

Somit steht K grundsätzlich ein Anspruch auf Nachlieferung der fehlenden 5 Notebooks aus §§ 437 Nr. 1, 439 Abs. 1 BGB zu.

Voraussetzungen der Genehmigungsfiktion gemäß § 377 Abs. 2 HGB:

- Bestehen einer Rügeobliegenheit
- Verletzung der Rügeobliegenheit

III. Der Anspruch auf Nachlieferung könnte jedoch **gemäß § 377 Abs. 2 HGB ausgeschlossen** sein.

Danach gilt die Ware als genehmigt, wenn für den Käufer eine Rügeobliegenheit bestand und er diese verletzt hat.

1. Eine Rügeobliegenheit könnte sich für K aus **§ 377 Abs. 1 HGB** ergeben.

a) Dafür ist zunächst ein Kaufvertrag erforderlich, der für beide Seiten ein Handelsgeschäft ist.

aa) K und L haben einen Kaufvertrag abgeschlossen (s.o.).

74 BT-Drs. 14/6040 S. 216.

bb) Dieser Kaufvertrag ist für K und L ein Handelsgeschäft i.S.v. § 343 HGB, wenn beide Kaufleute sind und der Vertrag zum Betrieb ihres jeweiligen Handelsgewerbes gehört.

K und L betreiben beide ein Handelsgewerbe i.S.v. § 1 Abs. 2 HGB und sind daher Kaufleute gemäß § 1 Abs. 1 HGB. Ferner gehörte der Kaufvertrag über die Notebooks für beide zu ihrem jeweiligen Handelsgewerbe, sodass ein Handelsgeschäft i.S.d. § 343 Abs. 1 HGB vorliegt.

Somit ist ein Kaufvertrag gegeben, der für beide Seiten ein Handelsgeschäft darstellt.

b) Ferner muss die Ablieferung der Ware erfolgt sein. D.h., dass der Käufer oder eine von ihm benannte Person in eine solche tatsächliche räumliche Beziehung zur Ware kommt, dass deren Beschaffenheit nachgeprüft werden kann.

L hat die Notebooks bei K abgeliefert.

c) Die gelieferte Ware war aufgrund der Zuweniglieferung mangelhaft i.S.v. § 434 Abs. 3 Fall 2 BGB (s.o.).

Nach h.M. reicht auch ein Rechtsmangel i.S.v. § 435 BGB aus, um eine Rügeobliegenheit zu begründen.

d) Eine Arglist des Verkäufers L i.S.d. § 377 Abs. 5 HGB ist nicht ersichtlich.

Somit bestand für K eine Rügeobliegenheit gemäß § 377 Abs. 1 HGB.

2. K muss seine **Rügeobliegenheit verletzt** haben. Die Rüge des Käufers muss inhaltlich ausreichend sein und rechtzeitig erfolgen.

a) Inhaltlich ist eine substantiierte Rüge bezüglich des konkreten Mangels erforderlich.

K hat L mitgeteilt, dass 5 Notebooks zu wenig geliefert wurden. Damit liegt eine inhaltlich korrekte Rüge vor.

b) Bei der Frage der **Rechtzeitigkeit** der Rüge ist danach zu differenzieren, welche Art des Mangels gegeben ist.

aa) Bei offenen Mängeln, die ohne Untersuchung erkennbar sind, muss die Rüge unverzüglich nach der Ablieferung erfolgen. Bei offenen Mängeln, die erst nach einer Untersuchung erkennbar sind, muss unverzüglich nach Ablauf der für eine ordnungsgemäße Untersuchung erforderlichen Frist gerügt werden.

bb) Demgegenüber müssen versteckte Mängel – also solche Fehler, die auch bei einer ordnungsgemäßen Untersuchung nicht erkennbar sind – gemäß § 377 Abs. 3 HGB erst unverzüglich angezeigt werden, sobald sich der Mangel zeigt.

cc) K hätte die Zuweniglieferung unmittelbar nach der Lieferung des L im Mai 2021 feststellen können, indem er oder ein von ihm beauftragter Mitarbeiter die Anzahl der gelieferten Notebooks überprüft hätte. Daher liegt ein offener Mangel vor, der durch Untersuchung erkennbar ist. Folglich hätte die Rüge unverzüglich nach Ablauf der für die ordnungsgemäße Untersuchung erforderlichen Frist erfolgen müssen.

K hat dem L die Zuweniglieferung erst im Juli 2021 angezeigt und damit nicht rechtzeitig gerügt.

Somit gilt die von L gelieferte Ware gemäß § 377 Abs. 2 HGB als genehmigt, sodass das Nachlieferungsbegehren des K ausgeschlossen ist.

K steht daher gegen L kein Anspruch auf Nachlieferung der 5 Notebooks aus §§ 437 Nr. 1, 439 Abs. 1 BGB zu.

6. Teil: Abgrenzung Gesellschaft zu anderen Instituten

Fall 26: Bruchteilsgemeinschaft

Die Zahnärztin A ist passionierte Reiterin. Sie möchte unbedingt die wertvolle Stute Diva erwerben. Da sie den Kaufpreis von 50.000 € nicht allein aufbringen will, fragt sie ihre Freundin B, die Inhaberin eines Dentallabors ist, ob diese sich mitbeteiligen möchte. Da auch B begeisterte Freizeitreiterin ist, erklärt sie sich einverstanden, die Hälfte des Kaufpreises zu übernehmen. A und B erwerben daher gemeinsam die Stute Diva zum Kaufpreis von 50.000 €. A und B verständigen sich dahingehend, dass die laufenden Kosten (Stall, Fütterungskosten etc.) gemeinsam getragen werden sollen. A darf die erste Monatshälfte die Stute reiten, hingegen B die zweite Monatshälfte. Als A an einem Wochenende mit der Stute einen Ausritt in den Wald unternimmt und über einen querliegenden Baumstamm springen will, verletzt sich die Stute am Hinterhuf. A, die hieran kein Verschulden trifft, begibt sich mit der Stute zu dem Tierarzt Dr. C. Unter Hinweis auf die Mitberechtigung der B lässt sie das Pferd bei Dr. C behandeln. Später kommt es zum Streit zwischen A und B, weil B der A vorwirft, sie würde die Stute zu hart rannehmen. Entnervt überträgt nunmehr A ihren Anteil an der Stute auf ihre Schwester S, die ebenfalls passionierte Freizeitreiterin ist. Als B hiervon erfährt, ist sie empört, da sie S nicht ausstehen kann.

1. Hat A ihren Anteil wirksam auf S übertragen?
2. Dr. C fragt, wen er auf Begleichung der Arztrechnung in Anspruch nehmen kann.
3. Kann A, falls sie den gesamten Betrag an C gezahlt hatte, von B Ausgleich verlangen?

Abwandlung:

S möchte die Stute gern in der zweiten Monatshälfte nutzen. B hingegen verweist auf die seinerzeit mit A getroffene Regelung und ist zu einer Änderung nicht bereit, weil sie ihre übrigen Termine darauf abgestimmt hat.

1. Ist S an die ursprüngliche Regelung gebunden?
2. S, die mittlerweile mit B völlig zerstritten ist, fragt, ob sie die Aufhebung der Gemeinschaft verlangen kann und wie diese durchgeführt wird.

Frage 1: Wirksame Übertragung des Anteils von A auf S?

A könnte ihren Anteil an der Stute **gemäß § 929 BGB** wirksam auf S übertragen haben.

Klausurtipp:
Miteigentumsanteile i.S.v. §§ 1008 ff. BGB werden nicht gemäß § 398 BGB abgetreten, sondern wie die gesamte Sache selbst übertragen, also bei beweglichen Sachen gemäß §§ 929 ff. BGB.

I. Da Tiere gemäß § 90 a BGB wie Sachen zu behandeln sind, richtet sich die Übereignung der Stute nach §§ 929 ff. BGB. A und S haben sich **dinglich** über die Übertragung des Anteils an der Stute **i.S.v. § 929 BGB** geeinigt.

II. Zwar wurde hier die Stute nicht von A an S im eigentlichen Sinne **übergeben**. Jedoch genügt bei einer Anteilsübertragung die Einräumung des Mitbesitzes, z.B. durch Schlüsselübergabe zu dem Stall, in dem das Pferd steht.

III. Fraglich ist die **Berechtigung der A zur Übertragung**.

1. Sofern hier eine **Gesellschaft bürgerlichen Rechts i.S.v. § 705 BGB** zwischen A und B hinsichtlich der Stute vorlag, war A gemäß § 719 BGB nicht berechtigt, ihren Gesellschaftsanteil einseitig, ohne Zustimmung der B zu übertragen, weil dies dem gemeinsamen Zweck einer engen, personellen Zusammenarbeit in einer Personengesellschaft zuwiderliefe.

2. Lag hingegen hinsichtlich der Stute eine bloße **Bruchteilsgemeinschaft** zwischen A und B **i.S.v. §§ 741 ff. BGB** vor, so war A zur Übertragung ihres Anteils auch ohne Zustimmung der B berechtigt, wie sich aus § 747 S. 1 BGB ergibt.

3. Fraglich ist daher, wie die **Abgrenzung** erfolgt.

Gemäß § 705 BGB erfordert eine GbR den Abschluss eines zumindest konkludenten Gesellschaftsvertrags über die Erreichung eines gemeinsamen Gesellschaftszwecks. Hingegen erfordert § 741 BGB für die Bruchteilsgemeinschaft keinen Vertrag. Vielmehr genügt es, dass ein Recht mehreren gemeinschaftlich, z.B. als Miteigentum i.S.v. §§ 1008 ff. BGB zusteht. Die Bruchteilsgemeinschaft i.S.v. §§ 741 ff. BGB erschöpft sich daher in einer gleichartigen Mitberechtigung mehrerer Personen an einem bestimmten Gegenstand. Nur durch diese gemeinschaftliche Berechtigung, nicht durch einen weiteren, darüber hinausgehenden Zweck sind sie miteinander verbunden.

4. Im vorliegenden Fall könnte mit der Einigung zwischen A und B über den gemeinsamen Erwerb, die Nutzung und Unterhaltung der Stute ein Gesellschaftsvertrag i.S.v. § 705 BGB zustande gekommen sein. Da hier eine ausdrückliche Vereinbarung über einen gemeinsamen Gesellschaftszweck fehlt, ist durch Auslegung zu ermitteln, ob A und B einen gemeinsamen Zweck i.S.v. § 705 BGB verfolgen wollten. Hier hatten A und B vereinbart, dass das Pferd jeweils separat für eigene Zwecke genutzt wird. Jedoch könnte der gemeinsame Gesellschaftszweck darin bestehen, dass das Pferd gemeinsam angeschafft, gehalten und unterhalten wird. Aus §§ 744, 748 BGB ergibt sich aber, dass auch bei einer Bruchteilsgemeinschaft die laufenden Kosten für das Halten und Unterhalten der Sache gemeinsam getragen werden müssen. Erschöpft sich die Gemeinsamkeit daher im bloßen Anschaffen, Halten und Unterhalten der Sache und will jeder Beteiligte die Sache ansonsten für eigene Zwecke nutzen, sodass sie nur Mittel zur Verwirklichung jeweils eigener Zwecke ist, so liegt ohne ausdrückliche Vereinbarung keine Gesellschaft i.S.v. §§ 705 ff. BGB vor. Vielmehr ist die bloße gemeinsame Beteiligung mehrerer Personen an einer Sache ohne darüber hinausgehenden gemeinsamen Zweck eine bloße Bruchteilsgemeinschaft i.S.d. §§ 741 ff. BGB.[75]

Da hier A und B die Stute jeweils separat für eigene Zwecke benutzen wollten und keinen darüber hinausgehenden gemeinsamen Zweck, wie z.B. gemeinsame Teilnahme an Reitturnieren, verfolgten, bestand vorliegend keine GbR, sondern eine Bruchteilsgemeinschaft i.S.v. §§ 741 ff. BGB.

A war daher gemäß § 747 BGB auch ohne Zustimmung der B berechtigt, ihren Anteil auf S zu übertragen.

---

75 Grüneberg/Sprau § 705 BGB Rn. 3, 20.

Frage 2: Anspruch des Dr. C

I. In Betracht kommt ein Vergütungsanspruch des Dr. C gegen die Bruchteilsgemeinschaft aus **§ 611 Abs. 1 BGB**.

1. Dies setzt einen **Dienstvertrag, § 611 BGB**, voraus.

§ 630 a BGB, der ärztliche Behandlungsverträge dem Dienstvertrag unterstellt, ist auf tierärztliche Behandlungsverträge nicht anwendbar, da kein „Patient" i.S.v. § 630 a Abs. 1 BGB behandelt wird.[76]

Fraglich ist, ob der Vertrag über eine tierärztliche Behandlung einen Werkvertrag i.S.v. § 631 BGB oder einen Dienstvertrag i.S.v. § 611 BGB darstellt. Da sich ein Tierarzt wegen der vielfältigen Auswirkungsmöglichkeiten hüten wird, einen Heilungserfolg zu versprechen, liegt in der Regel kein Werkvertrag, sondern ein Dienstvertrag vor. Der Arzt verspricht lediglich ein Tätigwerden nach den Regeln der tierärztlichen Kunst als Dienstleistung i.S.v. § 611 BGB.

2. Ein Anspruch gegen die Bruchteilsgemeinschaft als solche kann nur bestehen, falls diese eine eigene Rechtspersönlichkeit hat, also **rechtsfähig** oder zumindest teilrechtsfähig ist. Anders als bei den Gesellschaften fehlt jedoch bei den Vorschriften über die Bruchteilsgemeinschaft in den §§ 741 ff. BGB eine Anordnung der Rechtsfähigkeit. Dementsprechend ist in den §§ 741 ff. BGB auch keine Haftungsnorm vorgesehen. Die Bruchteilsgemeinschaft als lediglich lockere Verbindung aufgrund einer bloßen Mitberechtigung an einer Sache ist daher nicht rechtsfähig.[77]

Ein Anspruch gegen die Bruchteilsgemeinschaft als solche scheidet daher aus.

II. Es könnte ein Vergütungsanspruch des C gegen A aus **§ 611 Abs. 1 BGB** bestehen.

1. Da A den Dr. C beauftragt hat, ist eine **Einigung** zwischen A und C erfolgt. Wie aus Vorstehendem folgt, handelt es sich um einen Dienstvertrag i.S.v. § 611 BGB.

2. Somit haftet A gemäß §§ 611, 612 BGB dem C auf die (übliche) Vergütung.

III. Daneben könnte ein Vergütungsanspruch des C gegen B aus § 611 Abs. 1 BGB bestehen.

1. B war bei der Beauftragung des C nicht zugegen, sodass eine direkte Einigung nicht erfolgt ist. Gleichwohl ist B Vertragspartei geworden, falls sie durch A bei Abschluss des Vertrags **mitvertreten** worden ist, **§ 164 Abs. 1 BGB**.

a) A hat bei Abschluss des Vertrags mit C eine **eigene Willenserklärung** abgegeben, sodass ein Auftreten bloß als Bote ausscheidet.

b) Zwar hat A den Dienstvertrag im eigenen Namen abgeschlossen, s.o. II. 1., jedoch schließt dies nicht aus, dass A zugleich **auch als Stellvertreterin** für B aufgetreten ist. Hier hat A bei Abschluss des Dienstvertrags mit Dr. C auf

76 Grüneberg/Weidenkaff Vorbem. v. § 630 a BGB Rn. 3.

77 Grüneberg/Sprau § 741 BGB Rn. 8.

die Mitberechtigung der B am Pferd hingewiesen. Da sich ein Handeln (auch) im fremden Namen auch aus den Umständen ergeben kann, § 164 Abs. 1 S. 2 BGB, ist somit offenkundig geworden, dass A zugleich für B handeln wollte.

c) Fraglich ist, ob A **mit Vertretungsmacht** gehandelt hat.

aa) Eine **Vollmachtserteilung** durch B zum Abschluss dieses Vertrags gemäß § 167 BGB ist nicht ersichtlich.

bb) Jedoch könnte sich eine **gesetzliche Vertretungsmacht aus § 744 BGB** ergeben.

Zwar sieht § 744 Abs. 1 BGB grundsätzlich ein gemeinschaftliches Handeln der Teilhaber vor, jedoch ist gemäß § 744 Abs. 2 BGB jeder Teilnehmer allein berechtigt, die zur Erhaltung des Gegenstands notwendigen Maßnahmen ohne Zustimmung der anderen Teilhaber zu treffen.

Fraglich ist aber, ob die Vorschrift des § 744 BGB auch Vertretungsmacht im Außenverhältnis gibt oder ob die Vorschrift lediglich das Innenverhältnis der Teilhaber zueinander ausgestaltet. Da der Wortlaut der Vorschrift nur neutral von Maßregeln spricht, ist die Frage umstritten.

(1) Nach einer Meinung[78] regelt § 744 Abs. 2 BGB nicht die Vertretungsmacht im Außenverhältnis, sondern nur die Geschäftsführungsbefugnis im Innenverhältnis der Teilhaber zueinander. Denn der Gesetzgeber habe für eine derart lockere Verbindung keine gesetzliche Vertretungsmacht vorgesehen. Jeder könne nur im eigenen Namen handeln. Eine Stellvertretung sei nur möglich im Falle einer Bevollmächtigung durch den anderen. Deswegen werde ihm gerade in § 744 Abs. 2 Hs. 2 BGB ein klagbarer Anspruch auf vorherige Zustimmung gegen den anderen Teilhaber zu der zu treffenden notwendigen Maßnahme eingeräumt. Erst diese Zustimmung solle dem Teilhaber die durch Gesetz nicht unmittelbar eingeräumte Vertretungsmacht verschaffen.

Demnach hatte A keine gesetzliche Vertretungsmacht und konnte daher B nicht mitverpflichten.

(2) Nach der **Gegenansicht**[79] hat die Vorschrift des § 744 Abs. 2 BGB ebenso wie der Mehrheitsbeschluss nach § 745 Abs. 1 BGB auch Außenwirkung. D.h., § 744 Abs. 2 BGB regele nicht nur das Innenverhältnis, sondern verleihe auch im Außenverhältnis Vertretungsmacht für notwendige Erhaltungsmaßnahmen.

Demnach hatte A hier aufgrund gesetzlicher Vertretungsmacht B mitverpflichtet.

(3) Stellungnahme: Gegen die zweite Meinung spricht, dass der Gesetzgeber in § 744 BGB den Terminus „Vertretungsmacht", der für das Außenverhältnis bestimmt ist, nicht benutzt. Somit ist davon auszugehen, dass die Vorschrift des § 744 BGB lediglich für das Innenverhältnis gilt. Nur dann ergibt auch der Anspruch aus § 744 Abs. 2 Hs. 2 BGB, der auf Einwilligung der anderen Teilhaber geht, Sinn, weil erst hierdurch Vollmacht erteilt werden soll. Ähnliches gilt für den Beschluss i.S.v. § 745 BGB. Zudem ist nicht anzu-

78 BGHZ 17, 181, 184.

79 Grüneberg/Sprau § 744 BGB Rn. 3.

Stellvertretung, § 164 Abs. 1 BGB:

1. **Eigene Willenserklärung des Stellvertreters** (Abgrenzung zum Boten, der nur vermittelt)
2. **Im fremden Namen** = Offenkundigkeit
   - Grundsätzlich handelt der Stellvertreter **nur** im fremden Namen.
   - Jedoch kann ein Stellvertreter **auch** im fremden Namen handeln, also für sich und zugleich für einen anderen.
3. **Mit Vertretungsmacht**
   - Vollmachtserteilung, § 167 BGB
   - oder Anscheins- oder Duldungsvollmacht
   - oder gesetzlicher Vertreter, z.B. § 1626 BGB
   - oder Genehmigung, § 177 BGB

Unterscheide:

- **Innenverhältnis** der Teilhaber ⇨ „Verwaltung, Geschäftsführungsbefugnis" (= „rechtliches Dürfen")
- **Außenverhältnis** ⇨ „Vertretungsmacht" (= „rechtliches Können")

nehmen, dass bei einer so lockeren Verbindung, wie sie bei einer Bruchteilsgemeinschaft besteht, der Gesetzgeber automatisch Vertretungsmacht per Gesetz anordnet. Somit bestand hier keine gesetzliche Vertretungsmacht i.S.v. § 744 Abs. 2 BGB. Auch ein vorheriger Beschluss i.S.v. § 745 BGB, der ggf. eine Vertretungsmacht für A hätte schaffen können, lag nicht vor.

cc) Gedacht werden könnte noch an den Rechtsschein einer Vertretungsmacht in Form der **Anscheins- oder Duldungsvollmacht**. Dieser setzt jedoch ein wiederholtes Auftreten als Stellvertreter für den anderen voraus. Dies ist hier nicht ersichtlich.

Somit war A nicht in der Lage, B in dem Vertrag mit Dr. C mitzuverpflichten.

2. Folglich besteht kein Anspruch des Dr. C gegen B.

Frage 3: Ausgleichsanspruch A gegen B

Ein Ausgleichsanspruch A gegen B könnte sich aus **§ 748 BGB** ergeben.

I. Gemäß § 748 BGB ist jeder Teilhaber dem anderen Teilhaber gegenüber verpflichtet, die **Lasten** des gemeinschaftlichen Gegenstands **sowie die Kosten** der Erhaltung, der Verwaltung und einer gemeinschaftlichen Benutzung zu tragen. Hier diente die tierärztliche Behandlung des Pferdes der Erhaltung, sodass die Kosten hierfür unter § 748 BGB fallen.

II. Rechtsfolgen: Gemäß § 748 BGB bestimmt sich die Ausgleichsquote nach dem Verhältnis der Anteile der Teilhaber. Da hier A und B das Pferd zu gleichen Miteigentumsanteilen erworben hatten, hat A somit einen hälftigen Ausgleichsanspruch. Der Anspruch aus § 748 BGB ist sofort, nicht erst bei Auflösung der Gemeinschaft, fällig.[80]

Abwandlung:

Frage 1: Bindung der S an die getroffenen Abreden

I. Die Vereinbarung über die Nutzung des Pferdes wurde ursprünglich zwischen A und B getroffen. Aufgrund der nur schuldrechtlichen, **relativen** Wirkung hat diese Abrede an sich nur Bindungswirkung zwischen A und B.

II. Haben die ursprünglichen Teilhaber die Verwaltung und Benutzung des gemeinschaftlichen Gegenstands geregelt, so wirkt **gemäß § 746 BGB** die getroffene Bestimmung **auch für und gegen deren Sondernachfolger**. Unter § 746 BGB fallen sämtliche Verwaltungs-, Gebrauchs- und Benutzungsregelungen. Der Umstand, dass S hier keine Kenntnis von der Abrede zwischen A und B hatte, ist unerheblich, da § 746 BGB nicht auf subjektive Kriterien abstellt.

Somit ist S an die Nutzungsregelung gebunden. Eine Abänderung könnte nur durch abändernde Vereinbarung zwischen S und B erfolgen. B lehnt hier jedoch eine Abänderung ab.

Frage 2: Kann S Aufhebung der Gemeinschaft verlangen?

S könnte gegen B einen Aufhebungsanspruch aus **§ 749 Abs. 1 BGB** haben.

---

80 Grüneberg/Sprau § 748 BGB Rn. 2.

I. Gemäß **§ 749 Abs. 1 BGB** kann jeder Teilhaber **jederzeit** die Aufhebung der Gemeinschaft verlangen, da es sich um eine lediglich lockere Verbindung handelt.

II. Wie aus **§ 749 Abs. 2 BGB** folgt, kann das Recht, die Aufhebung zu verlangen, durch Vereinbarung für immer oder auf Zeit ausgeschlossen sein; dann ist eine Aufhebung lediglich aus wichtigem Grund möglich. Gemäß § 751 BGB würde eine derartige Vereinbarung dann auch für die Sondernachfolgerin S gelten. Vorliegend ist eine derartige Vereinbarung zwischen den ursprünglichen Teilhabern A und B nicht ersichtlich, sodass es keines wichtigen Grundes bedarf.

III. Die **Rechtsfolgen** der Auflösung sind in §§ 752 ff. BGB geregelt.

1. Da hier eine Teilung des Pferdes **in natura gemäß § 752 BGB** nicht möglich ist, richtet sich die Rechtsfolge nach **§ 753 BGB:** Hiernach erfolgt die Aufhebung der Bruchteilsgemeinschaft durch Verkauf des gemeinschaftlichen Gegenstands nach den Vorschriften über den Pfandverkauf, somit nach den §§ 1233 ff. BGB. D.h., im Regelfall erfolgt eine Versteigerung, § 1235 i.V.m. § 383 Abs. 3 BGB. Gemäß § 1246 BGB kann eine abweichende Art des Verkaufs erfolgen, wenn dies dem Interesse eines Teilhabers entspricht und den anderen Teilhaber nicht benachteiligt.

2. Es kann auch eine **Vereinbarung** zwischen den Teilhabern über die Aufhebung der Gemeinschaft erfolgen. Wird hierbei vereinbart, dass ein Teilhaber den gesamten Gegenstand übernimmt, so ist § 757 BGB zu beachten, wonach der andere Teilhaber wie ein Verkäufer die Gewähr über etwaige Mängel des Anteils an der Sache entsprechend §§ 434 ff. BGB übernehmen muss.

Fall 27: Partiarisches Darlehen – stille Gesellschaft

A, der im Lotto eine erhebliche Summe gewonnen hat, überlegt, wie er sein Geld gewinnbringend anlegen kann. Auf Sylt lernt er B kennen. Dieser hat eine neuartige Heizungsanlage entwickelt, die sich nicht nur durch einen sehr geringen Verbrauch auszeichnet, sondern die überschüssige Energie nutzt, um Strom zu erzeugen. Da B ein Vertriebssystem aufbauen will, benötigt er hierzu Kapital. B bittet daher A um eine finanzielle Beteiligung. A stellt daraufhin B 5 Mio. € zur Verfügung. Es wird weiterhin vereinbart, dass B die Geschäfte allein weiterführen und A keinerlei Mitsprache- und Kontrollrechte haben soll. Die zur Verfügung gestellten 5 Mio. € sollen in den nächsten drei Jahren je nach Geschäftslage aus den erzielten Gewinnen zuzüglich eines Bonusbetrages an A zurückgezahlt werden.

Besteht zwischen A und B eine Gesellschaft?

Unterscheide:
- **(Außen-)Gesellschaft**
  ⇨ gemeinsamer Zweck
  - intern
  - extern
- **Stille Gesellschaft**
  ⇨ gemeinsamer Zweck
  - nur intern
- **Partiarisches Rechtsgeschäft**
  ⇨ kein gemeinsamer Zweck

Fraglich ist, welche **Rechtsform** zwischen A und B vorliegt.

I. Eine **OHG** setzt **gemäß § 105 Abs. 3 HGB i.V.m. § 705 BGB** einen Gesellschaftsvertrag voraus, wonach die Parteien nach außen hin einen gemeinsamen Zweck, nämlich den Betrieb eines Handelsgewerbes i.S.v. § 105 Abs. 1 HGB bzw. ein Geschäft i.S.v. § 105 Abs. 2 HGB verfolgen wollen. Dabei muss der Zweck von allen Gesellschaftern gemeinsam nach außen hin verfolgt werden. Dies geschieht entweder durch Eintragung im Handelsregister, § 123 Abs. 1 HGB, oder gemeinsamen Geschäftsbeginn gemäß § 123 Abs. 2 HGB. Ein bloß gleichgerichtetes Interesse der Beteiligten genügt nicht. Hier ging es zwar A auch um eine Gewinnerzielung, aber nicht um ein gemeinsames, gleichstufiges Auftreten nach außen hin zusammen mit B als Gesellschafter. Somit scheidet eine OHG aus.

II. Eine **stille Gesellschaft** ist eine Personengesellschaft, bei der sich jemand am Handelsgewerbe eines anderen mit einer Vermögenseinlage, die an diesen übertragen wird, gegen einen Anteil am Gewinn beteiligt. Auch die stille Gesellschaft setzt einen Gesellschaftsvertrag zwischen dem Inhaber des Handelsgeschäfts, welcher nach außen hin allein auftritt, und dem stillen Gesellschafter i.S.v. **§ 230 HGB** voraus. Als Personengesellschaft erfordert der Gesellschaftsvertrag dabei eine Einigung über einen gemeinsamen Zweck. Intern besteht der gemeinsame Zweck in der Beteiligung des Stillen am Handelsgewerbe des Geschäftsinhabers in der Einräumung eines Gewinnanteils. Der Stille beteiligt sich mit seiner Vermögenseinlage, die in das Vermögen des Inhabers des Handelsgewerbes erbracht wird. D.h., es wird kein gemeinsames Gesellschaftsvermögen gebildet. Der stille Gesellschafter muss (lediglich) an dem Gewinn beteiligt werden, § 231 HGB. Damit ist die stille Gesellschaft ein besonderer Zusammenschluss, bei dem der Kapitalgeber nach außen hin nicht auftritt, sodass allein der Inhaber des Geschäfts im Außenverhältnis berechtigt ist und verpflichtet wird, § 230 Abs. 2 HGB. Gesellschaftsrecht findet daher nur im Innenverhältnis Anwendung, §§ 131 f. HGB.

Hier kommt eine stille Gesellschaft in Betracht, weil A nach außen hin nicht in Erscheinung treten will, da er seinen Lottogewinn genießen will.

III. Die stille Gesellschaft ist jedoch abzugrenzen vom sog. **partiarischen Rechtsverhältnis**. Partiarische Rechtsverhältnisse sind Austauschverträge, die dadurch gekennzeichnet sind, dass das Entgelt einer Partei ganz oder zum Teil in einer Gewinnbeteiligung liegt. Zwar hat der am Gewinn Beteiligte dann ein eigenes Interesse am Gewinn des anderen. Die Erzielung dieses Gewinns durch den anderen wird aber nicht als gemeinsamer Zweck des Vertrags gemeinsam auf gleicher Stufe verfolgt. Vielmehr wird jeder in eigener Verantwortung und auf eigene Rechnung tätig. Der Gewinn stellt daher nur eine vertragliche Berechnungsgröße dar.[81] Während bei den Gesellschaften die Verfolgung eines gemeinsamen Zwecks zumindest im Innenverhältnis vereinbart wird, verfolgen hingegen bei der partiarischen Darlehensvergabe die Parteien ausschließlich eigene Interessen. Die Abgrenzung hat durch Auslegung unter Berücksichtigung der Interessenlage zu erfolgen. Da auf eine stille Gesellschaft im Innenverhältnis Gesellschaftsrecht Anwendung findet, setzt dies voraus, dass der stille Gesellschafter Kontroll- und Mitwirkungsrechte hat. Ferner ist er grundsätzlich auch am Verlust intern beteiligt, sofern nicht etwas anderes vereinbart ist, § 231 Abs. 2 HGB.

Vorliegend soll A keinerlei Kontroll- und Mitwirkungsrechte haben. Auch eine Verlustbeteiligung war nicht vereinbart. Daher ist davon auszugehen, dass A lediglich ein sog. partiarisches Darlehen geben wollte. Dieses richtet sich nicht nach Gesellschaftsrecht, sondern allein nach Darlehensrecht, §§ 488 ff. BGB.

---

81 MünchKomm/Ulmer vor § 705 BGB Rn. 74–79.

Fall 28: Ehegattengesellschaften – nichteheliche Lebensgemeinschaften

Der Zahnarzt Dr. A ist mit B kinderlos verheiratet. B ist in der Arztpraxis des A nahezu jeden Tag als Sprechstundenhilfe tätig. Von dem in der Arztpraxis erwirtschafteten Geld erwerben A und B ein Grundstück in traumhafter Lage, das mit einem Einfamilienhaus bebaut ist. Nach ihrem Umzug in das Haus vermieten sie die ihnen gemeinsam gehörende Eigentumswohnung. Als B später herausfindet, dass A ein Verhältnis mit seiner Sprechstundenhilfe C hat, will sie sich scheiden lassen. Sie beauftragt Rechtsanwalt R, Fachanwalt für Familienrecht, das Erforderliche zu veranlassen. Rechtsanwalt R hat Bedenken, ob sich Komplikationen daraus ergeben, dass ggf. Gesellschaftsrecht zu berücksichtigen ist.

Besteht zwischen A und B eine Gesellschaft?

Abwandlung:

Ist hier Gesellschaftsrecht anzuwenden, wenn A und B in nichtehelicher Lebensgemeinschaft zusammengelebt haben?

Klausurtipp:
Da § 705 BGB keine Form vorsieht, kann eine GbR durchaus konkludent vereinbart sein. Daher ist dies durch Auslegung zu ermitteln, §§ 133, 157 BGB.

Fraglich ist, ob hier zwischen den Eheleuten A und B eine **GbR i.S.v. § 705 BGB** ggf. konkludent begründet worden ist.

I. Aufgrund der Vertragsfreiheit können Eheleute miteinander einen Gesellschaftsvertrag schließen. Vorschriften über den ehelichen Güterstand stehen dem nicht entgegen. Sofern Eheleute nach außen hin nicht in Erscheinung treten, liegt dann zwar keine Außengesellschaft vor, jedoch zumindest eine Innengesellschaft, d.h., intern zwischen den Eheleuten ist dann Gesellschaftsrecht gemäß §§ 705 ff. BGB anzuwenden. Voraussetzung für einen **ausdrücklichen Gesellschaftsvertrag** ist jedoch eine Vereinbarung über den gemeinsamen Gesellschaftszweck i.S.v. § 705 BGB. Als Gesellschaftszweck kann jeder erlaubte wirtschaftliche oder ideelle Zweck in Betracht kommen. Ob hierdurch gleichzeitig Verpflichtungen berührt werden, die sich grundsätzlich auch aus den Vorschriften des Familienrechts, z.B. §§ 1353, 1360 BGB ergeben, ist dann unerheblich.[82] Vorliegend ist eine ausdrückliche Vereinbarung über einen gemeinsamen Gesellschaftszweck nicht ersichtlich.

II. In Betracht kommt aber die **konkludente Vereinbarung eines Gesellschaftsvertrags**.

1. Sofern eine ausdrückliche Vereinbarung nicht vorhanden ist, kann der Abschluss eines Gesellschaftsvertrags auch durch **schlüssiges Verhalten** in Betracht kommen. Leben jedoch die Ehegatten im gesetzlichen Güterstand der Zugewinngemeinschaft, so spricht dies grundsätzlich gegen eine gewollte (Innen-)Gesellschaft, weil im Falle einer Scheidung der Zugewinnausgleich i.S.v. § 1378 BGB bereits zu einem entsprechenden Vermögensausgleich führt.[83] Hingegen kann bei dem Güterstand der Gütertrennung eher ein Gesellschaftsvertrag angenommen werden, weil sonst im Scheidungsfall keinerlei Ausgleich erfolgt.

82 BGH NJW 1982, 170, 171.
83 BGHZ 165, 1, 6.

Da hier A und B im gesetzlichen Güterstand der Zugewinngemeinschaft leben, ist somit grundsätzlich kein konkludenter Gesellschaftsvertrag anzunehmen.

2. Wenn jedoch Eheleute einen über den typischen Rahmen der ehelichen Lebensgemeinschaft hinausgehenden Zweck verfolgen, kann u.U. ein gemeinsamer Gesellschaftszweck konkludent vereinbart sein. Ein derartiger, **weitergehender Zweck, der über die ehelichen Notwendigkeiten hinausgeht**, kann insbesondere darin bestehen, dass Eheleute gemeinsam ein Unternehmen aufbauen bzw. gemeinsam berufliche oder gewerbliche Tätigkeiten entfalten.[84] Legt man diese Kriterien im Rahmen der Auslegung hier zugrunde, so ist fraglich, ob sich hiernach eine GbR annehmen lässt.

a) Der **Erwerb und die Nutzung des Einfamilienhauses** als Familienheim erschöpft sich gerade in den ehelichen Lebensverhältnissen und bildet daher keinen darüber hinausgehenden, sog. „überehelichen" Zweck. Somit kommt ohne ausdrückliche Vereinbarung über den Erwerb und die Nutzung des Einfamilienhauses keine Gesellschaft zustande.[85]

Mithin besteht hier hinsichtlich des Einfamilienhauses keine Gesellschaft.

Vielmehr besteht zwischen den Miteigentümern A und B lediglich eine Bruchteilsgemeinschaft i.S.d. §§ 741 ff. BGB.

b) Die **Vermietung der Eigentumswohnung** dient dem gemeinsamen Erzielen von Gewinn und erschöpft sich daher nicht in den bloßen ehelichen Notwendigkeiten. Auch wenn diese Gewinne indirekt wieder der Ehe als finanzielle Mittel zugute kommen, stellt die Vermietung einen sog. überehelichen Zweck dar, weil das Primärziel die Gewinnerzielung ist. Die Anschaffung sowie die Vermietung von Eigentumswohnungen stellt daher einen ausreichenden, konkludent vereinbarten Gesellschaftszweck dar.[86] Auch wenn A und B nach außen hin nicht auf Vermieterseite als Gesellschaft aufgetreten sind, liegt dann zumindest eine sog. Innengesellschaft vor, sodass im Innenverhältnis von A und B Gesellschaftsrecht, §§ 705 ff. BGB, anwendbar ist.

Abgrenzung:
- **Gesellschaft**
  ⇨ gleichberechtigte Verfolgung eines gemeinsamen Zwecks
- **Arbeitsverhältnis**
  ⇨ Über-, Unterordnungsverhältnis zwischen Arbeitgeber – Arbeitnehmer, § 611 a BGB
- **Ehebedingte, unbenannte Zuwendung**
  ⇨ bloße Zuwendung im Rahmen der ehelichen Lebensverhältnisse ohne konkreten Verpflichtungsgrund

c) Zwar stellt die **berufliche Tätigkeit der B in der Zahnarztpraxis** des A einen überehelichen Zweck dar. Jedoch erfordert eine Gesellschaft, dass die Ehegatten den gemeinsamen, über die Verwirklichung der Lebensgemeinschaft hinausgehenden Zweck i.S.v. Gesellschaftern als gleichberechtigte Parteien verfolgen.[87] Vorliegend hat B keine gleichberechtigte Mitarbeit geleistet, sondern war lediglich als Sprechstundenhilfe tätig. Damit liegt kein Gesellschaftsvertrag vor.

Bei entsprechendem Rechtsbindungswillen kann allenfalls ein konkludent geschlossener Arbeitsvertrag i.S.v. § 611 a BGB angenommen werden. Andererseits kann auch lediglich eine freiwillige, weil über die Unterhaltsverpflichtungen der §§ 1360 f. BGB hinausgehende Mithilfe vorliegen, die jedenfalls nicht extra vergütet werden soll. Hierzu bestimmt § 612 Abs. 1

---

84 Grüneberg/Sprau § 705 BGB Rn. 39.
85 BGH NJW 1982, 2236; NJW-RR 1990, 736; BGH NJW 2006, 1268.
86 BGH FamRZ 1975, 35.
87 BGHZ 142, 137, 144.

BGB, dass eine Vergütung nur verlangt werden kann, wenn dies aus den Umständen ersichtlich ist. In der Regel ist keine Vergütungspflicht anzunehmen, wenn in der Vergangenheit auch nie eine Vergütung gezahlt wurde. Dann liegt lediglich eine im Rahmen der allgemeinen ehelichen Lebensverhältnisse erbrachte, sog. unbenannte Zuwendung vor, welche prinzipiell nicht ausgleichspflichtig ist.[88]

Abwandlung:

I. Natürlich können auch nichteheliche Lebenspartner die Vertragsfreiheit nutzen und eine Gesellschaft i.S.v. § 705 BGB zu jedem beliebigen gemeinsamen Zweck gründen. Vorliegend ist jedoch eine derartige **ausdrückliche Vereinbarung** nicht ersichtlich.

II. Da die nichteheliche Lebensgemeinschaft im Familienrecht nicht geregelt ist, somit auch keine Überschneidungen zum Familienrecht entstehen können, lässt sich ggf. eher als bei Ehegatten ein **konkludent vereinbarter Gesellschaftsvertrag** annehmen.

1. Früher nahm der **BGH**[89] bei nichtehelichen Lebensgemeinschaften jedenfalls dann einen konkludent vereinbarten Gesellschaftsvertrag an, wenn gemeinsames Vermögen gebildet wird bzw. die Absicht gemeinsamer Wertschöpfung bestand. Der BGH ging dann davon aus, dass jedenfalls bei Vermögenswerten von erheblicher wirtschaftlicher Bedeutung ein entsprechender konkludenter Vertragsschluss anzunehmen sei. Hiernach ließe sich vorliegend eine GbR hinsichtlich Einfamilienhaus und Eigentumswohnung bejahen.

2. Die **neuere Rspr.** betont, dass bei der Auslegung alle Umstände des Einzelfalls, ähnlich wie bei Ehegatten zu berücksichtigen sind. Maßgeblich sind also insbesondere Planung, Umfang und Dauer sowie wirtschaftliche Bedeutung der Vorgänge.[90] Da der BGH die Kriterien noch nicht abschließend festgelegt hat, ist vorliegend unklar, ob eine Gesellschaft angenommen werden kann.

3. Stellungnahme: Zu berücksichtigen ist, dass ein Gesellschaftsvertrag i.S.v. § 705 BGB, der kein Formerfordernis vorsieht, zwar konkludent geschlossen werden kann. Allerdings ist für einen Vertragsschluss ein Rechtsbindungswille erforderlich. Dies erscheint bei nichtehelichen Lebensgemeinschaften fraglich, da diese das Institut der Ehe gerade ablehnen, weil sie sich nicht rechtlich binden wollen. Andererseits leben nichteheliche Lebenspartner praktisch wie Eheleute zusammen und erbringen, obwohl gesetzlich nicht geschuldet, einander faktisch Unterhalt. Dies spricht dafür, grundsätzlich Beiträge, die sich mit den Notwendigkeiten des nichtehelichen Zusammenlebens überschneiden, lediglich als faktischen Unterhaltsbeitrag zu betrachten, der im Rahmen des nichtehelichen Zusammenlebens aufgeht. Ähnlich wie bei den ehebedingten, unbenannten Zuwendungen erfolgt dieser ohne Rechtsbindungswillen und ohne eine entsprechende Ausgleichspflicht. Einen konkludent geschlossenen Gesellschaftsvertrag anzunehmen hieße ggf. einklagbare Pflichten i.S.v. Gesellschafter-

---

88 Grüneberg/Weidenkaff § 516 BGB Rn. 10.

89 BGH WM 2000, 522.

90 BGHZ 165, 1, 10; BGH RÜ 2008, 630; BGH NJW 2008, 443.

beiträgen unter Anwendungen der gesellschaftsrechtlichen Instrumentarien zu wollen. Dies erscheint unter nichtehelichen Lebenspartnern grundsätzlich lebensfremd.

4. Daraus ergeben sich folgende **Rechtsfolgen:**

a) Es ergibt sich grundsätzlich dieselbe Sichtweise wie bei Ehegatten, d.h., hinsichtlich des gemeinsam **angeschafften Einfamilienhauses** besteht keine Gesellschaft. Die nichtehelichen Lebenspartner sind ausreichend über die Vorschriften der Bruchteilsgemeinschaft, §§ 741 ff. BGB geschützt, welche für sie als Miteigentümer anwendbar sind und eine Aufteilung gemäß § 749 i.V.m. § 753 BGB vorsehen.

b) Umgekehrt lässt sich bei darüber hinausgehender Gewinnerzielungsabsicht für die **Vermietung der Eigentumswohnung** eine konkludent gegründete Gesellschaft annehmen. Die Auflösung erfolgt dann gemäß §§ 730 ff. BGB.

c) Für die **untergeordnete Mitarbeit** erscheint hingegen, genau wie bei Ehegatten, die Annahme eines vergütungspflichtigen Arbeitsverhältnisses i.S.v. § 611 a BGB lebensfremd, sofern jedenfalls in der Vergangenheit keinerlei Gehalt gezahlt worden ist. Vielmehr ist dann, genau wie bei Ehegatten, anzunehmen, dass die Mitarbeit letztlich nur eine Zuwendung im Rahmen des faktischen Unterhalts darstellt. Bei intakter, nichtehelicher Lebensgemeinschaft käme dann ohnehin keiner der Partner auf die Idee, hierfür eine Vergütung zu verlangen.

Etwaige verbleibende Unbilligkeiten können über allgemeine Ausgleichsansprüche vermieden werden, insbesondere über das Institut der Störung der Geschäftsgrundlage, § 313 BGB, sowie § 812 BGB oder ggf. GoA, §§ 677 ff. BGB.[91]

91 BGH RÜ 2008, 630; BGH RÜ 2014, 629.

Fall 29: Freiberufler

A, B und C haben das 2. juristische Staatsexamen absolviert und die Zulassung zur Rechtsanwaltschaft erlangt. Da sie sich bereits seit dem Jurastudium kennen und in derselben Referendararbeitsgemeinschaft waren, überlegen sie, welche Möglichkeiten es gibt, den Anwaltsberuf gemeinsam auszuüben. Da A, B und C jeweils unterschiedliche Schwerpunktfächer hatten, bestünde der Vorteil einer gemeinsamen Berufsausübung darin, dass hierüber gleich speziellere Rechtsgebiete abgedeckt werden könnten. Weitere wichtige Faktoren sind für A, B und C die Kostenfolge sowie Haftungsfragen.

Welche Möglichkeiten einer Zusammenarbeit kommen in Betracht?

Fraglich ist, welche Möglichkeiten einer Zusammenarbeit für die drei Rechtsanwälte A, B und C bestehen.

Gemeinsamer Gesellschaftszweck:
- **Haben und Unterhalten ist kein Gesellschaftszweck** = nur Bruchteilsgemeinschaft, §§ 741 ff. BGB
- **Gemeinsamer Betrieb eines Handelsgewerbes** = OHG, §§ 105 ff. HGB = KG, §§ 161 ff. HGB
- **Sonstige gemeinsame Zwecke** = GbR, §§ 705 ff. BGB

I. Möglich ist, dass A, B und C lediglich die Räumlichkeiten gemeinsam anmieten, um sich die Miete zu teilen. Andererseits könnte dann jeder seinen Anwaltsberuf getrennt, mit eigener Organisation und eigenem, separatem Mandantenstamm ausüben. Auch die Abrechnung der Mandatsverhältnisse würde jeweils getrennt erfolgen sowie das Auftreten unter eigenem Briefkopf und eigener Vollmachtsurkunde. In diesem Fall läge eine bloße Kooperation vor, die als **reine Büro- bzw. Praxisgemeinschaft** bezeichnet wird. Weil dann lediglich ein gemeinsames Haben und Unterhalten der Räumlichkeiten vorliegt, besteht insofern nur eine Bruchteilsgemeinschaft i.S.v. §§ 741 ff. BGB. Eine Gesellschaft hingegen scheidet mangels eines gemeinsamen Zwecks aus. Allerdings muss jeglicher Rechtsschein vermieden werden, der den Eindruck einer gemeinsamen Berufsausübung erweckt. So muss insbesondere durch separate Formulare etc. den Mandanten klar gemacht werden, dass hier kein gemeinsamer Auftritt erfolgt.

II. Sofern A, B und C mehr als das bloße gemeinsame Haben und Unterhalten der Mieträume wollen, also gemeinsam zusammen den Anwaltsberuf ausüben wollen, muss eine **Gesellschaft** gegründet werden.

1. Rechtsanwälte als Freiberufler betreiben jedoch kein Handelsgewerbe i.S.v. §§ 1 ff. HGB, sodass nach bisheriger Sichtweise die Gründung einer **Handelsgesellschaft ausscheidet** und damit auch eine GmbH und Co. KG, die ja eine KG bleibt.[92]

Aufgrund der am 01.08.2022 in Kraft tretenden **BRAO-Reform** ändert sich dies! Gemäß **§ 59 b Abs. 2 Nr. 1 BRAO n.F.** können dann auch Rechtsanwälte Handelsgesellschaften und damit auch eine GmbH & Co. KG gründen. Als Berufsausübungsgesellschaft ist dann jede Rechtsform möglich.

2. Da gemeinsamer Zweck i.S.v. § 705 BGB jeder Zweck, also auch die gemeinsame Ausübung des freien Berufs sein kann, können Rechtsanwälte als sog. Sozietät eine **GbR** gründen. Alle Mitglieder der Sozietät haften dann gesamtschuldnerisch persönlich.

3. Um die vorgenannten Haftungsrisiken auszuschließen, kommt in Betracht, eine **„GbR mbH"** zu gründen. Hiergegen spricht jedoch zum einen

92 BGH NJW 2011, 3036; BVerfG NJW-Spezial 2012, 127.

der numerus clausus im Gesellschaftsrecht, wonach nur die Gesellschaftstypen zulässig sind, die im Gesetz geregelt sind. Eine derartige Mischform ist im Gesetz nicht vorgesehen. Im Übrigen erscheint die Bezeichnung „GbR mbH“ auch als firmenrechtlich unzulässig, weil irreführend i.S.v. § 18 Abs. 2 HGB[93] bzw. wettbewerbswidrig i.S.v. § 5 Abs. 1 UWG,[94] da für den juristischen Laien eine Verwechslungsgefahr mit einer GmbH besteht.[95]

4. Gemäß **§ 1 PartGG** ist es Angehörigen freier Berufe möglich, eine **Partnerschaftsgesellschaft** zu gründen, die in das Partnerschaftsregister eingetragen wird. Die wesentlichen Unterschiede zur GbR bestehen darin, dass zum einen ein schriftlicher Vertrag erforderlich ist, § 3 PartGG, und auch eine Eintragung in das Partnerschaftsregister konstitutive Wirkung hat. Gemäß § 8 Abs. 1 PartGG haften die Partner grundsätzlich als Gesamtschuldner neben der Partnerschaft. Die Haftung kann sich aber nach Maßgabe des § 8 Abs. 2 PartGG auf den Partner beschränken, der das konkrete Mandat bearbeitet. Hierin liegt der Vorteil im Verhältnis zu einer GbR, bei der grundsätzlich alle Gesellschafter gesamtschuldnerisch haften.

Gemäß § 8 Abs. 4 PartGG besteht auch die Möglichkeit, eine **„Partnerschaftsgesellschaft mit beschränkter Berufshaftung“** zu gründen. Diese muss gemäß § 8 Abs. 4 S. 3 PartGG den Zusatz „mit beschränkter Berufshaftung“ bzw. „mbB“ oder eine andere allgemein verständliche Abkürzung enthalten. Für Verbindlichkeiten der Partnerschaft aufgrund fehlerhafter Berufsausübung haftet dann gemäß § 8 Abs. 4 S. 1 PartGG nur das Gesellschaftsvermögen, wenn eine entsprechende Berufshaftversicherung besteht.

5. Das persönliche Haftungsrisiko kann dadurch ausgeschlossen werden, dass A, B und C eine **Rechtsanwalts-GmbH** gründen. Wie §§ 59 c ff. BRAO klarstellen, ist eine Anwalts-GmbH zulässig. Um das besondere Vertrauensverhältnis zum Mandanten zu gewährleisten, dürfen Gesellschafter jedoch nur Rechtsanwälte und Angehörige rechtsbesorgender Berufe sein, § 59 i BRAO. Unter Einhaltung dieser Vorgaben ist damit die Gründung einer Anwalts-GmbH möglich. Dies gilt auch für die „kleine Variante“, die **Unternehmergesellschaft (haftungsbeschränkt) i.S.v. § 5 a GmbHG**, welche das geforderte Mindestkapital von 25.000 € unterschreiten kann (Näheres dazu im 11. Teil). Diese ist auch für Rechtsanwälte als „Rechtsanwalts-UG (haftungsbeschränkt)“ zulässig.[96] Abzuwägen ist allerdings, ob dies ggf. auf Mandanten abschreckende Wirkung haben kann.

6. Nach bislang h.M. ist die Rechtsform der AG ebenfalls zulässig.[97] Allerdings ergibt eine AG eher Sinn bei größeren Gesellschaften. Da ab 01.08. 2022 gemäß § 59 b BRAO alle Gesellschaften nach deutschem Recht zulässig sind, hat der Gesetzgeber damit die schon bislang h.M. akzeptiert.

---

93 BayObLG ZIP 1998, 1959.

94 OLG München DB 1998, 2012.

95 Str., a.A. OLG Hamm NJW 1985, 1846, 1847; Henssler JZ 1993, 155, 156.

96 Axmann/Deister NJW 2009, 2941.

97 BGH NJW 2005, 1568, 1570; OLG Hamm NJW 2006, 3434.

Fall 30: Fehlerhafte Gesellschaft

Landwirt A hat erkannt, dass seine landwirtschaftlichen Flächen nicht mehr rentabel zu bewirtschaften sind. Nachdem der Familienrat getagt hat, kommt man zu der Erkenntnis, eine neue Geschäftsidee zu entwickeln: Es soll ein kleiner, exklusiver Reiterhof betrieben werden, auf dem die Kinder betuchter Eltern ihre Reiterferien verbringen können. A setzt daher zusammen mit seiner Ehefrau B sowie dem 17-jährigen Sohn C einen schriftlichen Vertrag über die Gründung einer Gesellschaft bürgerlichen Rechts auf. Hiernach ist A der geschäftsführende Gesellschafter. Gleich am nächsten Morgen lässt er Werbeprospekte drucken und schließt diverse Verträge mit Zulieferern ab.

Besteht eine wirksame Gesellschaft?

1. Abwandlung:

Was gilt, wenn für C sämtliche Erklärungen und Zustimmungen eingeholt worden sind, sodass ein wirksamer Gesellschaftsvertrag vorliegt, jedoch C sich an seinem 18. Geburtstag überlegt, „die Provinz" zu verlassen und ein Auslandsstudium aufzunehmen? Da seine Eltern strikt dagegen sind, hat C Bedenken, ob er ohne Weiteres aus der Gesellschaft herauskommt. Zu Recht?

2. Abwandlung:

Was gilt, wenn C zum Zeitpunkt der Gesellschaftsgründung am 05.03. bereits volljährig war, jedoch von A und B bei Abschluss des Gesellschaftsvertrags arglistig getäuscht worden ist. Nachdem C dies am 15.03. erfahren hat, erklärt er am 09.08. die Anfechtung des Gesellschaftsvertrags, hilfsweise die fristlose Kündigung. Besteht noch eine Gesellschaft?

Fraglich ist, ob eine wirksame Gesellschaft als **Gesellschaft bürgerlichen Rechts** i.S.v. § 705 BGB gegründet wurde.

Gesellschaftsvertrag i.S.v. § 705 BGB:

1. **Einigung** über die Mindestbestandteile:
   - **Gemeinsamer Zweck** (kein kaufm. Gewerbe)
   - Personen der **Gesellschafter**
   - **Beiträge** der Gesellschafter
2. **Wirksamkeit**
   - grundsätzlich formfrei
   - §§ 104 ff. BGB

I. A, B und C haben sich über den gemeinsamen Gesellschaftszweck, den Betrieb des Reiterhofs **geeinigt**. Da es sich um einen kleinen Reiterhof handeln sollte und auch nicht ersichtlich ist, dass Angestellte eingestellt werden sollten, sind kaufmännische Einrichtungen nicht erforderlich, sodass hier eine Handelsgesellschaft nicht gegeben ist. Zwar sind A und B verheiratet, jedoch können Eheleute ausdrücklich eine Gesellschaft vereinbaren (s. hierzu bereits Fall 28). Somit liegt eine Einigung über eine Gesellschaft bürgerlichen Rechts i.S.v. § 705 BGB vor.

II. Fraglich ist jedoch die **Wirksamkeit des Vertrages**.

1. In §§ 705 ff. BGB ist für den Abschluss des Gesellschaftsvertrags **keine Form** vorgesehen. Eine Ausnahme gilt lediglich gemäß § 311 b Abs. 1 S. 1 BGB, falls Grundstücke in die Gesellschaft eingebracht werden sollen. Hier ist jedoch nicht ersichtlich, dass die vorhandenen, bislang landwirtschaftlich genutzten Grundstücke in das Vermögen der Gesellschaft eingebracht werden sollten. Vielmehr war lediglich vereinbart, dass die Gesellschaft auf dem Gelände betrieben wird.

2. Da der 17-jährige C beschränkt geschäftsfähig ist, kann er gemäß **§ 107 BGB** Verträge allein lediglich dann schließen, wenn sie ausschließlich rechtlich vorteilhaft sind. Der Abschluss eines Gesellschaftsvertrags begründet jedoch zahlreiche Verpflichtungen i.S.v. §§ 705 ff. BGB, sodass C den Gesellschaftsvertrag nicht allein abschließen konnte.

3. Zwar haben hier die Eltern als **gesetzliche Vertreter** des C **gemäß §§ 1626, 1629 BGB** zugestimmt. Jedoch waren die Eltern A und B selbst auf der anderen Seite als Gesellschafter am Abschluss des Gesellschaftsvertrags beteiligt. Damit lag ein gemäß § 1626 Abs. 2 i.V.m. § 1795 Abs. 2 i.V.m. § 181 Alt. 1 BGB verbotenes In-sich-Geschäft vor.

Eltern:

1. Gesetzliche Vertretungsmacht gemäß §§ 1626, 1629 BGB

2. Ausschluss gemäß § 1629 Abs. 2 i.V.m. § 1795 BGB
⇨ Ergänzungspfleger erforderlich, § 1909 BGB

3. Beschränkung gemäß § 1643 Abs. 1 i.V.m. §§ 1821, 1822 Nr. 1, 3, 5, 8–11 für „gefährliche Verträge"
⇨ Genehmigung des Familiengerichts erforderlich

Da ein Gesellschaftsvertrag generell Gefahren für den Minderjährigen birgt, muss dieser dem Familiengericht zur Genehmigung vorgelegt werden **gemäß § 1643 Abs. 1 i.V.m. § 1822 Nr. 3 BGB**. Auch dies ist offensichtlich nicht geschehen.

III. Daraus ergeben sich folgende **Rechtsfolgen:**

1. Der Gesellschaftsvertrag ist bezüglich des C **schwebend unwirksam**, da noch ein Ergänzungspfleger für C gemäß § 1909 BGB bestellt werden kann, der dann für C zwecks Vermeidung eines In-sich-Geschäfts die Genehmigung gegenüber A und B erteilen kann. Des Weiteren kann die Genehmigung des Familiengerichts gemäß § 1829 i.V.m. § 1643 Abs. 3 i.V.m. § 1822 Nr. 3 BGB noch nachgeholt werden. Ggf. könnte auch C, sobald er volljährig wird, den Vertrag genehmigen, §§ 108 Abs. 3, 184 BGB.

2. Gemäß § 139 BGB ist bei Teilunwirksamkeit im Zweifel eine **Gesamtunwirksamkeit** des Vertrags anzunehmen. Etwas anderes gilt lediglich, wenn ein abweichender Parteiwille feststellbar ist. Im Gesellschaftsrecht ist zu berücksichtigen, dass das personelle Band zu allen Gesellschaftern gerade für eine Personengesellschaft wichtig ist, insbesondere auch wegen der Haftungsquote im Innenverhältnis. Demnach ist grundsätzlich davon auszugehen, dass es bei der Gesamtunwirksamkeit bleiben soll. § 139 BGB gilt dann konsequenterweise auch, wenn bislang der Vertrag in Bezug auf C nur schwebend unwirksam ist.

Somit wäre der gesamte Gesellschaftsvertrag schwebend unwirksam.

3. Ist eine Gesellschaft trotz des unwirksamen Gesellschaftsvertrags in Vollzug gesetzt worden, so wäre eine uneingeschränkte Anwendung der §§ 104 ff. BGB und die damit verbundene Rückabwicklung nach §§ 812 ff. BGB nicht sachgerecht. Insbesondere Dritte, die auf den Bestand der Gesellschaft vertraut haben, müssen in ihrem Vertrauen geschützt werden. Auch ist je nach Länge der gesellschafterlichen Zusammenarbeit eine Rückabwicklung über §§ 812 ff. BGB unmöglich. Deswegen wurde das gewohnheitsrechtliche **Institut der fehlerhaften Gesellschaft** entwickelt. Voraussetzungen hierfür sind:[98]

a) Ein **fehlerhafter Gesellschaftsvertrag** setzt voraus, dass eine tatsächliche Einigung i.S.e Willensübereinstimmung vorliegt, die nur aus rechtlichen Gründen unwirksam ist.[99]

---

98 BGH WM 1988, 414, 418.
99 BGH RÜ 2011, 760, 761.

Grundsätze der fehlerhaften Gesellschaft:
1. Fehlerhafter, d.h. (schwebend) unwirksamer **Gesellschaftsvertrag**
2. Gesellschaftsvertrag wurde in **Vollzug gesetzt**
3. Keine entgegenstehenden Interessen
- der Allgemeinheit, z.B. §§ 134, 138 BGB
- Einzelner, z.B. §§ 104 ff. BGB

4. Rechtsfolge
- Gesellschaft wird wie eine wirksame Gesellschaft behandelt
- Jedoch ist der jeweilige Nichtigkeitsgrund ein wichtiger Grund i.S.v. § 723 BGB, § 133 HGB, daher Gesellschaft mit ex-nunc-Wirkung kündbar
- Bis dahin Vertretung, Haftung nach den allgemeinen gesellschaftsrechtlichen Regeln

Anwendungsfälle der fehlerhaften Gesellschaft:
- Fehler bei der Gründung
- fehlerhafter Beitritt
- fehlerhafter Austritt

A, B und C haben zwar eine tatsächliche Einigung erzielt, diese Einigung ist jedoch (schwebend) unwirksam.

b) Der Gesellschaftsvertrag muss nach außen hin **in Vollzug gesetzt** worden sein, weil nur dann die zu vermeidenden Rückabwicklungsprobleme entstanden sein können. Der Vollzug der Gesellschaft geschieht im Regelfall durch die Aufnahme der Geschäfte im Außenverhältnis. Vorliegend hat A bereits die ersten Aufträge erteilt und damit Rechtsbeziehungen zu Dritten aufgenommen. Damit liegt ein Vollzug nach außen hin vor.

c) Es darf ferner **kein entgegenstehendes Interesse der Allgemeinheit oder Einzelner** entgegenstehen.

Interessen der Allgemeinheit stehen in der Regel der Annahme einer fehlerhaften Gesellschaft entgegen, wenn der Gesellschaftsvertrag deswegen unwirksam ist, weil ein Verstoß gegen ein gesetzliches Verbot i.S.v. § 134 BGB oder gar Sittenwidrigkeit, § 138 BGB, vorliegt. Dies ist hier nicht der Fall. Jedoch könnten hier die Interessen Einzelner entgegenstehen. Vorliegend ist zu berücksichtigen, dass C minderjährig ist. Wie sich aus der Wertung der §§ 104 ff. sowie § 1629 Abs. 2 und § 1643 Abs. 1 BGB ergibt, hat der **Minderjährigenschutz** absoluten Vorrang. Wie sich dies jedoch auf die fehlerhafte Gesellschaft auswirkt, ist umstritten.

aa) Überwiegend[100] wird angenommen, dass der Minderjährige dann nicht Gesellschafter wird. Es verbleibt dann eine fehlerhafte Restgesellschaft zwischen den übrigen, volljährigen Gesellschaftern.

Hiernach besteht eine fehlerhafte Restgesellschaft zwischen A und B.

bb) Nach der **Gegenansicht**[101] wird der Minderjährige zwar Mitglied der fehlerhaften Gesellschaft, jedoch können ihm hieraus keine Haftungsfolgen sowie sonstige Rechtsnachteile entstehen.

cc) Stellungnahme: Für die h.M. spricht, dass sie konsequent die Vorschriften der §§ 104 ff. BGB zum Schutz des Minderjährigen umsetzt. Die von der Mindermeinung vertretene „gespaltene Lösung" in dem Sinne, dass der Minderjährige zwar Gesellschafter wird, aber keine Nachteile hieraus haben kann, ist in den §§ 104 ff. BGB nicht vorgesehen.

Somit sind lediglich A und B Gesellschafter der fehlerhaften Gesellschaft. Diese wird wie eine wirksame Gesellschaft, d.h. wie eine wirksame GbR behandelt. Allerdings kann die Gesellschaft ohne Einhaltung einer Kündigungsfrist von den Gesellschaftern mit ex-nunc-Wirkung aufgelöst werden. Da diese Auflösung jedoch nur ex nunc erfolgen kann, ändert dies nichts an einer etwaigen, zwischenzeitlich entstandenen Haftung.

1. Abwandlung:

I. Nunmehr besteht ein **wirksamer Gesellschaftsvertrag**, da kein Verstoß gegen § 1629 Abs. 2 i.V.m. §§ 1795 Abs. 2, 181 Alt. 1 BGB vorliegt, weil ein Ergänzungspfleger i.S.v. § 1909 BGB bestellt worden war und die Willenserklärung für C abgegeben hatte und weil das Familiengericht den Gesellschaftsvertrag gemäß § 1643 i.V.m. § 1822 Nr. 3 BGB genehmigt hatte.

100 BGH NJW 1983, 748; MünchKomm/Ulmer § 705 BGB Rn. 337.
101 K. Schmidt JuS 1990, 517, 521.

II. Will C nunmehr aus der Gesellschaft austreten, so müsste er den Gesellschaftsvertrag kündigen. Hierzu wären die im Gesellschaftsvertrag vereinbarten bzw. die im Gesetz vorgesehenen Kündigungsfristen einzuhalten.

Aufgrund der Sondervorschrift des **§ 723 Abs. 1 S. 3 Nr. 2, S. 4 BGB** kann jedoch C binnen drei Monaten ab Eintritt der Volljährigkeit **fristlos kündigen**, ohne dass es hierzu eines besonderen Grundes bedarf. Gemäß § 723 Abs. 1 S. 5 BGB gilt dies aber nicht im Fall des § 112 BGB. Jedoch setzt § 112 BGB voraus, dass der Minderjährige seinerzeit generell von den gesetzlichen Vertretern mit Genehmigung des Familiengerichts zum selbstständigen Betrieb eines Erwerbsgeschäfts ermächtigt worden war, sodass er dann gemäß § 112 BGB für solche Rechtsgeschäfte, welche der Geschäftsbetrieb mit sich bringt, unbeschränkt geschäftsfähig war. Hier geht es jedoch nicht um Folgegeschäfte, sondern um den Austritt aus der Gesellschaft als solchen.

Berufstätige Minderjährige:
- § 112 BGB: als selbstständiger Unternehmer
- § 113 BGB: als Arbeitnehmer

Ergebnis: C kann unter Einhaltung der Dreimonatsfrist fristlos kündigen.

2. Abwandlung:

I. Da C bei Vertragsschluss volljährig war, haben A, B und C ursprünglich einen wirksamen Gesellschaftsvertrag i.S.v. § 705 BGB geschlossen.

II. Dieser könnte **durch Anfechtung, §§ 123, 143 BGB**, weggefallen sein.

1. C hat innerhalb eines Jahres ab Erkennen der arglistigen Täuschung und damit fristgerecht i.S.v. § 124 Abs. 1, Abs. 2 BGB die **Anfechtung erklärt**.

2. Da C von A und B bei Abschluss des Vertrags arglistig getäuscht worden ist, liegt der **Anfechtungsgrund des § 123 Abs. 1 BGB** vor.

3. Die **Rechtsfolge** der Anfechtung ist im Gesellschaftsrecht streitig:

a) Teilweise wird abweichend von § 142 Abs. 1 BGB die rückwirkende Kraft der Anfechtung verneint, falls die Gesellschaft in Vollzug gesetzt worden war. Nur so könnten Rückabwicklungsschwierigkeiten über §§ 812 ff. BGB im Verhältnis der Gesellschafter zueinander sowie im Verhältnis zu Dritten vermieden werden. Hiernach würde die Anfechtung des C **nur ex nunc**, zum 09.08. wirken.

b) Nach h.M. wirkt auch bei einem in Vollzug gesetzten Gesellschaftsvertrag die Anfechtung gemäß § 142 Abs. 1 BGB **zurück** und beseitigt, sofern die Anfechtung den gesamten Vertrag betraf, den gesamten Gesellschaftsvertrag.[102]

Hiernach wäre der Gesellschaftsvertrag rückwirkend zum 05.03. beseitigt.

4. Eine Stellungnahme ist entbehrlich, wenn beide Auffassungen letztlich doch zum gleichen Ergebnis gelangen. Nach h.M., die im Falle der Anfechtung gemäß § 142 Abs. 1 BGB eine rückwirkende Kraft annimmt, kann nämlich **für die Vergangenheit eine fehlerhafte Gesellschaft** vorliegen.

a) Aufgrund der rückwirkenden Kraft der Anfechtung liegt auf der Grundlage der h.M. ein **fehlerhafter Gesellschaftsvertrag** vor.

Klausurtipp:
Die gleiche Problematik stellt sich bei der Anfechtung eines in Vollzug gesetzten Arbeitsvertrags

b) Durch entsprechenden Vertragsschluss und Kontakt zu Dritten wurde die Gesellschaft **in Vollzug gesetzt**.

---

102 BGHZ 156, 46, 52.

c) Fraglich ist, ob hier **Interessen Einzelner**, nämlich des C **entgegenstehen**, weil er arglistig getäuscht worden ist. Innerhalb der h.M. ist umstritten, ob eine arglistige Täuschung überhaupt geeignet ist, Interessen des Getäuschten entgegenstehen zu lassen.[103] Jedenfalls wird dies nur in besonders schweren Fällen arglistiger Täuschung bzw. Drohung angenommen, welche hier nicht ersichtlich sind. Somit stehen die Interessen des C, obwohl er arglistig getäuscht wurde, nicht entgegen. Vielmehr ist er hier auf Schadensersatzansprüche im Innenverhältnis gegen A und B verwiesen.

Somit besteht auf der Grundlage der h.M. für die Vergangenheit jedenfalls eine fehlerhafte Gesellschaft zwischen A, B und C. Diese wird wie eine wirksame behandelt.

Damit ist C nach beiden Meinungen letztlich erst mit Wirkung zum 09.08. aus der Gesellschaft ausgeschieden.

103 MünchKomm/Ulmer § 705 BGB Rn. 340.

7. Teil: Das Außenverhältnis

Das Gesetz zur Modernisierung des Personengesellschaftsrecht (MoPeG) tritt er zum 01.01.2024 in Kraft und ist daher für die nachfolgenden Fälle nicht relevant.

Fall 31: Entstehen der Gesellschaft nach außen

Die Spediteure A, B und C, die bisher als Einzelkaufleute tätig waren, und bislang lediglich kooperiert hatten, wollen eine OHG gründen. Auf Bitten des B, der sich zurzeit noch in Verhandlungen über den Zugewinnausgleich mit seiner getrennt lebenden Ehefrau befindet, ist in den Gesellschaftsvertrag vom 02.01. aufgenommen worden, dass die Gesellschaft erst am 01.07. bestehen soll. Am 03.01. beauftragt A die Maklerin M mit der Akquise bezüglich eines Geschäftslokals für die „OHG in Gründung". Als B hiervon erfährt ist er empört, da er doch eindeutig zum Ausdruck gebracht habe, dass er jetzt „noch nicht loslegen wolle". Als auch Frau B hiervon erfährt und dies ihrem Anwalt mitteilt, vertritt dieser die Auffassung, die OHG sei bereits am 03.01. entstanden und daher der Gesellschaftsanteil des B im Rahmen des Zugewinnausgleichs zu berücksichtigen.

Ist bereits eine Gesellschaft mit Außenwirkung entstanden?

I. Fraglich ist, ob eine **wirksame OHG** entstanden ist, **§§ 105 ff. HGB**.

„Rechtssuche" bei OHG:
1. OHG-Recht in §§ 105 ff. HGB
2. GbR-Recht in §§ 705 ff. BGB i.V.m. § 105 Abs. 3 HGB
3. Normales BGB
BGB AT/Schuldrecht

1. Erforderlich ist eine **Einigung über den OHG-Vertrag, § 105 HGB i.V.m. § 705 BGB entsprechend**.

a) Gemäß § 105 Abs. 3 HGB gelten, soweit nicht nachfolgend etwas anderes bestimmt ist, die Vorschriften der §§ 705 ff. BGB. Somit ist ein **Gesellschaftsvertrag** i.S.v. § 705 BGB über den gemeinsamen Zweck sowie die Beiträge der Gesellschafter erforderlich. Hier wurde ein wirksamer Vertrag zwischen A, B und C geschlossen.

Beachte den Unterschied:
- **Frachtführer, §§ 407 ff. HGB,** führt den Transport selbst aus.
- **Spediteur, § 453 HGB,** organisiert lediglich die Beförderung und schließt die notwendigen Verträge ab, § 454 HGB.

b) Gemäß § 105 Abs. 1 HGB liegt eine OHG vor, falls der gemeinsame Gesellschaftszweck in dem **Betrieb eines Handelsgewerbes i.S.v. § 1 HGB** besteht. Hier sind A, B und C Spediteure i.S.v. § 453 HGB, sodass Kaufmannseigenschaft i.S.v. § 1 HGB besteht. Bezüglich der Geschäftsgröße, der Anzahl der Angestellten und des großen Kundenkreises kann davon ausgegangen werden, dass die Vermutung der Erforderlichkeit kaufmännischer Einrichtungen i.S.v. § 1 Abs. 2 HGB nicht widerlegt werden kann. Somit ist § 105 Abs. 1 HGB erfüllt.

2. Fraglich ist, ob die **OHG nach außen gemäß § 123 HGB** wirksam entstanden ist.

a) Der Umstand, dass hier die Gesellschafter erst ein Entstehen der OHG zum 01.07. **vereinbart** haben, ist insofern **gemäß § 123 Abs. 3 HGB unbeachtlich**, weil unwirksam, sofern eine OHG bereits vorher entstanden ist.

Wirkung der Eintragung ins Handelsregister
- **Grds: Konstitutiv**, § 123 Abs. 1 HGB
- **Ausnahme: § 123 Abs. 2 HGB**,
  - Gesellschaft hat ihre Geschäfte begonnen
  - und betreibt ein Handelsgewerbe i.S.v. § 1 HGB

b) Gemäß § 123 Abs. 1 HGB entsteht die OHG nach außen hin im Verhältnis zu Dritten mit dem Zeitpunkt, in welchem die Gesellschaft in das Handelsregister **eingetragen** wird. Grundsätzlich ist also die Eintragung in das Handelsregister konstitutiv. Mangels Eintragung wäre demnach hier keine OHG entstanden.

c) Beginnt die Gesellschaft ihre Geschäfte **schon vor der Eintragung**, so tritt **gemäß § 123 Abs. 2 HGB** die Wirksamkeit mit dem Zeitpunkt des Geschäftsbeginns ein, sofern kein Geschäftsbetrieb i.S.v. § 2 oder § 105 Abs. 2 HGB vorliegt. Letzteres ist hier nicht der Fall, da ein Handelsgewerbe i.S.v. § 1 HGB vorliegt.

Fraglich ist jedoch, ob ein **Geschäftsbeginn i.S.v. § 123 Abs. 2 Hs. 1 HGB** vorliegt. Aus der Formulierung „und beginnt die Gesellschaft ihre Geschäfte" könnte zu schließen sein, dass alle Gesellschafter dem Beginn der Geschäfte zugestimmt haben müssen, was vorliegend nicht der Fall war. Die Frage ist umstritten.

a) Nach **h.M.**[104] müssen alle Gesellschafter dem Beginn der Geschäfte zugestimmt haben, weil dies aus der Sicht des Gesetzgebers die Parallele zur Anmeldung zur Eintragung i.S.v. § 123 Abs. 1 HGB sein soll, die ebenfalls einvernehmlich geschehen muss.

Demnach wäre hier keine OHG entstanden, weil A allein den Geschäftsbeginn aufgenommen hat.

b) Nach der **Mindermeinung**[105] reiche es hingegen, wenn ein Gesellschafter den Geschäftsbeginn aufgenommen habe, da dieser Alleinvertretungsmacht habe, wie aus § 125 Abs. 1 HGB folge.

Demnach wäre hier eine OHG gemäß § 123 Abs. 2 HGB entstanden.

c) Stellungnahme: Gegen die Mindermeinung spricht, dass § 125 HGB eine Einzelvertretungsmacht nur begründen kann, wenn bereits eine OHG entstanden ist. Hingegen ist § 125 HGB auf eine in Gründung befindliche OHG noch nicht anzuwenden. Da § 123 Abs. 2 HGB als Ausnahme zu § 123 Abs. 1 HGB gedacht ist, sollte diese Vorschrift auch eng ausgelegt werden. Somit ist der **h.M.** zu folgen, sodass hier noch keine OHG entstanden ist.

II. Es könnte aber eine **Gesellschaft bürgerlichen Rechts** i.S.v. § 705 BGB bestehen.

1. Ist § 123 Abs. 2 HGB nicht erfüllt, so besteht im Vorfeld eine Gesellschaft bürgerlichen Rechts, die den gemeinsamen Zweck hat, eine OHG zu gründen. Aufgrund der Identität der Personengesellschaften geht dann die GbR automatisch in der OHG auf, sobald die OHG nach Maßgabe des § 123 HGB entstanden ist.

Fraglich ist allerdings, ob vorliegend eine **GbR mit Außenwirkung** besteht oder bislang lediglich eine GbR-Innengesellschaft. Da für die GbR ohnehin kein Register existiert, in das sie eingetragen werden könnte, entsteht die Außen-GbR mit dem Vollzug nach außen. Vorliegend stellt sich dann wiederum das Problem, dass A nach außen hin im Alleingang aufgetreten ist.

---

104 Hopt § 123 HGB Rn. 12.

105 Schlegelberger/K. Schmidt § 123 HGB Rn. 10.

Bei einer GbR besteht grundsätzlich gemäß § 714 i.V.m. § 709 BGB Gesamtvertretungsmacht, sofern nicht etwas Abweichendes vereinbart ist. Da hierfür nichts ersichtlich ist, hatte A insofern keine Vertretungsmacht, sodass ein Vollzug der GbR nicht angenommen werden kann.

b) Somit besteht bislang lediglich eine **Innengesellschaft**. Diese richtet sich nach dem Recht der GbR, §§ 705 ff. BGB. Haben allerdings die Gesellschafter zumindest im Innenverhältnis die Gesellschaft begonnen, so gilt bereits unter den Gesellschaftern im Innenverhältnis OHG-Recht, §§ 105 ff. HGB.[106]

III. Besteht im Außenverhältnis keine wirksame OHG, so können bei entsprechendem **Rechtsschein** doch die Regeln der OHG anwendbar sein. Zu beachten ist, dass dann jedoch kein Anspruch gegen eine Schein-OHG besteht, da man keinen Anspruch gegen einen Rechtsschein haben kann. Allerdings müssten sich dann die Gesellschafter wie OHG-Gesellschafter behandeln lassen und haften gemäß § 128 HGB. Voraussetzung hierfür ist aber, dass die Gesellschafter zurechenbar den Rechtsschein einer OHG gesetzt haben. Hieran fehlt es bei B und C von vornherein, da nicht ersichtlich ist, dass sie in zurechenbarer Weise für den Alleingang des A verantwortlich sind. Im Übrigen ist A auch nicht für die angebliche OHG aufgetreten, sondern hat gegenüber M die Gesellschaft als „OHG in Gründung" bezeichnet. Eine derartige Bezeichnung ist zulässig.[107]

Unterscheide:
- **Fehlerhafte Gesellschaft:** Es besteht ein unwirksamer Gesellschaftsvertrag, jedoch wird aufgrund Vollzugs der Gesellschaft diese wie eine wirksame behandelt.
- **Scheingesellschaft:** Es wird der Anschein einer bestimmten Gesellschaft erweckt.

Somit war auch M klar, dass noch keine OHG existiert. Daher kann keine Schein-OHG angenommen werden.

106 Hopt § 123 HGB Rn. 18.
107 BayObLG WM 1985, 1398; Hopt § 124 HGB Rn. 21.

Fall 32: Entstehen der KG und GmbH & Co. KG

A, der bisher als Handelsvertreter tätig war, hat eine geniale Geschäftsidee, für die er Kapital benötigt. Er kommt daher mit der kapitalkräftigen B überein, dass diese eine Kommanditeinlage erbringt und somit beide eine Kommanditgesellschaft gründen. Da es A eilig hat, meldet er im Einvernehmen mit B die Kommanditgesellschaft bei dem elektronisch geführten Handelsregister an. Dementsprechend wird die KG mit A als Komplementär und B als Kommanditistin eingetragen. Noch vor der Bekanntmachung widerspricht B der Anmeldung, weil sie sich die Sache mittlerweile anders überlegt hat.

Ist eine wirksame KG entstanden?

Abwandlung:

A und B wollen eine KG gründen. A möchte jedoch selbst kein Komplementär sein, weil er das persönliche Haftungsrisiko scheut. Was ist zu empfehlen?

Fraglich ist, ob eine **wirksame KG gemäß §§ 161 ff. HGB** entstanden ist.

I. Erforderlich ist zunächst ein **wirksamer Gesellschaftsvertrag** über eine Kommanditgesellschaft.

„Rechtssuche" bei KG:
1. KG-Recht in §§ 161 ff. HGB
2. OHG-Recht in §§ 105 ff. i.V.m. § 161 Abs. 2 HGB
3. GbR-Recht in §§ 705 ff. BGB i.V.m. § 105 Abs. 3, § 161 Abs. 2 HGB
4. Normales BGB
BGB AT/Schuldrecht

1. Gemäß **§ 161 Abs. 2 HGB** gelten die Vorschriften für die OHG entsprechend, sodass über **§ 105 Abs. 3 HGB** ein **Gesellschaftsvertrag** i.S.v. § 705 BGB erforderlich ist.

A und B müssten sich i.S.v. § 161 HGB darüber geeinigt haben, dass eine Gesellschaft zum Betrieb eines Handelsgewerbes unter gemeinschaftlicher Firma gegründet wird, wobei A als persönlich haftender Gesellschafter (Komplementär) und B als auf die Einlage beschränkt Haftender (Kommanditistin) haftet. Da nach der Vermutung des § 1 Abs. 2 HGB davon auszugehen ist, dass kaufmännische Einrichtungen erforderlich sind, sind hier die Voraussetzungen gegeben, sodass eine Einigung i.S.v. § 161 HGB vorliegt.

2. Der Gesellschaftsvertrag müsste **wirksam** zustande gekommen sein.

a) Auch für die KG ist in §§ 161 ff. HGB für den Gesellschaftsvertrag **keine Form** vorgesehen.

b) Zwar bereut offenbar B mittlerweile den Vertragsschluss, jedoch sind **keinerlei Anfechtungs-, Widerrufs- oder Kündigungsgründe** ersichtlich, sodass der Vertrag wirksam bestehen geblieben ist.

Somit liegt ein wirksamer Gesellschaftsvertrag vor.

II. Die KG muss **nach außen entstanden** sein.

Gemäß § 162 Abs. 1 HGB ist die KG zum Handelsregister anzumelden. Aufgrund des Gesetzes über den elektronischen Rechtsverkehr wird das Handelsregister in elektronischer Form geführt.

Fraglich ist jedoch, ob die Eintragung Wirksamkeitsvoraussetzung oder nur deklaratorisch ist.

Gemäß § 161 Abs. 2 HGB gelten die Vorschriften über die OHG entsprechend. Mithin gilt auch § 123 Abs. 1 HGB, wonach grundsätzlich die Eintragung der Gesellschaft konstitutiv ist. Da hier kein vorhergehender Geschäftsbeginn i.S.v. § 123 Abs. 2 HGB vorliegt, ist entscheidend, ob die KG wirksam gemäß § 123 Abs. 1 i.V.m. § 161 Abs. 2 HGB entstanden ist. Gemäß § 123 Abs. 1 HGB tritt die Wirksamkeit der Gesellschaft im Verhältnis zu Dritten mit dem Zeitpunkt ein, in welchem die Gesellschaft in das Handelsregister eingetragen wird. Entscheidend ist somit die Eintragung der Gesellschaft gemäß § 106 i.V.m. § 161 Abs. 2 HGB, nicht erst die Bekanntmachung i.S.v. § 10 HGB. Zwar verlangt die h.M., dass die Anmeldung zur Eintragung durch alle Gesellschafter erfolgen muss.[108] Diese Anforderung war hier erfüllt, da B sich erst im Nachhinein zwischen Eintragung und Bekanntmachung die Sache anders überlegt hat.

Somit ist eine wirksame KG mit Außenwirkung entstanden.

Abwandlung:

I. A würde als persönlich haftender Gesellschafter i.S.v. § 161 Abs. 1 HGB, als sog. **Komplementär persönlich** mit **seinem gesamten Privatvermögen haften, gemäß § 161 Abs. 2 i.V.m. § 128 HGB**.

II. Die **GmbH & Co. KG** ist eine Kommanditgesellschaft i.S.v. § 161 HGB mit der Besonderheit, dass der persönlich haftende Gesellschafter, der Komplementär, eine GmbH ist. A müsste demnach zunächst eine GmbH gründen. Dies ist auch als Einmann-GmbH möglich. Alsdann müsste die GmbH, vertreten durch A, §§ 35 ff. GmbHG, als Komplementärin mit B als Kommanditistin den Gesellschaftsvertrag über die Gründung der GmbH & Co. KG schließen, § 161 Abs. 1, Abs. 2 i.V.m. § 105 Abs. 3 HGB i.V.m. § 705 BGB.

III. Die GmbH **entsteht erst** mit der Eintragung im Handelsregister, da gemäß § 11 Abs. 1 GmbHG die Eintragung im Handelsregister, Abt. B, konstitutiv ist. Die somit entstandene GmbH kann dann als Komplementärin, vertreten durch A als Geschäftsführer, §§ 35 ff. GmbHG, mit B als Kommanditistin den Gesellschaftsvertrag über die Gründung der KG schließen. Die KG wird dann nach allgemeinen Grundsätzen gemäß § 161 Abs. 2 i.V.m. § 123 Abs. 1 HGB grundsätzlich erst mit der Eintragung der KG in das Handelsregister, Abt. A, wirksam. Beginnt die KG vorher ihre Geschäfte, so entsteht die KG gemäß § 161 Abs. 2 i.V.m. § 123 Abs. 2 HGB.

- **Handelsregister Abteilung A:** Hier werden die Einzelkaufleute und die Personengesellschaften eingetragen.
- **Handelsregister Abteilung B:** Hier werden die Kapitalgesellschaften eingetragen.

108 Hopt § 123 HGB Rn. 5.

Fall 33: Stellvertretung bei der OHG und GbR

A, B und C sind Gesellschafter einer OHG. Nach dem zwischen ihnen abgeschlossenen Gesellschaftsvertrag hat C keine Vertretungsmacht, während A und B nur gemeinschaftlich zur Vertretung der Gesellschaft berechtigt sind. Als die OHG weiter expandiert, stellen A und B für die OHG die P als Prokuristin ein. Es wird der Gesellschaftsvertrag dahingehend geändert, dass nunmehr A und B auch berechtigt sein sollen, jeweils mit der Prokuristin die OHG zu vertreten, falls nicht A und B zusammen handeln. C war hiermit und mit seinem Ausschluss von der Vertretung nur deswegen einverstanden, weil keiner der Beteiligten ein Alleinvertretungsrecht haben sollte. Später kündigt A die Gesellschaft und scheidet bei Auszahlung eines entsprechenden Abfindungsguthabens aus. Um die Kapitalkraft der OHG wiederherzustellen, will B ein Darlehen bei der Volksbank aufnehmen. Diese besteht zunächst auf Sicherheiten. Daraufhin bestellt B zusammen mit P der Volksbank eine Grundschuld am Grundstück der OHG. Als C hiervon erfährt, ist er empört: Er halte nichts von Darlehensaufnahmen, da die OHG genug Eigenkapital habe. Im Übrigen sei die Bestellung der Grundschuld unwirksam, weil B und P hierzu nicht berechtigt gewesen seien.

Ist die Grundschuldbestellung wirksam?

Fraglich ist, ob eine **wirksame Grundschuld** am Grundstück der OHG für die Volksbank bestellt worden ist.

I. Erforderlich ist zunächst eine **Einigung über die Grundschuldbestellung gemäß §§ 1191, 1192 Abs. 1 i.V.m. §§ 1113 ff. BGB entsprechend.**

Wie aus § 124 Abs. 1 HGB folgt, ist die OHG zwar rechtsfähig, kann jedoch als bloßes Konstrukt nicht selbst Willenserklärungen abgeben. Vielmehr muss die OHG durch ihre vertretungsberechtigten Organe vertreten werden. Fraglich ist somit, ob B zusammen mit P ein wirksames Stellvertretergeschäft gemäß § 164 Abs. 1 BGB vorgenommen hat.

- **Vertretungsmacht, § 125 HGB**
  - **Grundsätzlich:** Jeder Gesellschafter allein vertretungsbefugt, § 125 Abs. 1 HGB
  - **Ausnahme:**
    - Echte Gesamtvertretung, § 125 Abs. 2 HGB
    - Unechte Gesamtvertretung, § 125 Abs. 3 HGB
- **Umfang der Vertretungsmacht:** unbegrenzt, § 126 HGB

1. Da B und P nicht lediglich als Boten eine fremde Erklärung übermittelt haben, haben sie eine **eigene Willenserklärung** abgegeben.

2. B und P sind ausdrücklich **im Namen der OHG** aufgetreten.

3. Die **Vertretungsmacht richtet sich nach § 125 HGB**. Zwar besteht gemäß § 125 Abs. 1 HGB grundsätzlich Alleinvertretungsmacht. Jedoch kann diese Regelung im Gesellschaftsvertrag abbedungen werden.

a) Ursprünglich hatten A, B und C vereinbart, dass C von der Vertretungsmacht ausgeschlossen ist. Dies ist gemäß § 125 Abs. 1 Hs. 2 HGB möglich. Des Weiteren war vereinbart, dass A nur zusammen mit B zur Vertretung der Gesellschaft ermächtigt sein soll. Diese sog. **echte Gesamtvertretung** ist gemäß § 125 Abs. 2 HGB zulässig.

b) Prokuristen müssen gemäß § 48 HGB durch den Kaufmann persönlich und ausdrücklich ernannt werden. Gemäß § 6 Abs. 1 HGB gilt dies entsprechend für Handelsgesellschaften, sodass mangels Handlungsfähigkeit der OHG diese wirksam durch ihre Gesellschafter vertreten sein muss, welche dann persönlich und ausdrücklich den Prokuristen ernennen. Vorliegend hatten A und B die Prokuristin zusammen ernannt und damit als Gesamtvertreter gemäß § 125 Abs. 2 HGB Vertretungsmacht. Somit war P wirksam zur Prokuristin der OHG bestellt worden.

Handelsrechtliche Hilfspersonen:
- Prokurist, §§ 48 ff. HGB
- Handlungsbevollmächtigter, § 54 HGB
- Ladenangestellter, § 56 HGB

Nachfolgend wurde zwischen den Gesellschaftern A, B und C eine Ergänzung des Gesellschaftsvertrags aufgenommen, wonach A oder B jeweils mit der Prokuristin die Gesellschaft vertreten, falls nicht A und B zusammen handeln. Diese sog. **unechte Gesamtvertretung** ist gemäß § 125 Abs. 3 HGB zulässig. Mithin konnte nunmehr die Gesellschaft entweder durch A und B zusammen vertreten werden, § 125 Abs. 2 HGB, oder jeweils A bzw. B zusammen mit der Prokuristin gemäß § 125 Abs. 3 HGB als Stellvertreter auftreten.

c) Fraglich ist, wie sich das **Ausscheiden des A** auf die Vertretungsmacht auswirkt.

aa) A ist mit seiner wirksamen Kündigung **gemäß § 131 Abs. 3 Nr. 3 HGB aus der OHG ausgeschieden**. Hierdurch wurde die OHG nicht aufgelöst, die Auflösungsgründe sind in § 131 Abs. 1, Abs. 2 HGB abschließend geregelt.

bb) Fraglich ist, wie sich dies auf die **Vertretungsverhältnisse** auswirkt.

(1) Da B nun nicht mehr mit A handeln konnte, blieb allenfalls die **unechte Gesamtvertretung von B mit P gemäß § 125 Abs. 3 HGB** übrig, welche bei der Bestellung der Grundschuld auch genutzt werden sollte.

Da der verbleibende zweite Gesellschafter C jedoch von der Vertretungsmacht ausgeschlossen war, bestehen gegen die Annahme einer unechten Gesamtvertretung von B und P Bedenken, weil dann das Schicksal der OHG von der Prokuristin abhinge; d.h. von einer Person, die nicht Gesellschafterin, sondern Arbeitnehmerin ist. Dies verstößt aber gegen den Grundsatz der organschaftlichen Vertretung, wonach gewährleistet sein muss, dass die Gesellschaft durch ihre Organe, d.h. durch ihre Gesellschafter vertreten wird. Dieser nicht ausdrücklich geregelte Grundsatz gehört zum Wesen der Personengesellschaft, wonach stets eine Vertretung durch die Gesellschafter möglich sein muss. Hieraus folgt, dass zum einen der Gesellschaftsvertrag nicht alle persönlich haftenden Gesellschafter von der Vertretungsmacht ausschließen kann. Ebenso ist eine sog. unechte Gesamtvertretung durch Gesellschafter und eine Prokuristin nicht zulässig, wenn nur ein vertretungsberechtigter Gesellschafter vorhanden ist. Vielmehr muss es stets gewährleistet sein, dass eine Vertretung der OHG durch Gesellschafter allein möglich ist.[109] Dies folgt auch bereits aus der alternativen Wortfassung in § 125 Abs. 3 HGB „... wenn nicht mehrere Gesellschafter zusammen handeln ...“.

Grundsatz der organschaftlichen Vertretung:
- **Bei Personengesellschaften** muss gewährleistet sein, dass diese durch ihre Organe (= Gesellschafter) vertreten werden.
- **Anders bei Kapitalgesellschaften**, wie z.B. GmbH, hier muss der Geschäftsführer nicht unbedingt Gesellschafter sein.

---

109 BGHZ 41, 367, 369.

Ergänzende Auslegung:
1. Lücke im Vertrag
2. Ermittlung des hypothetischen Parteiwillens bei Vertragsschluss: Was hätten die Parteien vernünftigerweise gewollt, wenn sie den Umstand bedacht hätten?

(2) Eine **Alleinvertretungsmacht** des B als Gesellschafter würde nicht gegen den Grundsatz der organschaftlichen Vertretung verstoßen. Andererseits ist zu berücksichtigen, dass nach dem Willen der Gesellschafter sowohl bei Abschluss des Gesellschaftsvertrags als auch bei der nachfolgenden Änderung in Bezug auf P nicht gewollt war, dass ein Gesellschafter allein handeln können soll. Insbesondere war der Gesellschafter C mit seinem Ausschluss von der Vertretungsmacht nur einverstanden, weil eine Kontrolle der anderen beiden Gesellschafter untereinander verblieb.

(3) Da die OHG nicht ohne vertretungsberechtigtes Organ existieren kann, muss durch **ergänzende Auslegung** gemäß §§ 133, 157 BGB ermittelt werden, was die Gesellschafter bei Abschluss des Gesellschaftsvertrags bzw. vorliegend bei Abänderung des Gesellschaftsvertrags bei Aufnahme der P gewollt hätten, wenn sie den vorliegenden Fall, dass A ausscheidet, bedacht hätten. Entscheidend ist, was die Parteien vernünftigerweise gewollt hätten, wenn sie dieses Problem bedacht hätten. Hierbei ist zu berücksichtigen, dass einerseits nach dem Gesellschaftsvertrag keiner von den jetzt noch vorhandenen Gesellschaftern B und C Alleinvertretungsmacht haben sollte, andererseits aber für die OHG eine organschaftliche Vertretungsmöglichkeit bestehen muss. Naheliegend ist, dass dann gewollt wäre, dass der Gesellschafter C an die Stelle des ausgeschiedenen Gesellschafters A tritt.[110]

(a) Somit ist dann eine nunmehr **echte Gesamtvertretung zwischen B und C gemäß § 125 Abs. 2 HGB** als gewollt anzunehmen. Da C jedoch der Bestellung der Grundschuld nicht zugestimmt hat, scheidet vorliegend diese Form der echten Gesamtvertretung aus.

(b) Fraglich ist, ob wiederum alternativ möglich eine **unechte Gesamtvertretung von B zusammen mit der Prokuristin P gemäß § 125 Abs. 3 HGB** gewollt war. Dies ist ebenfalls durch ergänzende Auslegung des Gesellschaftsvertrags zu ermitteln. Als die Gesellschafter A, B und C seinerzeit den Gesellschaftsvertrag hinsichtlich P abgeändert haben, war ihr Bestreben, wechselnde Mehrheiten bilden zu können. Entweder sollten zwei Gesellschafter zusammen auftreten oder jeweils ein Gesellschafter zusammen mit der Prokuristin. An dieser Situation hat sich vorliegend nichts geändert, sodass grundsätzlich davon auszugehen ist, dass dieser Wille auch beibehalten werden soll, wenn ein Gesellschafter zwischenzeitlich ausscheidet. Somit ist davon auszugehen, dass auch nach wie vor die nunmehr wieder mögliche unechte Gesamtvertretung zwischen B und der Prokuristin P gemäß § 125 Abs. 3 HGB gewollt war.

Hiernach läge an sich eine wirksame Vertretung der OHG gemäß § 125 Abs. 3 HGB vor.

cc) Bedenken könnten jedoch insofern entstehen, als dass Prokuristen gemäß **§ 48 Abs. 2 Var. 2 HGB** ohne besondere Ermächtigung nicht dazu berechtigt sind, ein Grundstück zu belasten. Die Grundschuldbestellung gemäß §§ 1191 f. BGB stellt hingegen eine dingliche Belastung des Grundstücks dar.

---

110 Hopt § 125 HGB Rn. 13.

Fraglich ist aber, ob die Einschränkung des § 49 Abs. 2 HGB auch dann für Prokuristen gilt, wenn sie im Rahmen einer unechten Gesamtvertretung zusammen mit einem Gesellschafter nach § 125 Abs. 3 HGB auftrefen. Würde sich der Umfang der Vertretungsmacht nach der Macht des Prokuristen, also nach § 49 HGB richten, so wäre hierdurch die Vertretungsmacht des gemäß § 125 Abs. 3 HGB mit ihm zusammen handelnden Gesellschafters eingeschränkt. Dies wiederum würde gegen § 126 HGB verstoßen, wonach der Umfang der Vertretungsmacht von Gesellschaftern nicht beschränkbar ist. Da § 126 HGB für alle Fälle des § 125 HGB gilt, besteht daher unbeschränkte Vertretungsmacht auch für den in § 125 Abs. 3 HGB zugelassenen Fall der unechten Gesamtvertretung. Mithin geht § 126 HGB als spezielle Norm der Vorschrift des § 49 Abs. 2 HGB vor.

Merke:
Im Gesellschaftsrecht „sticht" § 126 HGB den § 49 Abs. 2 HGB!

Somit hat die Prokuristin P zusammen mit dem Gesellschafter B hier gemäß § 125 Abs. 3 i.V.m. § 126 HGB Vertretungsmacht zur Grundschuldbestellung gehabt.

II. Es ist davon auszugehen, dass auch die **übrigen Voraussetzungen für eine Grundschuldbestellung** gemäß §§ 1191, 1192 Abs. 1 i.V.m. §§ 1115 ff. BGB vorgelegen haben.

Somit wurde der Volksbank wirksam eine Grundschuld am Grundstück der OHG bestellt.

Fall 34: Stellvertretung bei der KG

A, B und C haben eine Kommanditgesellschaft gegründet, die Gartenartikel vertreibt. A ist Komplementärin und B und C sind Kommanditisten. C, der sich aufgrund seines großen Fachwissens immer mehr in die Gesellschaft einbringt, ist mittlerweile unzufrieden, weil sein Gewinnanteil den Arbeitsaufwand nicht abdeckt. A und B können sich diesen Argumenten nicht verschließen. Daraufhin wird beschlossen, dass C zugleich auch als Prokurist eingestellt werden soll. A schließt daher mit C einen Arbeitsvertrag, der eine adäquate Vergütung vorsieht und bestellt C Prokura. Eine Eintragung der Prokura im Handelsregister erfolgt nicht. Später prahlt C auf einer Familienfeier gegenüber seinem jüngeren Bruder, dass er nun Prokurist sei und den ersten großen Vertrag für die KG geschlossen habe. Sein Bruder, der Jura studiert, entgegnet, dass ein Kommanditist nicht zum Prokuristen ernannt werden könne, zudem fehle die Eintragung im Handelsregister, sodass C die KG nicht wirksam vertreten habe. Zu Recht?

Fraglich ist, ob eine **wirksame Verpflichtung der KG** durch C begründet wurde.

I. Hier ist davon auszugehen, dass eine **KG gemäß § 161 Abs. 1, Abs. 2 i.V.m. § 123 HGB wirksam entstanden** ist.

II. Fraglich ist, ob **C ein wirksames Stellvertretergeschäft für die KG** wahrgenommen hat, **§ 164 Abs. 1 BGB**.

1. Da C nicht lediglich als Bote eine fremde Willenserklärung übermittelt hat, liegt eine **eigene Willenserklärung des C** vor.

2. C hat **im Namen der KG** gehandelt.

3. Fraglich ist, ob **C Vertretungsmacht hatte**, die KG zu vertreten.

a) Da ein **Kommanditist** gemäß § 171 HGB nicht persönlich haftet, falls er seine Einlage erbracht hat, ist er auch **gemäß § 170 HGB nicht zur Vertretung** der Gesellschaft **berechtigt**. Hiernach hätte C keine Vertretungsmacht.

b) Jedoch könnte sich die Vertretungsmacht aus einer dem C zuvor erteilten Prokura ergeben, **§§ 48 ff. i.V.m. § 6 Abs. 1 HGB**.

aa) Die alleinige, persönlich haftende Gesellschafterin A, die somit als Komplementärin Alleinvertretungsmacht für die KG gemäß § 161 Abs. 2 i.V.m. § 125 Abs. 1 HGB hatte, hat hier den C **gemäß § 48 HGB zum Prokuristen ernannt**. Gemäß § 6 Abs. 1 HGB kann eine Handelsgesellschaft, also auch eine KG, vertreten durch ihre vertretungsberechtigten Gesellschafter, hier A, grundsätzlich Prokura erteilen.

bb) Fraglich ist jedoch, ob ausgerechnet ein **Kommanditist zum Prokuristen** ernannt werden kann. Dies könnte ein Verstoß gegen § 170 HGB bedeuten. Jedoch ist allgemein anerkannt, dass von § 170 HGB insofern abgewichen werden kann, als dass ein Kommanditist konkret im Einzelfall bevollmächtigt werden kann, die KG zu vertreten. Ebenso ist es möglich, ihn zum Prokuristen mit nahezu umfassender Vollmacht i.S.v. § 49 HGB zu ernennen, weil er ab dann eine Doppelrolle einerseits als Kommanditist und andererseits als Prokurist einnimmt.[111] Somit steht die Regelung des § 170 HGB einer Prokuraerteilung nicht entgegen.

c) Zwar wurde C **nicht als Prokurist im Handelsregister eingetragen**. Da aber § 53 Abs. 1 HGB nur die Pflicht statuiert, die Prokura im Handelsregister einzutragen, hat die Vorschrift lediglich deklaratorische Bedeutung und stellt keine Wirksamkeitsvoraussetzung dar.

Somit hat C wirksam Prokura erlangt und konnte die KG gemäß § 164 Abs. 1 BGB i.V.m. § 49 HGB vertreten.

Eintragungspflichten:
- **Grundsätzlich** sind alle Eintragungspflichten im HGB **nur deklaratorisch**.
- Sofern **ausnahmsweise** die Eintragung Wirksamkeitsvoraussetzung, also **konstitutive Wirkung** haben soll, wird dies im Gesetzestext final miteinander verknüpft, z.B. § 2 S. 1 HGB „... gilt als Handelsgewerbe ..., wenn die Firma des Unternehmens in das Handelsregister eingetragen ist".

111 BGHZ 17, 394; 36, 292, 295; Hopt § 170 HGB Rn. 3.

Fall 35: Stellvertretung bei der GmbH & Co. KG

A und B haben die Fiffikus GmbH gegründet, die neue Produkte entwickelt. Zum Geschäftsführer der GmbH ist A bestellt. Die Fiffikus GmbH ist Komplementärin der Fiffikus GmbH & Co. KG. Kommanditisten sind wiederum A und B. A akquiriert K, welcher bereit ist, von der KG eine größere Partie eines neu entwickelten Produkts zu erwerben. K verhandelt aufgrund der großen Bestellmenge zäh um Rabatte. Schließlich schließt A im Namen der KG einen Kaufvertrag mit K ab. Als A anschließend B von dem Kaufvertrag berichtet, ist dieser angesichts des erheblich rabattierten Verkaufspreises nicht begeistert. B hat Zweifel, ob A entsprechende Vertretungsmacht hatte und demzufolge überhaupt ein wirksamer Kaufvertrag zustande gekommen ist. Zu Recht?

Abwandlung:

Was gilt, wenn A eine Einmann-GmbH, die A-GmbH gegründet hat, welche Komplementär-GmbH der A-GmbH & Co. KG ist, deren einziger Kommanditist A ist, und A als Stellvertreter für die A-GmbH der A-GmbH & Co. KG diverse PCs der GmbH verkauft hatte. Liegt ein wirksamer Kaufvertrag zwischen der A-GmbH und der A-GmbH & Co. KG vor?

Fraglich ist, ob ein **wirksamer Kaufvertrag** i.S.v. § 433 BGB zwischen der GmbH & Co. KG und K zustande gekommen ist.

I. A hat sich mit K über einen Kaufvertrag i.S.v. § 433 BGB **geeinigt**.

II. Die Einigung wirkt für und gegen die GmbH & Co. KG, wenn **A** sie **wirksam vertreten** hat, **§ 164 Abs. 1 BGB**.

1. A ist nicht lediglich als Bote aufgetreten, sondern hat eine **eigene Willenserklärung** abgegeben.

2. A hat hierbei ausdrücklich **im Namen der KG** gehandelt.

3. Dies müsste mit **Vertretungsmacht** erfolgt sein.

a) Eine GmbH & Co. KG ist eine Kommanditgesellschaft mit der Besonderheit, dass persönlich haftender Gesellschafter, also Komplementär, die GmbH ist. Somit gilt für die Stellvertretung das Recht der KG, §§ 161 ff. HGB, welches in § 161 Abs. 2 HGB auf die Vorschriften über die OHG verweist, sodass für die Stellvertretung §§ 125, 126 HGB einschlägig sind. Die **nach § 125 Abs. 1 HGB grundsätzlich** gegebene **Alleinvertretungsmacht** des Komplementärs wird bei der GmbH & Co. KG über die **Komplementär-GmbH** wahrgenommen.

Hierbei ist zu beachten, dass die GmbH zwar eine juristische Person ist, jedoch als solche nach außen hin nicht handeln kann. Vielmehr muss die GmbH ihrerseits durch ihr Vertretungsorgan, also durch ihren Geschäftsführer gemäß § 35 GmbHG vertreten werden. Hier hat A als Geschäftsführer der GmbH diese wirksam vertreten, sodass über § 125 Abs. 1 i.V.m. § 161 Abs. 2 HGB dies als Vertretung der KG anzusehen ist.

b) Jedoch könnte einer Vertretungsmacht des A entgegenstehen, dass dieser gleichzeitig Kommanditist der KG ist. Insofern liegt hier eine personengleiche GmbH & Co. KG vor, weil die GmbH-Gesellschafter A und B identisch mit den Kommanditisten der KG sind. Da aber Kommanditisten gemäß **§ 170 HGB** von der Vertretung der KG ausgeschlossen sind, könnte dies hier der Wirksamkeit der Stellvertretung durch A für die KG entgegenstehen. Jedoch verbietet § 170 HGB nur die unmittelbare, organschaftliche Vertretung der KG durch einen Kommanditisten. Es verstößt dagegen nicht gegen § 170 HGB, dem Kommanditisten durch Verschaffen einer gesonderten Stellung Vertretungsmacht einzuräumen. Dies kann Vertretungsmacht im Einzelfall sein, durch Vollmachtserteilung gemäß § 167 BGB oder durch Prokuraerteilung (s. vorherigen Fall). Des Weiteren ist es auch möglich und stellt keinen Verstoß gegen § 170 HGB dar, wenn der Kommanditist gleichzeitig geschäftsführendes Organ der Komplementär-GmbH ist und insofern diese gemäß § 35 GmbHG wirksam vertritt.

Somit wurde die KG wirksam vertreten durch die Komplementär-GmbH, welche ihrerseits durch A als deren Geschäftsführer vertreten wurde, § 35 GmbH.

Da auch die Vertretungsmacht gemäß § 126 HGB im Umfang nicht beschränkt ist, ist ein wirksamer Kaufvertrag zwischen der KG und K zustande gekommen. Somit ist die KG zur Lieferung an K verpflichtet, § 433 Abs. 1 BGB i.V.m. §§ 161 Abs. 2, 124 Abs. 1 HGB.

Abwandlung:

Nunmehr liegt der Sonderfall einer personengleichen GmbH & Co. KG in Form der Einmann-GmbH & Co. KG vor, weil hier A der Alleingesellschafter der GmbH und zugleich auch der einzige Kommanditist der KG ist.

I. Die KG wird **gemäß § 161 Abs. 2 i.V.m. §§ 125, 126 HGB durch** ihren **Komplementär**, hier **also** durch die **A-GmbH vertreten**. Die Komplementär-GmbH, die als juristische Person nicht handlungsfähig ist, wird wiederum durch ihren Alleingesellschafter A gemäß § 35 GmbHG vertreten. Demnach konnte A als Geschäftsführer der GmbH diese und damit auch die KG grundsätzlich wirksam vertreten.

II. Da **§ 170 HGB** lediglich die unmittelbare, organschaftliche Vertretung durch den Kommanditisten, nicht aber eine Vertretertätigkeit als Organ der Komplementär-GmbH verbietet, ist es unschädlich, dass A gleichzeitig auch Kommanditist ist (s.o. Ausgangsfall).

III. Vorliegend besteht die Besonderheit, dass A als Stellvertreter für die GmbH als Verkäuferin einerseits und gleichzeitig als Geschäftsführer der Komplementär-GmbH für die KG als Käuferin andererseits aufgetreten ist. Somit hat A sich mit sich selbst zugleich als Stellvertreter für die GmbH auf Verkäuferseite und für die KG auf Käuferseite geeinigt. Damit liegt ein gemäß § 181 Var. 2 BGB grundsätzlich unzulässiges **In-sich-Geschäft** in Form der Mehrfachvertretung vor. Wie § 35 Abs. 3 GmbHG klarstellt, gilt das Verbot von In-sich-Geschäften auch bei Rechtsgeschäften mit der Einmann-GmbH. Damit wurde grds. kein wirksamer Kaufvertrag geschlossen.

Jedoch wird vielfach bei der Gründung der Einmann-GmbH in der notariellen Errichtungserklärung von den Beschränkungen des § 181 BGB befreit, sodass dann ein gestattetes In-sich-Geschäft i.S.v. § 181 Hs. 1 BGB vorliegt.

§ 181 BGB
- **Grundsätzlich:** In-sich-Geschäft schwebend unwirksam (noch Genehmigung gemäß § 177 BGB möglich)
- **Ausnahme:** Wirksam, falls
  - vom Vertretenen von Anfang an gestattet, § 181 Hs. 1 BGB,
  - bloße Erfüllung einer Verbindlichkeit, § 181 Hs. 2 BGB

Fall 36: Stellvertretung bei der GbR

Die Ärztinnen Dres. A, B und C haben sich zum Betrieb einer Praxis für plastische Schönheitschirurgie in Form einer Gesellschaft bürgerlichen Rechts zusammengeschlossen. Im Gesellschaftsvertrag ist vereinbart, dass die Geschäftsführung A und B übertragen ist. In der Folgezeit kümmert sich Dr. A jeweils um Personalfragen wie Entlassungen, Einstellung von Personal etc. Hingegen kümmert sich die technikbegeisterte Dr. B um Anschaffungen für die Praxisausstattung. Dr. C hingegen konzentriert sich, wie von Anfang an gewollt, auf ihre chirurgische Tätigkeit. Als A wieder eine Stellenanzeige in der Zeitung schaltet, um eine neue Sprechstundenhilfe zu akquirieren, bewirbt sich u.a. S. Dr. A lädt sie zum Bewerbungsgespräch ein, das sie wie bislang allein führt. Aufgrund der überzeugenden Erscheinung der S stellt sie diese ein. Dr. C, die mit S nicht zurechtkommt, beraumt eine Gesellschafterversammlung ein. Sie vertritt die Ansicht, in so wesentlichen Personalfragen wie Einstellungen hätte sie gefragt werden müssen. Letztlich habe A keine Vertretungsmacht gehabt, sodass gar kein wirksamer Arbeitsvertrag mit S zustande gekommen sei. Auch die B widerspricht der Einstellung.

Hatte A Alleinvertretungsmacht?

Fraglich ist, ob **A Alleinvertretungsmacht** hatte, einen Arbeitsvertrag (§ 611 a BGB) für die GbR mit S abzuschließen.

I. Die Vertretungsmacht von GbR-Gesellschaften richtet sich nach **§ 714 BGB:** Soweit einem Gesellschafter nach dem Gesellschaftsvertrag die Befugnis zur Geschäftsführung zusteht, ist er im Zweifel auch ermächtigt, nach außen hin die Vertretungsmacht auszuüben.

Unterscheide:
- **Vertretungsmacht** = „rechtliches Können"
  ⇨ Die Befugnis, die Gesellschaft nach **außen** hin wirksam zu vertreten.
- **Geschäftsführungsbefugnis** = „rechtliches Dürfen" im **Innenverhältnis**, §§ 709 ff. BGB.
- **§ 714 BGB** schaltet durch die Bezugnahme auf §§ 709 ff. BGB beide Bereiche gleich.
- Anders hingegen für die Handelsgesellschaften, s. §§ 125, 126 HGB für die Vertretungsmacht einerseits und §§ 114 ff. HGB für die Geschäftsführungsbefugnis im Innenverhältnis andererseits.

Somit schaltet § 714 Hs. 1 BGB grundsätzlich die Vertretungsmacht im Außenverhältnis mit der Geschäftsführungsbefugnis im Innenverhältnis gleich. Der Wortlaut des § 714 Hs. 2 BGB ist insofern unzutreffend, als dass der Gesetzgeber noch davon ausgeht, dass die Gesellschafter vertreten werden. Aufgrund der Rechtsfähigkeit der GbR ist § 714 Hs. 2 BGB heute so zu lesen, dass die Gesellschaft vertreten wird (s. hierzu Fall 39).

1. Gemäß **§ 709 Abs. 1 BGB** steht die Führung der Geschäfte der Gesellschaft **grundsätzlich** den Gesellschaftern **gemeinschaftlich** zu; für jedes Geschäft ist die Zustimmung aller Gesellschafter erforderlich. Hiernach besteht grundsätzlich eine gemeinschaftliche Geschäftsführung aller Gesellschafter.

Allerdings kann gemäß § 710 S. 1 BGB im Gesellschaftsvertrag die Führung der Geschäfte einem Gesellschafter oder mehreren Gesellschaftern übertragen werden. Vorliegend wurde im Gesellschaftsvertrag die Geschäftsführungsbefugnis A und B übertragen. C war damit von der Geschäftsführung ausgeschlossen, § 710 S. 1 Hs. 2 BGB.

2. Als **Ausnahme** hierzu kann **im Gesellschaftsvertrag** Einzelbefugnis eines Gesellschafters vereinbart werden.

Allerdings geht hier nicht aus dem Gesellschaftsvertrag hervor, ob A und B jeweils allein geschäftsführungsbefugt sein sollten oder nur gemeinsam. Gemäß § 710 S. 2 BGB gilt aber die Vorschrift des § 709 BGB entsprechend, falls die Geschäftsführung mehreren Gesellschaftern übertragen ist. Gemäß § 710 S. 2 i.V.m. § 709 BGB besteht daher grundsätzlich eine gemeinschaftliche Geschäftsführung von A und B.

Damit bestünde i.V.m. § 714 BGB wiederum nur Gesamtvertretungsmacht nach außen hin für A und B zusammen.

II. Jedoch kann durch **tatsächliche Übung** innerhalb der Gesellschaft die gemeinschaftliche Vertretung **konkludent abbedungen** werden, zumal § 714 BGB nur als Zweifelsregelung ausgestaltet ist. Vorliegend gab es bereits seit geraumer Zeit eine Aufgabenteilung dergestalt, dass A für Personal allein zuständig sein sollte und B allein für die Technik. Somit ist hier aufgrund der tatsächlichen Übung von einer Alleinvertretungsmacht der A auszugehen.

III. Steht nach dem Gesellschaftsvertrag die Führung der Geschäfte mehreren Gesellschaftern in der Art zu, dass jeder allein zu handeln berechtigt ist, so kann jeder der Vornahme eines Geschäfts durch den anderen **gemäß § 711 S. 1 BGB** widersprechen. Vorliegend hat B der Einstellung der S widersprochen. Zum einen wurde aber der Widerspruch erst nach Abschluss des Arbeitsvertrags und damit zu spät ausgesprochen. Im Übrigen hat der Widerspruch gemäß § 711 BGB nur Auswirkungen im Innenverhältnis für die Geschäftsführungsbefugnis. Nicht dagegen im Außenverhältnis für die Vertretungsmacht.[112]

Somit verbleibt es bei der Alleinvertretungsmacht der A, sodass sie den Arbeitsvertrag mit S abschließen konnte.

112 Grüneberg/Sprau § 711 BGB Rn. 1; § 714 BGB Rn. 3.

Fall 37: Haftung bei der OHG

Die A & Co. OHG, bestehend aus den Gesellschaftern A, B und C hat aufgrund der zunehmenden Konkurrenz anderer Firmen finanzielle Probleme. Sie musste daher ein Darlehen bei der Sparkasse aufnehmen. In der Sicherungsabrede wurde vereinbart, dass die OHG verpflichtet ist, als Sicherheit eine Grundschuld in Höhe von 200.000 € an ihrem Betriebsgrundstück zu bestellen. Später kommt es gesellschaftsintern zu heftigen Auseinandersetzungen über die Vorgehensweise des A, der die Gesellschaft gegenüber der Sparkasse vertreten hatte. Da die Bestellung der Grundschuld demzufolge ausbleibt, möchte die Sparkasse Klage erheben und fragt den Assessor R, Leiter der Rechtsabteilung, ob eine Klage sowohl gegen die OHG als auch gegen die Gesellschafter A, B und C auf Bestellung der Grundschuld möglich ist.

Welche Auskunft wird R erteilen?

Die Klage wird Erfolg haben, wenn sie zulässig und begründet ist.

A. Die **Klage gegen die OHG sowie gegen A, B und C müsste zulässig** sein.

I. Partei eines Prozesses können gemäß **§ 50 Abs. 1 ZPO** grundsätzlich nur rechtsfähige Personen sein. Bei den Gesellschaftern A, B und C ist dies unproblematisch der Fall, § 1 BGB.

Fraglich ist, ob eine OHG rechtsfähig und damit **parteifähig** ist. Eine OHG ist keine juristische Person, wie die Kapitalgesellschaften, sondern eine Personengesellschaft. Jedoch bestimmt § 124 Abs. 1 HGB, dass eine OHG nicht nur Eigentum erwerben und Verbindlichkeiten eingehen, sondern auch klagen und verklagt werden kann. Mithin ist eine OHG gemäß § 124 Abs. 1 HGB parteifähig.

II. Gemäß § 51 ZPO entspricht die **Prozessfähigkeit** der Geschäftsfähigkeit. Da eine OHG selbst nicht handeln kann, ist sie als solche nicht prozessfähig. Vielmehr muss die OHG vertreten werden durch ihre Gesellschafter.

Klausurtipp:
Bei der hier vorliegenden einfachen Streitgenossenschaft i.S.v. § 59 ZPO ist nicht nur prozessual eine getrennte Behandlung vorzunehmen, § 61 ZPO. Vielmehr sollte auch materiell-rechtlich getrennt geprüft werden: Zuerst der Anspruch gegen die OHG. Anschließend die Ansprüche gegen die Gesellschafter, welche gemäß § 128 HGB akzessorisch haften.

III. Hier sollen die OHG und daneben ihre Gesellschafter A, B und C zusammen verklagt werden. Diese sog. subjektive Klagehäufung ist gemäß **§ 59 ZPO** als sog. **einfache Streitgenossenschaft** zulässig, wenn ein rechtlicher Zusammenhang besteht. Dies ist vorliegend der Fall.

IV. Die Klage, gerichtet auf Bestellung einer Grundschuld, ist als **Leistungsklage** zulässig.

B. Fraglich ist die **Begründetheit der Klage**.

I. Der Anspruch der **Sparkasse gegen die A & Co. OHG** auf Bestellung der Grundschuld könnte sich **aus der Sicherungsabrede, §§ 311 Abs. 1, 241 Abs. 1 BGB i.V.m § 124 Abs. 1 HGB** ergeben.

1. Mangels entgegenstehender Anhaltspunkte ist davon auszugehen, dass die A & Co. OHG als wirksame OHG, **§§ 105, 123 HGB**, entstanden und nicht aufgelöst ist.

2. Erforderlich ist eine **wirksame Verbindlichkeit aus der Sicherungsabrede, §§ 311 Abs. 1, 241 Abs. 1 BGB**.

Die A & Co. OHG, vertreten durch A, hat mit der Sparkasse in der Sicherungsabrede vereinbart, dass sie verpflichtet ist, eine Grundschuld zu bestellen. Die Sicherungsabrede ist nicht ausdrücklich geregelt, sondern ein schuldrechtlicher Vertrag eigener Art, in dem die Verpflichtung begründet wird, die Grundschuld zu bestellen. A hatte mangels abweichender Vereinbarung **Alleinvertretungsmacht gemäß § 125 Abs. 1 HGB**, welche gemäß § 126 HGB im Umfang auch nicht beschränkt ist. Somit wurde eine wirksame Sicherungsabrede vereinbart.

3. Rechtsfolge: Die A & Co. OHG ist der Sparkasse zur Bestellung der Grundschuld verpflichtet. Somit ist die Klage der Sparkasse gegen die OHG begründet.

II. Der Anspruch der Sparkasse **gegen die Gesellschafter** aus der Sicherungsabrede könnte sich **aus §§ 311 Abs. 1, 241 Abs. 1 BGB i.V.m. § 128 HGB** ergeben.

1. Nach heute h.M. handelt es sich bei der Verbindlichkeit der Gesellschafter aus § 128 HGB im Verhältnis zur Verbindlichkeit der Gesellschaft aus § 124 HGB um eine **selbstständige, akzessorische Schuld der Gesellschafter**. Dies folgt insbesondere aus § 129 HGB, der die Schuld der Gesellschafter unmittelbar mit der Schuld der Gesellschaft verknüpft. Wegen der akzessorischen Verknüpfung besteht zwischen der Gesellschaft und den Gesellschaftern kein echtes Gesamtschuldverhältnis. Allerdings können die Vorschriften über die Gesamtschuld, §§ 421 ff. BGB, im Einzelfall entsprechend herangezogen werden.[113] Somit kann grundsätzlich auch neben der OHG Klage gegen ihre Gesellschafter, hier A, B und C erhoben werden.

2. Die Gesellschafter einer OHG haften gemäß § 128 HGB grundsätzlich für alle Verbindlichkeiten der Gesellschaft, gleich aus welchem Rechtsgrund. Fraglich ist jedoch, ob mit der **selbstständigen, akzessorischen Haftung** der Gesellschafter einhergeht, dass sie in gleicher Weise wie die OHG zur Erfüllung verpflichtet sind. Diese Frage ist umstritten.

a) Nach der sog. **Haftungstheorie**[114] haften die Gesellschafter gemäß § 128 HGB grundsätzlich nur auf das Wertinteresse des Gläubigers an der Erfüllung. Denn andernfalls führe die Anerkennung eines Erfüllungsanspruchs gegen den einzelnen Gesellschafter dazu, dass dessen schützenswerte Belange unzumutbar beeinträchtigt würden, soweit er zu Handlungen bzw. Unterlassungen in seinem persönlichen Rechtsbereich verpflichtet wäre. Demnach hafte ein Gesellschafter nur auf das Wertinteresse in Geld.

Hiernach wäre eine Klage gegen A, B und C auf Erfüllung der Sicherungsabrede durch Bestellung der Grundschuld von vornherein ausgeschlossen.

b) Nach der **herrschenden Erfüllungstheorie** ist der Gesellschafter gemäß § 128 HGB grundsätzlich zur Erfüllung in gleicher Weise wie die OHG

Beachte das Abstraktionsprinzip:

- **Sicherungsabrede** = schuldrechtlicher Vertrag, § 311 Abs. 1 BGB, der die Verpflichtung schafft, eine Grundschuld zu bestellen; diese Verpflichtung folgt nicht schon aus dem Darlehensvertrag, § 488 BGB, sondern muss gesondert vereinbart werden.
- **Grundschuldbestellung** = dingliches Verfügungsgeschäft gemäß § 873 Abs. 1 i.V.m. §§ 1191 ff. BGB.

113 Hopt § 128 HGB Rn. 9.

114 Großkomm/Fischer § 128 HGB Anm. 9 f.

verpflichtet. Da es bei der OHG kein in der Aufbringung und Erhaltung rechtlich gesichertes Haftungskapital gebe, bestehe gerade der Sinn und Zweck des § 128 HGB darin, durch eine umfassende, persönliche Haftung der Gesellschafter die Gläubiger der OHG zu schützen. Diesem Interesse entspräche eine Erfüllungshaftung der Gesellschafter eher als eine bloße Verweisung auf das Wertinteresse in Geld. Allerdings ist auch nach der Erfüllungstheorie eine persönliche, identische Haftung der Gesellschafter ausnahmsweise ausgeschlossen, wenn die Erfüllung dem Gesellschafter unzumutbar oder unmöglich ist. Unmöglichkeit könne sich nach allgemeinen Grundsätzen aus juristischen oder tatsächlichen Gründen ergeben.

Vorliegend ist zu berücksichtigen, dass die Sparkasse einen Anspruch aus der Sicherungsabrede auf Bestellung einer Grundschuld an dem Grundstück der OHG geltend macht. Da die OHG selbst Eigentümer des Grundstücks ist, weil sie gemäß § 124 Abs. 1 HGB selbst eigentumsfähig ist, steht diese auch als solche im Grundbuch. Der einzelne Gesellschafter kann daher die Verpflichtung zur Grundschuldbestellung im eigenen Namen gar nicht erfüllen, weil weder A noch B oder C Eigentümer des Grundstücks sind. Somit ist es für den einzelnen Gesellschafter juristisch unmöglich, eine Grundschuld an dem Grundstück der OHG zu bestellen. Selbst wenn hier A, B und C gemäß § 125 Abs. 1 HGB allein vertretungsberechtigt sind, könnten sie nur im Namen der OHG die Bestellung der Grundschuld erklären. Dies wiederum wäre aber eine Erfüllung der OHG, vertreten durch ihre Organe.

Unmöglichkeit der persönlichen Erfüllung durch Gesellschafter kommt insbesondere in Betracht bei:
- Übereignung einer Sache aus dem OHG-Vermögen
- Unvertretbarer Leistungen der OHG, d.h. Leistungen, die nur die OHG vornehmen kann
- Unterlassungsverpflichtung durch die OHG, z.B. Wettbewerbsverbote

Mithin ist auch nach h.M. hier ausnahmsweise keine identische Erfüllung durch die Gesellschafter geschuldet. Vielmehr bestünde lediglich subsidiär eine Haftung auf das Wertinteresse.

Somit wäre hier nach beiden Auffassungen eine Erfüllungsklage gegen die Gesellschafter A, B und C unbegründet. Eine Stellungnahme ist daher entbehrlich.

Ergebnis: Die Sparkasse kann erfolgreich auf Bestellung der Grundschuld nur gegen die OHG klagen.

Fall 38: Haftung bei der KG

Die A-KG, bestehend aus dem Komplementär A und den Kommanditisten B und C, handelt mit Gardinenstoffen. A hat für die KG bei V neue Gabelstapler für die Lagerhallen der KG zum Preis von 80.000 € bestellt. V, der die Gabelstapler ausgeliefert hat, hat bislang noch keine Zahlung erhalten, da die KG ihrerseits auf Zahlungseingänge ihrer Kunden wartet. Nachforschungen des V ergeben, dass der Kommanditist B auf die im Handelsregister eingetragene Haftsumme von 40.000 € bislang lediglich 10.000 € an die KG gezahlt hat. Der Kommanditist C hat die im Handelsregister eingetragene Haftsumme von 30.000 € an die KG bezahlt. Allerdings hat C nachfolgend vom Finanzamt einen Steuerbescheid über eine Nachforderung von 20.000 € erhalten. Da er den Betrag nicht aufbringen konnte, hat die KG dem C aus dem Gesellschaftsvermögen 20.000 € zur Verfügung gestellt. Hierüber wurde ein „Darlehensvertrag" aufgesetzt, wonach die KG dem C ein zinsfreies Darlehen gewährt und die Rückzahlung des Darlehens für 30 Jahre bis zum Eintritt des 75. Lebensjahres des C gestundet ist. C hat sich bereits dahingehend geäußert, er sei von Anfang an gegen den Ankauf der Gabelstapler gewesen und habe dies auch vor Abschluss des Kaufvertrags dem A gesagt. Im Übrigen macht C geltend, dass er parallel zum Darlehensvertrag noch eine Vereinbarung mit A und B dahingehend getroffen hat, dass ihm eine Einlagennachzahlung ebenfalls bis zum 75. Lebensjahr gestundet worden sei.

Welche Ansprüche hat V gegen die KG und ihre Gesellschafter?

Abwandlung:

V hat erfahren, dass es noch zahlreiche Gläubiger der KG gibt und die wirtschaftliche Lage der KG schlecht ist. V möchte daher Folgendes wissen:

1. Haften die Kommanditisten B und C gegenüber allen Gläubigern in gleicher Höhe?
2. Was gilt bezüglich der Haftung von B und C, wenn über das Vermögen der KG das Insolvenzverfahren eröffnet wird?

A. V könnte gegen die KG einen Anspruch auf Kaufpreiszahlung **aus § 433 Abs. 2 BGB i.V.m. §§ 161 Abs. 2, 24 Abs. 1 HGB haben**.

I. Es ist davon auszugehen, dass die **KG wirksam** gegründet wurde **gemäß § 161 Abs. 2 i.V.m. § 105 i.V.m. § 123 HGB**.

II. Die KG besitzt gemäß § 161 Abs. 2 i.V.m. § 124 Abs. 1 HGB die gleiche Rechtsfähigkeit wie eine OHG und kann somit **Verbindlichkeiten** eingehen. Allerdings ist sie nicht handlungsfähig und muss durch den vertretungsbefugten Gesellschafter vertreten werden, § 164 Abs. 1 BGB. Hier hat A, der gemäß § 161 Abs. 2 i.V.m. § 125 Abs. 1 HGB allein vertretungsberechtigt war, die KG wirksam bei Abschluss des Kaufvertrags mit V vertreten. Der Widerspruch des Kommanditisten C ist für die Vertretungsmacht des A unerheblich, da zum einen der Kommanditist gemäß § 170 HGB keine Vertretungsmacht hat und zum anderen im Außenverhältnis die Vertretungsmacht nicht beschränkbar ist, wie sich aus § 161 Abs. 2 i.V.m. § 126 HGB ergibt.

Somit ist ein wirksamer Kaufvertrag über die Gabelstapler zwischen der KG und V zustande gekommen.

III. Als **Rechtsfolge** ergibt sich daraus, dass die KG gemäß § 433 Abs. 2 BGB i.V.m. §§ 161 Abs. 2, 124 Abs. 1 HGB die Zahlung des Kaufpreises in Höhe von 80.000 € schuldet.

B. Daneben könnte ein **Anspruch** des **V gegen die Gesellschafter A, B und C** bestehen.

Klausurtipp:
§ 128 und § 171 HGB sind nur Haftungsnormen, keine eigenständigen Anspruchsgrundlagen. Daher muss die Anspruchsgrundlage aus dem BGB, z.B. § 433 Abs. 2 BGB, hinzugenommen werden!

I. V könnte gegen den Komplementär A **aus § 433 Abs. 2 BGB i.V.m. §§ 161 Abs. 2, 128 HGB** einen Anspruch auf Kaufpreiszahlung haben.

1. Wie vorstehend erörtert, bestand eine **wirksame KG**.

2. A war zum Zeitpunkt des Vertragsschlusses zusammen mit V **Komplementär** der KG.

3. Rechtsfolge: Gemäß § 161 Abs. 2 i.V.m. § 128 HGB haftet der Komplementär A, genau wie ein OHG-Gesellschafter, persönlich und akzessorisch für die Verbindlichkeiten der KG, hier in Höhe von 80.000 €.

II. Ferner könnte ein Anspruch des V gegen den Kommanditisten B auf Kaufpreiszahlung in Höhe von 30.000 € **aus § 433 Abs. 2 BGB i.V.m. § 171 Abs. 1 HGB** bestehen.

1. Es **besteht eine KG zum Zeitpunkt des Vertragsschlusses.**

2. Ferner besteht eine **wirksame Verbindlichkeit der KG** in Höhe von 80.000 € aus § 433 Abs. 2 BGB i.V.m. §§ 161 Abs. 2, 124 Abs. 1 HGB.

3. B war bei Begründung der Verbindlichkeit der KG **Kommanditist**.

4. Rechtsfolge: B haftet gemäß § 171 Abs. 1 HGB als Kommanditist den Gläubigern der KG bis zur Höhe seiner Haftsumme unmittelbar; die Haftung ist ausgeschlossen, soweit die Einlage geleistet ist. Da B auf seine Haftsumme von 40.000 € lediglich 10.000 € eingezahlt hat, haftet er in Höhe von 30.000 €.

Somit kann V von K hinsichtlich des noch ausstehenden Kaufpreises lediglich 30.000 € verlangen.

III. V könnte gegen den Kommanditisten C einen Anspruch auf Kaufpreiszahlung in Höhe von 20.000 € **aus § 433 Abs. 2 BGB i.V.m. §§ 171 Abs. 1, 172 Abs. 4 HGB** haben.

1. Es besteht eine **wirksame KG**, § 161 Abs. 1 i.V.m. §§ 105, 123 HGB.

2. Es besteht eine wirksame Kaufpreisverbindlichkeit der KG in Höhe von 80.000 € gemäß **§ 433 Abs. 2 BGB, §§ 161 Abs. 2, 124 Abs. 1 HGB**.

3. Auch C war bei Begründung der Verbindlichkeit der KG **Kommanditist**.

4. Die **Rechtsfolgen** ergeben sich aus **§§ 171, 172 HGB**.

a) C hatte seine **Haftsumme in Höhe von 30.000 €** erbracht, sodass an sich eine persönliche Haftung des Kommanditisten C gemäß § 171 Abs. 1 Hs. 2 HGB ausgeschlossen ist.

b) Es könnte jedoch eine **Rückzahlung der Einlage gemäß § 172 Abs. 4 HGB** vorliegen.

aa) Soweit die Einlage des Kommanditisten zurückgezahlt wird, gilt sie gemäß § 172 Abs. 4 HGB den Gläubigern gegenüber als nicht geleistet mit der Folge, dass insoweit die Haftung aus § 171 Abs. 1 HGB wieder auflebt. Hier ist seitens der KG eine **unmittelbare Rückzahlung** der Einlage an C **nicht erfolgt**.

bb) Nach dem Schutzzweck des § 172 Abs. 4 HGB genügt jedoch jede **mittelbare Rückzahlung.**[115] Der Sinn des § 172 Abs. 4 HGB besteht nämlich darin, immer dann, wenn das Vermögen der KG geschmälert wird, ihre Gläubiger dadurch zu schützen, dass eine Kompensation durch die wiederauflebende persönliche Haftung des Kommanditisten geschaffen wird. Aus der Sicht der Gläubiger macht es keinen Unterschied, ob die KG die Einlage direkt an den Kommanditisten zurückzahlt oder mittelbare Rückzahlung vornimmt, z.B. indem sie private Schulden des Kommanditisten tilgt.

Hier hatte C private Steuerschulden gegenüber dem Finanzamt. Zwar hat die KG diese Verbindlichkeiten nicht direkt gegenüber dem Finanzamt im Wege der Fremdtilgung (§ 267 BGB) getilgt. Jedoch hat sie die Summe von 20.000 € dem C zur Verfügung gestellt, also aus ihrem KG-Vermögen gezahlt, sodass diese Summe den Gläubigern der KG nicht mehr zur Verfügung stand. Allerdings könnte dies dadurch kompensiert worden sein, dass die KG die Auszahlung als Darlehen deklariert hat. Gläubiger der KG könnten dann u.U. als Kompensat den Rückzahlungsanspruch aus § 488 Abs. 1 S. 2 BGB pfänden und auf sich überweisen lassen (§§ 829, 835 ZPO). Hier ist jedoch zu berücksichtigen, dass die Rückzahlung des Darlehens bis zum Eintritt des 75. Lebensjahres des C seitens der KG gestundet worden ist. Nach dem Schutzzweck des § 172 Abs. 4 HGB, die Gläubiger zu schützen, ist daher von einer mittelbaren Einlagenrückzahlung in Höhe von 20.000 € auszugehen. Somit schuldete C der KG wiederum 20.000 € Hafteinlage mit der Folge einer persönlichen Haftung aus § 171 Abs. 1 HGB gegenüber den Gläubigern der KG in Höhe von 20.000 €.

Die Vollstreckung in Forderungen erfolgt durch Pfändungs- und Überweisungsbeschluss, §§ 829, 835 ZPO.

c) Fraglich ist, ob sich etwas anderes daraus ergibt, dass die KG diese Einlagenrückzahlung bis zum 75. Lebensjahr gestundet hat, sodass aktuell eine Einlage seitens C doch nicht geschuldet wäre. Jedoch ergibt sich aus **§ 172 Abs. 3 HGB**, dass eine derartige Vereinbarung den Gläubigern gegenüber im Außenverhältnis unwirksam ist.

Folglich haftet der Kommanditist C persönlich gegenüber V i.H.v. 20.000 €, § 171 Abs. 1 HGB.

Abwandlung:

Frage 1: Haftung von B und C gegenüber allen Gläubigern

I. B und C haben ihre Haftsumme nicht vollständig erbracht, sodass B in Höhe von 30.000 € und C in Höhe von 20.000 € **aus § 171 Abs. 1 Hs. 1 HGB** haftet (s. Ausgangsfall).

115 BGHZ 47, 149, 155.

II. B und C haften **mehreren Gläubigern** gegenüber nur einmal auf die noch ausstehende Haftsumme, da sie nicht schlechter stehen können, als wenn sie ihre Einlage erbracht haben. Diese Einlage wäre dann im Gesellschaftsvermögen und stünde auch nur insofern den Gläubigern zur Verfügung. Bei mehreren Gläubigern gilt das Prioritätsprinzip: D.h., entscheidend ist, welcher Gläubiger zuerst einen Vollstreckungstitel i.S.v. § 704 oder § 794 ZPO erlangt und zuerst die Zwangsvollstreckung gegen B bzw. C betreibt. Das bedeutet, dass für V insofern Eile geboten ist.

Frage 2: Insolvenz der KG

Wurde das Insolvenzverfahren über das Vermögen der KG eröffnet, so würde das vorgenannte Prioritätsprinzip dazu führen, dass sämtliche Gläubiger der KG sich auf die Kommanditisten stürzen würden, die ihre Einlage noch nicht (ganz) erbracht haben. Dieses Prioritätsprinzip steht nicht im Einklang mit dem Grundgedanken der Insolvenz, wonach unter den Gläubigern gleichmäßig zur Quote befriedigt werden soll. Deswegen bestimmt **§ 171 Abs. 2 HGB**, dass bei Eröffnung des Insolvenzverfahrens über das Vermögen der KG für die Dauer des Verfahrens das den Gesellschaftsgläubigern nach § 171 Abs. 1 HGB zustehende Recht durch den Insolvenzverwalter ausgeübt wird. Somit schuldet der Kommanditist B die noch ausstehenden 30.000 € sowie der Kommanditist C die noch ausstehenden 20.000 € lediglich als Zahlung an den Insolvenzverwalter zur Insolvenzmasse, aus der dann der Insolvenzverwalter die Gläubiger gleichmäßig befriedigt.

Fall 39: Vertretung und Haftung bei der Partnerschaftsgesellschaft

Die Jungärztinnen A, B und C wollen gemeinsam ein Tagesklinikum für Zahn- und Kieferchirurgie betreiben. Sie haben sich daher als Partnerschaftsgesellschaft zusammengeschlossen, welche unter dem Namen Dres. A, B, C-Partnerschaft im Partnerschaftsregister eingetragen ist. A schließt für die Gesellschaft einen auf zehn Jahre unkündbaren Mietvertrag über die Räumlichkeiten mit V ab. B und C sind angesichts der Miethöhe und der Vertragsdauer empört und widersprechen per Einschreiben mit Rückschein gegenüber V. V ist besorgt und fragt, ob ein wirksamer Mietvertrag zustande gekommen ist und wen er hieraus auf Mietzahlung in Anspruch nehmen kann.

Abwandlung:

Ändert sich etwas, wenn A, B und C eine „Partnerschaft mbB" gegründet hätten?

A. In Betracht kommt ein Anspruch V gegen die A, B, C-Partnerschaft auf Mietzahlung **aus § 535 Abs. 2 BGB i.V.m. § 7 Abs. 2 PartGG i.V.m. § 124 HGB**.

I. Zunächst setzt dies das **Bestehen einer Partnerschaftsgesellschaft** voraus.

1. Gemäß § 1 Abs. 1 PartGG kann eine Partnerschaft zwischen Angehörigen freier Berufe zur Ausübung ihrer Berufe gegründet werden, was hier vorliegend bei den Ärztinnen A, B und C der Fall ist. Der **Gesellschaftsvertrag** bedarf gemäß § 3 Abs. 1 PartGG der Schriftform. Hiervon, sowie von der Einhaltung der gemäß § 3 Abs. 2 PartGG zwingenden Vertragsbestandteile ist auszugehen.

2. Gemäß § 7 Abs. 1 PartGG wird die Partnerschaft im Außenverhältnis erst mit der **Eintragung in das Partnerschaftsregister** wirksam. Die somit konstitutive Eintragung ist hier erfolgt.

Es besteht damit eine wirksame Partnerschaftsgesellschaft.

II. Ferner müsste eine **wirksame Verpflichtung der Partnerschaftsgesellschaft** begründet worden sein.

Hier haben sich A und V über den Mietvertrag i.S.v. § 535 BGB, welcher für zehn Jahre ordentlich nicht kündbar sein soll, geeinigt. Fraglich ist, ob A hierfür Vertretungsmacht hatte. § 7 Abs. 3 PartGG verweist hierzu auf die entsprechende Anwendung der Vertretungsvorschriften über die OHG gemäß § 125 HGB. Gemäß § 125 Abs. 1 HGB besteht demnach mangels besonderer Vereinbarung hier Alleinvertretungsmacht für A. Da gemäß § 126 HGB, welcher ebenfalls über § 7 Abs. 3 PartGG Anwendung findet, der Umfang der Vertretungsmacht nicht begrenzt ist, fällt hierunter auch der Abschluss eines Dauerschuldverhältnisses wie Miete.

Fraglich ist, ob die Widersprüche von B und C gegenüber V dem wirksamen Mietvertrag entgegenstehen. Da jedoch keine Gesamtvertretung i.S.v. § 125 Abs. 2 HGB vereinbart war, hatte A Alleinvertretungsmacht, sodass die Widersprüche von B und C, zumal erst nach dem Vertragsschluss erfolgt, im Außenverhältnis ohne Belang sind.

Somit ist ein wirksamer Mietvertrag zwischen V und der Partnerschaft zustande gekommen.

III. Rechtsfolge: Nach **§ 7 Abs. 2 PartGG ist § 124 HGB** entsprechend anzuwenden. Dies bedeutet, dass die Partnerschaft zwar keine juristische Person ist, aber unter ihrem Namen Rechte erwerben und Verbindlichkeiten eingehen sowie vor Gericht klagen und verklagt werden kann. Somit hat V einen Anspruch auf Miete gegen die Partnerschaft und kann ggf. gegen diese auch klagen.

B. Daneben könnte ein **Anspruch des V gegen die Gesellschafterinnen A, B und C aus § 535 Abs. 2 BGB i.V.m. § 8 Abs. 1 PartGG** bestehen.

Gemäß § 8 Abs. 1 PartGG haften die Partner so wie Gesellschafter einer OHG persönlich und unbeschränkt. Lediglich nach Maßgabe des § 8 Abs. 2 PartGG kann für Ansprüche wegen fehlerhafter Berufsausübung die Haftung auf denjenigen Partner beschränkt werden, der innerhalb der Partnerschaft die berufliche Leistung zu erbringen, verantwortlich zu leiten oder zu überwachen hat. Für die vorliegende Haftung aus Mietvertrag ist diese Vorschrift nicht einschlägig, sodass es bei der persönlichen Haftung von A, B und C verbleibt.

Ergebnis: V hat einen Anspruch auf Mietzahlung gegen die Partnerschaft aus § 535 Abs. 2 BGB i.V.m. § 7 Abs. 2 PartGG i.V.m. § 124 HGB. Daneben haften ihm auch die Partnerinnen selbst aus § 535 Abs. 2 BGB i.V.m. § 8 Abs. 1 PartGG.

Abwandlung:

Bei einer Partnerschaft mit beschränkter Berufshaftung i.S.v. **§ 8 Abs. 4 PartGG** haftet den Gläubigern nur das Gesellschaftsvermögen, jedoch gilt dies gemäß § 8 Abs. 4 S. 1 BGB nur für Schäden aus fehlerhafter Berufsausübung. Daher ändert sich im Verhältnis zum Ausgangsfall nichts.

Fall 40: Vertretung und Haftung bei der GbR

Die Architekten A, B und C haben sich zu einer Gesellschaft bürgerlichen Rechts zusammengeschlossen. Diese betreibt unter der Bezeichnung „Archi-Baldi GbR" ein Architekturbüro. A hatte für die Gesellschaft einen Vertrag über die Architektenplanung hinsichtlich eines Einfamilienhauses für den Bauherrn H geschlossen. Anschließend weigert sich H, das entsprechende Honorar zu bezahlen, sodass nunmehr gerichtliche Schritte gegen H notwendig sind. Die Gesellschafter möchten daher wissen, ob in der Klageschrift als Kläger die GbR oder die Gesellschafter A, B und C anzugeben sind.

1. Abwandlung:

Der Altgesellschafter A, welcher von seiner Frau verlassen worden ist und der insgesamt sehr enttäuscht über seine Familie ist, möchte darüber hinaus wissen, ob er die Archi-Baldi GbR in seinem Testament zur Alleinerbin einsetzen kann. B hingegen möchte aus steuerlichen Gründen eines seiner Grundstücke auf die Archi-Baldi GbR übertragen.

1. Kann A die Archi-Baldi GbR im Testament zur Alleinerbin einsetzen?
2. Kann B sein Grundstück auf die Archi-Baldi GbR übertragen?

2. Abwandlung:

A hatte für die expandierende Gesellschaft Büromaterial bei V gekauft. B meint, er hätte hierzu vorher befragt werden müssen. Ist ein wirksamer Kaufvertrag mit V zustande gekommen und wen kann V hieraus auf den Kaufpreis in Anspruch nehmen?

Fraglich ist, wer als **Kläger** für die Zahlungsklage gegen H anzugeben ist.

Gemäß § 50 Abs. 1 ZPO kann Kläger nur sein, wer rechtsfähig ist. Fraglich ist daher, welche Rechtsnatur die GbR hat. Während für die OHG in § 124 Abs. 1 HGB und gleichermaßen für die Partnerschaft über § 7 Abs. 2 PartGG ausdrücklich angeordnet ist, dass diese Partei eines Prozesses sein können, fehlt eine entsprechende Regelung in §§ 705 ff. BGB für die GbR. Daher ist die Rechtsnatur der GbR zweifelhaft.

I. Nach der **alten**, heute jedoch kaum noch vertretenen, **Individualistischen Theorie** ist das Gesellschaftsvermögen lediglich ein Sondervermögen der Gesellschafter, das als deren Gesamthandsvermögen von deren Privatvermögen zu trennen ist. Die GbR selber besitze daher keine eigene Rechtssubjektqualität und sei daher mangels Rechtsfähigkeit auch nicht parteifähig.[116] Nach dieser Auffassung kann somit die GbR selber nicht Klägerin sein, sondern als Kläger sind die Gesellschafter „zur gesamten Hand" anzugeben.

Personengesellschaften können gemäß § 124 HGB (i.V.m. § 161 Abs. 2 HGB bzw. § 7 Abs. 2 PartGG)

- Verbindlichkeiten eingehen,
- Eigentum erwerben,
- klagen,
- verklagt werden.

116 Berndt/Boin NJW 1998, 2854.

II. Nach **heute ganz h.M.**[117] ist die GbR mit eigener Rechtsfähigkeit ausgestattet. Denn es kann kein Sondervermögen ohne einen entsprechenden Rechtsträger geben. Die Anerkennung eines selbstständigen Gesellschaftsvermögens setzt zwingend die Existenz einer verselbstständigten Personengruppe als Gesellschaft voraus. Dass heute noch die §§ 714, 718 BGB nicht von der GbR, sondern von den „Gesellschaftern" sprechen, ebenso wie § 736 ZPO für die Zwangsvollstreckung, liegt daran, dass die Vorschriften seinerzeit unverändert aus dem ersten Entwurf des BGB übernommen wurden, ohne dass hier über die Rechtsfähigkeit der GbR reflektiert worden ist. Die Rechtsfähigkeit der GbR folgt auch daraus, dass diese prinzipiell identisch mit der OHG ist, was sich insbesondere daran zeigt, dass aus der GbR automatisch eine OHG wird, sobald nach Art und Umfang kaufmännische Einrichtungen erforderlich werden. Dies spricht dafür, für die GbR § 124 HGB analog anzuwenden.[118] Analog § 124 HGB kann daher die GbR selbst Partei eines Prozesses sein. Somit ist hier auf Grundlage der ganz herrschenden Auffassung als Klägerin in der Klageschrift die Archi-Baldi GbR anzugeben.

III. Eine andere Frage ist hingegen, ob eine GbR als solche **prozessfähig** ist. **Gemäß § 51 ZPO** ist die Prozessfähigkeit mit Geschäftsfähigkeit gleichzusetzen. Da eine GbR als solche nicht handlungsfähig ist, muss sie – wie jede andere Gesellschaft auch – durch ihre vertretungsberechtigten Gesellschafter im Prozess vertreten werden, was dementsprechend gleich in der Klageschrift anzugeben ist.

1. Abwandlung:

Frage 1: Kann A die Archi-Baldi GbR im Testament zur Alleinerbin einsetzen?

I. Gemäß **§ 1923 BGB** ist eine Erbfähigkeit nur für natürliche Personen geregelt. Gleichwohl ist anerkannt, dass juristische Personen den natürlichen Personen gleichstehen und insofern ebenfalls erbfähig sind. Allerdings ist die GbR keine juristische Person, wie etwa die GmbH oder AG.

II. Für die OHG und über § 7 Abs. 2 PartGG gleichermaßen für die Partnerschaftsgesellschaft bestimmt § 124 HGB, dass die Gesellschaft Eigentum erwerben kann. Geht man mit der ganz überwiegenden Auffassung von der Rechtsfähigkeit der GbR aus und wendet insofern **§ 124 Abs. 1 HGB** analog an, so ist auch die GbR eigentumsfähig. Dann wiederum ist es auch konsequent, eine **Erbfähigkeit der GbR** anzunehmen. Nach ganz überwiegender Auffassung ist es daher möglich, die GbR im Testament zur (Allein-) Erbin einzusetzen.[119]

---

117 K. Schmidt NJW 2001, 993; BGH NJW 2001, 1056; BGH NJW 2003, 1445; BVerfG NJW 2002, 3533; BGH RÜ 2014, 279, 283.

118 BGH NJW 2001, 1056; BGH NJW 2002, 1207.

119 MünchKomm/Ulmer § 718 BGB Rn. 22.

Frage 2: Kann B sein Grundstückseigentum auf die Archi-Baldi GbR übertragen?

I. Wendet man wiederum **§ 124 Abs. 1 HGB** analog auf die GbR an, so ist diese wie eine OHG **eigentumsfähig** und könnte demnach auch Grundstückseigentum erwerben.

II. Allerdings setzt der Eigentumserwerb an Grundstücken neben einer dinglichen Einigung i.S.v. §§ 873, 925 BGB (Auflassung) eine **Eintragung** des Erwerbers **im Grundbuch** voraus. Insofern könnte zweifelhaft sein, ob die GbR als solche überhaupt eintragungsfähig ist oder nur die Gesellschafter zur gesamten Hand. Denn die GbR ist in keinem Register eingetragen und § 705 BGB erfordert noch nicht einmal einen schriftlichen Gesellschaftsvertrag, sodass nach außen hin schlecht nachprüfbar ist, wer hinter der GbR steht.

Der Gesetzgeber hat daher in **§ 47 Abs. 2 GBO** die Formalien der Grundbucheintragung geregelt. Hiernach wird die GbR in das Grundbuch eingetragen und zugleich auch deren Gesellschafter. Damit wird die erforderliche Publizität und Überprüfbarkeit gewährleistet.[120]

Beachte:
Anders bei OHG und KG, deren Publizität aus dem Handelsregister hervorgeht. Daher wird im Grundbuch nur die OHG bzw. KG als solche eingetragen, vgl. § 15 GBV.

Daher wird die GbR als solche im Grundbuch eingetragen und auch ihre Gesellschafter A, B, C gemäß § 47 Abs. 2 GBO.

III. Fraglich ist, welche **Rechtsfolge** sich daraus ergibt.

1. Werden gemäß § 47 Abs. 2 GBO die Gesellschafter A, B und C neben der GbR auch im Grundbuch eingetragen, so ist fraglich, wer nun Eigentümer des Grundstücks ist. Gegen die Annahme von **Gesamthandseigentum**[121] spricht, dass dann die Gesellschafter eine Form des Gesamthandseigentums neben dem (sonstigen) Gesellschaftsvermögen der GbR als solche hätten. Dies wiederum stünde im Widerspruch zu der Sichtweise, dass die GbR rechtsfähig und analog § 124 Abs. 1 HGB selbst eigentumsfähig ist.[122]

2. Aufgrund der eigenen Rechtsfähigkeit und Eigentumsfähigkeit der GbR und der Tatsache, dass die GbR gemäß § 47 Abs. 2 GBO (auch) im Grundbuch eingetragen wird, steht das **Grundstückseigentum der GbR** selbst zu. Durch die in § 47 Abs. 2 GBO vorgesehene Grundbucheintragung wird damit für den Rechtsverkehr unzweifelhaft zum Ausdruck gebracht, dass Eigentümerin die GbR ist. Andernfalls müsste es eine Form des Gesamthandseigentums der Gesellschafter neben dem Vermögen der GbR geben, was aufgrund der eigenen Rechtspersönlichkeit der GbR und dem damit verbundenen eigenen Vermögen nicht in Betracht kommt.

Somit wird Grundstückseigentümerin die GbR als solche. Hiervon geht auch im Immobiliarsachenrecht der § 899 a BGB aus.

---

120 Priester BB 2007, 837; Tavakoli BB 2007, 382.
121 So OLG Celle NJW 2006, 2194.
122 BGH NJW 2006, 3716, 3717.

2. Abwandlung:

A. V könnte **gegen die Archi-Baldi GbR** ein Anspruch auf Kaufpreiszahlung **aus § 433 Abs. 2 BGB i.V.m. § 124 Abs. 1 HGB** analog zustehen.

I. Dies erfordert zunächst das **Bestehen einer wirksamen GbR**, § 705 BGB.

Die Archi-Baldi GbR wurde offenbar wirksam durch Gesellschaftsvertrag i.S.v. § 705 BGB gegründet. Da es kein Register gibt, in das eine GbR eingetragen werden könnte, entsteht sie durch Vollzug nach außen hin.

Fraglich ist, ob aufgrund der Expansion aus der GbR mittlerweile automatisch eine OHG geworden ist. Wegen der grundsätzlichen Identität von GbR und OHG vollzieht sich der Übergang automatisch. Jedoch ist hier zu berücksichtigen, dass es sich bei Architekten um Freiberufler handelt, welche daher ebenso wie Ärzte und Rechtsanwälte kein kaufmännisches Gewerbe betreiben. Damit besteht unabhängig von der Betriebsgröße nach wie vor eine GbR.

II. Ferner muss eine **wirksame Verbindlichkeit der GbR** begründet worden sein.

1. Die GbR ist nach ganz überwiegender Auffassung **rechtsfähig** und haftet daher gemäß § 124 Abs. 1 HGB analog für wirksam begründete Verbindlichkeiten.

2. Trotz Annahme der Rechtsfähigkeit der GbR ist diese als solche nicht handlungsfähig, sondern muss durch ihre vertretungsberechtigten Organe vertreten werden. Fraglich ist daher, ob hier eine **wirksame Stellvertretung durch A** erfolgt ist, **§ 164 Abs. 1 BGB**.

Klausurtipp:
Der Umstand, dass § 714 BGB noch von einer Vertretung der „Gesellschafter" spricht, ist unerheblich, da der Gesetzestext aufgrund der heutigen Bejahung einer Rechtsfähigkeit der GbR überholt ist. § 714 BGB ist daher so zu lesen, als dass eine Vertretung der „Gesellschaft" stattfindet.

A hat eine eigene Willenserklärung im Namen der GbR abgegeben. Fraglich ist, ob A auch Vertretungsmacht hatte. Gemäß § 714 BGB besteht Vertretungsmacht im Außenverhältnis, sofern der Gesellschafter auch Befugnis zur Geschäftsführung im Innenverhältnis hat. D.h., § 714 BGB schaltet die Vertretungsmacht im Außenverhältnis mit der Geschäftsführungsbefugnis im Innenverhältnis i.S.v. § 709 BGB grundsätzlich gleich. Da nach § 709 BGB grundsätzlich nur eine gemeinschaftliche Geschäftsführungsbefugnis besteht, würde dies bedeuten, dass auch im Außenverhältnis über § 714 BGB grundsätzlich nur Gesamtvertretungsmacht bestünde, sodass dann A nicht allein vertretungsberechtigt war. Jedoch sind die vorgenannten Vorschriften abdingbar, was auch konkludent unter den Gesellschaftern, z.B. durch Aufgabenverteilung geschehen kann. Da es gerade in einer größeren Gesellschaft für die tägliche Praxis sehr umständlich ist, dass stets alle Gesellschafter zusammen handeln müssten, lässt sich im Regelfall für die Geschäfte der laufenden Verwaltung, die tagtäglich vorkommen, ohne Weiteres annehmen, dass im (konkludent) geschlossenen Gesellschaftsvertrag (konkludent) vereinbart war, dass insofern jeder Gesellschafter Alleinvertretungsmacht haben soll. Da hier nicht ersichtlich ist, dass die Gesellschafter dies in der Vergangenheit anders gehandhabt haben, ist daher von Alleinvertretungsmacht des A auszugehen. B musste daher nicht zuvor befragt werden. Somit wurde die GbR wirksam vertreten und schuldet aus § 433 Abs. 2 BGB i.V.m. § 124 Abs. 1 HGB analog den Kaufpreis.

B. Daneben könnte sich auch ein Anspruch des V **gegen die Gesellschafter A, B und C aus § 433 Abs. 2 BGB i.V.m. § 128 HGB analog** ergeben.

I. Es besteht **eine wirksame GbR**, § 705 BGB.

II. Ebenso wurde eine **wirksame Verbindlichkeit der GbR aus § 433 Abs. 2 BGB i.V.m. § 124 Abs. 1 HGB analog** begründet.

III. Fraglich ist, woraus sich die **Haftung der GbR-Gesellschafter A, B und C** ergibt.

Da in den §§ 705 ff. BGB eine ausdrückliche Norm, welche eine Haftung der Gesellschafter, etwa wie in § 128 HGB, anordnet, fehlt, ist umstritten, wie die Haftung der Gesellschafter begründet wird.

1. Nach der sog. **Theorie der Doppelverpflichtung** wird durch den vertragsschließenden Gesellschafter bei Abschluss des Vertrags, hier des Kaufvertrags, sowohl im Namen der GbR als auch im Namen der Gesellschafter gehandelt. Hiernach gebe der vertragsschließende Gesellschafter eine dreigespaltene Willenserklärung, nämlich für die GbR, für sich und für die Mitgesellschafter ab. Da dies in der Regel nicht ausdrücklich so geschehe, wird dieses Ergebnis durch Auslegung erreicht.[123]

Demnach wurden die Gesellschafter A, B und C über eine entsprechende (gespaltene) Willenserklärung des A jeweils mitverpflichtet. A, B und C haften daher unmittelbar aus dem Kaufvertrag aus § 433 Abs. 2 BGB auf den Kaufpreis, und zwar als Gesamtschuldner gemäß § 421 BGB.

2. Nach der **heute ganz herrschenden Akzessorietätstheorie**[124] tritt der vertragsschließende Gesellschafter allein im Namen der GbR auf, sodass allein die GbR Vertragspartei wird und für diese Verbindlichkeit mit ihrem Gesellschaftsvermögen analog § 124 HGB haftet. Für die Schuld der GbR haften daneben ihre Gesellschafter kraft Gesetzes analog § 128 HGB akzessorisch. Damit besteht kraft Gesetzes, analog § 128 HGB, eine akzessorische Haftung als Gesamtschuldner.

Somit besteht nach beiden Auffassungen eine persönliche, gesamtschuldnerische Haftung der Gesellschafter A, B und C auf den Kaufpreis.

Klausurtipp:

- Die **Doppelverpflichtungstheorie**, die mit einer gespaltenen Willenserklärung arbeitet und damit erreicht, dass die Gesellschafter auch (neben der GbR) Vertragspartei werden, funktioniert nur bei vertraglicher Haftung. Hingegen versagt sie bei gesetzlicher Haftung der GbR, z.B. aus §§ 812, 823 BGB.
- Hier liegt der Vorteil der **Akzessorietätstheorie**, die zu einer gesetzlichen Haftung gemäß § 128 HGB analog akzessorisch für alle Verbindlichkeiten der GbR gelangt.

123 Heymann/Emmerich § 123 Rn. 13 a.

124 BGHZ 142, 315; BGHZ 146, 341; BGHZ 150, 1; Derleder BB 2001, 2485, 2488; Wertenbruch DB 2003, 1099.

Fall 41: Verschuldenszurechnung

Die A-OHG handelt mit Booten für den Freizeitsektor. Der betuchte Unternehmensberater U hatte bei ihr ein Rennboot bestellt. Bei einem so guten Kunden möchte der Gesellschafter A diesem das Rennboot persönlich vorführen. Als beide auf das Wasser hinausgefahren sind, macht A aus Übermut eine zu heftige Kurve, wodurch U aus dem Boot herausgeschleudert und verletzt wird. U verlangt Schadensersatz und Schmerzensgeld von der A-OHG sowie von deren Gesellschaftern A und B.

Abwandlung:

Was gilt, wenn es sich nicht um eine OHG, sondern um eine GbR gehandelt hat?

Klausurtipp:
Schadensersatz- und Schmerzensgeldansprüche können wie vorstehend zusammen im Obersatz angesprochen und anschließend in der Rechtsfolge ausgegliedert erörtert werden. Möglich ist auch, Schadensersatz und Schmerzensgeld getrennt zu erörtern.

A. In Betracht kommen zunächst **Ansprüche des U auf Schadensersatz und Schmerzensgeld gegen die A-OHG**.

I. Ein Schadensersatzanspruch des U gegen die A-OHG könnte sich aus **§ 280 Abs. 1 BGB i.V.m. § 124 Abs. 1 HGB** ergeben.

1. Hier besteht eine **wirksame OHG i.S.v. §§ 105 Abs. 1, 123 HGB**.

2. Ferner müsste sich eine **Verbindlichkeit der OHG aus § 280 Abs. 1 BGB i.V.m. § 124 Abs. 1 HGB** ergeben.

a) Zwischen der A-OHG, vertreten durch A gemäß § 164 Abs. 1 BGB i.V.m. § 125 Abs. 1 HGB, und U bestand ein wirksamer Kaufvertrag. Damit liegt ein **Schuldverhältnis** vor, § 311 Abs. 1 BGB.

b) Als **Pflichtverletzung** kommt ein **Verstoß gegen § 241 Abs. 2 BGB** in Betracht.

Die OHG ist zwar gemäß § 124 Abs. 1 HGB rechtsfähig, kann jedoch selbst keine Pflichtverletzung begehen. In Betracht kommt jedoch die Zurechnung der Pflichtverletzung des A, welcher als natürliche Person eine Pflichtverletzung begehen kann. Da im Gesellschaftsrecht in §§ 105 ff. HGB keine Zurechnungsnorm vorgesehen ist, ist der dogmatische Ansatz umstritten:

Klausurtipp:
Da in einer Klausur nur der konkrete Fall zu lösen ist und keine generellen Statements verlangt werden, ist eine Stellungnahme entbehrlich, wenn alle Auffassungen zu demselben Ergebnis gelangen.

aa) Die **Mindermeinung** rechnet die Pflichtverletzung ebenso wie das Verschulden eines Gesellschafters der OHG **gemäß § 278 BGB** zu, weil ein Gesellschafter als Erfüllungsgehilfe der Gesellschaft anzusehen sei.

bb) Nach h.M. scheidet eine Zurechnung über § 278 BGB aus, da der Gesellschafter nicht Erfüllungsgehilfe der Gesellschaft ist, denn er erfülle keine fremde, sondern eine (auch) eigene Verbindlichkeit. Da jedoch seine Stellung mit der eines Vorstands in einem Verein vergleichbar ist, wird sein Verhalten **analog § 31 BGB** der Gesellschaft als eigenes zugerechnet.

Nach beiden Auffassungen erfolgt somit eine Zurechnung der Pflichtverletzung des A an die OHG, sodass eine Stellungnahme entbehrlich ist.

c) Die Pflichtverletzung müsste **von der OHG zu vertreten** sein. Da über § 278 bzw. analog § 31 BGB nicht nur die objektive Pflichtverletzung, sondern auch das Verschulden des Gesellschafters an die OHG zugerechnet wird, liegt auch Vertretenmüssen aufseiten der OHG vor. Ein Nachweis des Verschuldens ist nicht erforderlich. Gemäß § 280 Abs. 1 S. 2 BGB wird das

Verschulden vermutet bis zur Exkulpation des Schuldners. Eine Exkulpation kommt hier nicht in Betracht, da sich die OHG das fahrlässige Verhalten des Gesellschafters A zurechnen lassen muss und dieser eindeutig fahrlässig i.S.v. § 276 Abs. 2 BGB gehandelt hat.

3. **Rechtsfolge:** U kann von der OHG Schadensersatz gemäß § 249 Abs. 2 BGB sowie ein angemessenes Schmerzensgeld für seine Verletzungen gemäß § 253 Abs. 2 BGB i.V.m. § 280 Abs. 1 BGB i.V.m. § 124 HGB verlangen.

II. Dem **U** könnten **gegen die A-OHG** auch deliktische Ansprüche **aus § 823 Abs. 1 BGB i.V.m. § 124 HGB** zustehen.

1. Das **Bestehen einer wirksamen OHG** wurde vorstehend bereits festgestellt.

2. Ferner müsste eine **Verbindlichkeit der OHG aus § 823 Abs. 1 BGB** bestehen.

a) U ist an **Körper und Gesundheit verletzt** worden.

b) Dies **müsste durch ein Verhalten, das der OHG zuzurechnen ist,** geschehen sein.

Da eine OHG auch kein Delikt begehen kann, muss hier wiederum das deliktische Verhalten des Gesellschafters A der OHG zugerechnet werden. Mangels Sondervorschrift im Gesellschaftsrecht stellt sich auch im Deliktsrecht die Frage nach der einschlägigen Zurechnungsnorm. § 278 BGB, der ein Schuldverhältnis voraussetzt, ist im Deliktsrecht nicht anwendbar. Allenfalls kommt daher eine Anwendung des § 831 BGB in Betracht. Allerdings erfordert der Verrichtungsgehilfe i.S.v. § 831 BGB eine strikt weisungsabhängige Person. Da ein Gesellschafter nicht von der Gesellschaft weisungsabhängig sein kann, sondern vielmehr Teil der Gesellschaft, sog. Organ ist, scheidet eine Anwendung des § 831 BGB aus.

Fraglich ist, ob § 31 BGB, den die h.M. ohnehin analog im Vertragsrecht anwendet (s.o.), auch im Deliktsrecht anwendbar ist. Da § 31 BGB systematisch im Allgemeinen Teil des BGB steht und auch vom Wortlaut kein Schuldverhältnis voraussetzt, kann § 31 BGB auch im Deliktsrecht als Zurechnungsnorm angewandt werden. Nach überwiegender Auffassung wird daher das deliktische Fehlverhalten eines Gesellschafters der OHG **analog § 31 BGB** zugerechnet.[125]

c) Die **Rechtswidrigkeit** ist indiziert; Rechtfertigungsgründe bestehen nicht.

d) Eine OHG kann nicht schuldhaft handeln. Allerdings wird das **Verschulden** des A **gemäß § 31 BGB analog** zugerechnet (s.o.).

e) Rechtsfolge: U kann aus § 823 Abs. 1 i.V.m. § 249 Abs. 2 BGB Schadensersatz und i.V.m. § 253 Abs. 2 BGB ein angemessenes Schmerzensgeld von der A-OHG verlangen.

III. Ferner besteht ein Anspruch des **U gegen die A-OHG aus § 823 Abs. 2 BGB i.V.m. § 229 StGB i.V.m. § 124 HGB**.

Zurechnung von Fehlverhalten:

- **§ 31 BGB:**
  - Zurechnung von Vorstandsmitgliedern an Verein
  - analog für Zurechnung von Gesellschaftern an Gesellschaft (h.M.)

  ⇨ Anwendbar im Vertrags- und Deliktsrecht
- **§ 278 BGB:**
  - Zurechnung gesetzlicher Vertreter (z.B. Eltern)
  - Zurechnung von Erfüllungsgehilfen

  ⇨ Anwendbar nur in Schuldverhältnissen, nicht im Deliktsrecht
- **§ 831 BGB:**
  - Zurechnung des Verrichtungsgehilfen (strenge Weisungsgebundenheit erforderlich)
  - Gleichzeitig ist § 831 BGB Anspruchsgrundlage gegen den Geschäftsherrn
  - Exkulpation des Geschäftsherrn möglich, § 831 Abs. 1 S. 2 BGB

  ⇨ Anwendbar nur im Deliktsrecht

(Näheres im FallSkript SchuldR AT)

125 BGH NJW 2003, 1445, 1446.

Da die vom Gesellschafter A begangene fahrlässige Körperverletzung i.S.v. § 229 StGB wiederum analog § 31 BGB der A-OHG zugerechnet wird, ergibt sich inhaltlich die gleiche Haftung.

B. Daneben hat **U Ansprüche gegen die Gesellschafter A und B**. Gemäß § 128 HGB haften die Gesellschafter A und B akzessorisch, genauso wie die A-OHG, also ergibt sich:

I. U hat Ansprüche gegen A und B **aus § 280 Abs. 1 BGB i.V.m. § 128 HGB auf Schadensersatz, § 249 Abs. 2 BGB, und ein angemessenes Schmerzensgeld, § 253 Abs. 2 BGB.**

II. Fraglich ist, ob **U gegen die Gesellschafter A und B auch deliktische Ansprüche aus § 823 Abs. 1; § 823 Abs. 2 BGB i.V.m. § 229 StGB** hat.

1. Da **A selbst das Delikt begangen hat**, haftet dieser direkt aus § 823 Abs. 1 und Abs. 2 BGB i.V.m. § 229 StGB, sodass es insofern auf die Haftungsnorm des § 128 HGB gar nicht ankommt.

2. Fraglich ist, ob auch der **Mitgesellschafter** B über § 128 HGB für deliktische Haftung einzustehen hat.

a) Nach einer **Mindermeinung**[126] habe der Gesetzgeber bei § 128 HGB eher das Vertrauen in die vertragliche Haftung erfasst. Demnach sei § 128 HGB dahingehend einzuschränken, dass Gesellschafter für deliktische Haftung grundsätzlich nur mit ihrem Anteil am Gesellschaftsvermögen haften.

Demnach käme hier nur eine anteilige Haftung des B in Betracht, entsprechend der Größe seines Gesellschaftsanteils.

b) Nach **h.M.**[127] ergeben sich weder aus dem Wortlaut noch aus der Systematik des § 128 HGB Einschränkungen. Demnach haften OHG-Gesellschafter über § 128 HGB akzessorisch für alle Verbindlichkeiten der OHG, mithin auch für deliktische Verbindlichkeiten.

Hiernach haftet B über § 128 HGB auch für die deliktischen Ansprüche.

c) Stellungnahme: Gegen die Mindermeinung spricht, dass sie für die Mitgesellschafter auf eine Haftungsbegrenzung hinausläuft und hierdurch die Grenzen zwischen den einzelnen Gesellschaftsformen wie GmbH, OHG und KG verwischt. Im Übrigen ist die Unterscheidung deliktische Haftung und vertragliche Haftung auch problematisch, wie der vorliegende Fall zeigt. Vielmehr soll § 128 HGB gerade das uneingeschränkte Vertrauen der Gläubiger in die volle Haftung der Gesellschafter, und zwar aller Gesellschafter schützen, weswegen die akzessorische Haftung der Gesellschafter zur Haftung der Gesellschaft für alle Verbindlichkeiten, mithin auch für deliktische gilt. Anschließend müssen die Gesellschafter im Innenverhältnis sich ausgleichen.

Somit ist der h.M. zu folgen, sodass auch B in voller Höhe auf Schadensersatz und Schmerzensgeld in Anspruch genommen werden kann.

---

126 Altmeppen NJW 1996, 1017, 1018; NJW 2003, 1554.
127 BGH NJW 2003, 1445; Hopt § 128 HGB Rn. 2.

Abwandlung:

A. Anspruch U gegen die A-GbR auf Schadensersatz und Schmerzensgeld?

I. U könnte gegen die GbR einen **Anspruch aus § 280 Abs. 1 BGB i.V.m. § 124 Abs. 1 HGB analog** haben.

1. Vom Bestehen einer **wirksamen GbR i.S.v. § 705 BGB** ist auszugehen.

2. Es müsste eine **Verbindlichkeit der GbR aus § 280 Abs. 1 BGB** bestehen.

a) Vom Abschluss eines wirksamen Kaufvertrags, § 433 BGB, als **Schuldverhältnis** i.S.v. § 280 Abs. 1 BGB zwischen der ordnungsgemäß vertretenen GbR einerseits und U andererseits, ist auszugehen.

b) Zwar ist die GbR rechtsfähig, kann aber genauso wenig wie eine OHG eine **Pflichtverletzung** begehen. Daher muss das Fehlverhalten des Gesellschafters A der GbR zugerechnet werden. Da auch in den §§ 705 ff. BGB für die GbR keine spezielle Zurechnungsnorm vorgesehen ist, ist die Frage streitig.

aa) Nach der **Mindermeinung**[128] sind auch GbR-Gesellschafter als Erfüllungsgehilfen der GbR i.S.v. **§ 278 BGB** anzusehen. Demnach erfolgt eine Zurechnung des Gesellschafterfehlverhaltens über § 278 BGB.

bb) Nach **h.M.**[129] erfolgt die Zurechnung des Fehlverhaltens eines Gesellschafters an die GbR, ebenso wie bei den Handelsgesellschaften, **analog § 31 BGB**. Wenn die GbR rechtsfähig ist, muss auch eine Zurechnung ebenso erfolgen wie bei der OHG. § 278 BGB erscheine als nicht einschlägig, da ein Erfüllungsgehilfe fremde Verbindlichkeiten erfülle, hingegen ist der Gesellschafter als Organ Teil der GbR.

§ 278 und § 31 BGB sehen – anders als § 831 Abs. 1 S. 2 BGB – keine Exkulpation für sorgfältige Auswahl und Überwachung des Erfüllungsgehilfen bzw. Organs vor. Andererseits kann gemäß § 280 Abs. 1 S. 2 BGB eine Exkulpation dahingehend erfolgen, dass der Erfüllungsgehilfe bzw. das Organ selbst nicht schuldhaft gehandelt hat.

Somit wird das Fehlverhalten des A analog § 31 BGB zugerechnet.

Da beide Auffassungen zu gleichen Ergebnissen gelangen, ist eine Stellungnahme entbehrlich.

c) Das **Vertretenmüssen** aufseiten der GbR wird gemäß § 280 Abs. 1 S. 2 BGB vermutet bis zur Exkulpation. Aufgrund des vorstehenden Sachverhalts scheidet eine Exkulpation aus.

3. Rechtsfolge: U kann von der GbR Schadensersatz, § 249 Abs. 2 BGB, und ein angemessenes Schmerzensgeld, § 253 Abs. 2 BGB, verlangen.

II. Der gleiche Anspruch ergibt sich für **U gegen die GbR aus § 823 Abs. 1; § 823 Abs. 2 BGB i.V.m. § 229 StGB i.V.m. § 124 HGB analog**.

Da die GbR ebenso wie eine OHG zwar rechtsfähig ist, aber kein Delikt begehen kann, nimmt die h.M. für die Zurechnung wiederum § 31 BGB analog und rechnet das Fehlverhalten des Gesellschafters A der GbR zu.[130]

Somit hat U auch deliktische Ansprüche gegen die GbR.

---

128 MünchKomm/Ulmer § 718 BGB Rn. 35; Erman/Westermann § 718 BGB Rn. 9.

129 K. Schmidt NJW 2001, 993, 998; BGH NJW 2003, 1445.

130 BGH NJW 2003, 1445, 1446.

B. Daneben könnte **U auch Ansprüche gegen die Gesellschafter A und B** haben.

I. A hat das **Delikt unmittelbar begangen** und haftet daher direkt aus § 823 Abs. 1 und § 823 Abs. 2 BGB i.V.m. § 229 StGB.

II. Fraglich ist, ob **auch B deliktisch haftet**.

1. Nach **h.M.** haften die Gesellschafter einer GbR **analog § 128 HGB akzessorisch** für alle Schulden der Gesellschaft. Somit haftet B analog § 128 HGB nicht nur für die Ansprüche aus § 280 Abs. 1 BGB, sondern auch für die deliktischen Ansprüche aus § 823 Abs. 1, Abs. 2 BGB i.V.m. § 229 StGB.

2. Da nach der **Doppelverpflichtungstheorie** A eine „gespaltene" Willenserklärung für die GbR einerseits und für sich sowie für den Mitgesellschafter B andererseits abgegeben hat, sind die Gesellschafter auch Vertragspartei des Kaufvertrags mit U geworden, sodass dann eine Haftung aus § 280 Abs. 1 BGB in Betracht kommt.

Fraglich ist dann, ob bzw. wie das Fehlverhalten des A zuzurechnen ist. Innerhalb der Doppelverpflichtungstheorie herrscht Streit, ob eine Zurechnung im Rahmen der GbR über § 278 oder analog § 31 BGB erfolgt.[131] Teilweise wird auch eine Haftung abgelehnt, wenn die Pflichtverletzung ein Delikt begründe.[132]

3. Stellungnahme: Die Problematik zeigt, dass die Doppelverpflichtungstheorie mit ihrer gekünstelten Lösung zu einer gespaltenen Willenserklärung allenfalls noch eine vertragliche Haftung begründen kann. Sobald es jedoch um Haftung aus Pflichtverletzungen bis hin zur Haftung aus Delikt geht, versagt die Konstruktion, weil sie nichts anderes ist als ein rechtsdogmatisches Provisorium.[133] Somit ist die Doppelverpflichtungstheorie insgesamt abzulehnen und der Akzessorietätstheorie zu folgen.

Ergebnis: Auch die GbR-Gesellschafter A und B haften U analog § 128 HGB auf Schadensersatz und Schmerzensgeld akzessorisch zur GbR.

---

131 Altmeppen NJW 1996, 1017, 1026; NJW 2003, 1553.

132 Flume § 16 IV 6.

133 K. Schmidt NJW 2001, 993, 998, 999.

8. Teil: Veränderungen im Gesellschafterbestand

Fall 42: Zusammenschluss mit einem Kaufmann zur OHG, Eintritt und Austritt von Gesellschaftern

Die Kauffrau A vertreibt mit zunehmendem Erfolg Waren aus dem Wellness- und Beautybereich. Um weiter zu expandieren, schließt sie sich mit B am 01.02. zur A & B OHG zusammen. Die Eintragung der OHG erfolgt am 15.02. Zum 01.10. werden noch die Gesellschafter C und D in die OHG aufgenommen, was am 17.10. ins Handelsregister eingetragen wird. In der Folgezeit kommt es zu häufigen Unstimmigkeiten mit B, der mit C und D einfach nicht zusammenarbeiten kann. Daher scheidet B mit Wirkung zum 01.12. aus der OHG aus, was am 18.12. im Handelsregister eingetragen wird. Nunmehr verlangt L, der bereits am 08.01. die A mit diversen Produkten beliefert hatte, hierfür den Kaufpreis i.H.v. 15.000 €. Die Gesellschafter B, C und D weisen jegliche Haftung von sich, da die Gesellschaft seinerzeit noch gar nicht existiert habe. Ergänzend verweist B darauf, dass er bei Gründung der OHG mit A vereinbart habe, dass diese für Altschulden alleine haften solle. Hilfsweise beruft sich B darauf, dass er ohnehin aus der Gesellschaft ausgeschieden sei.

Welche Ansprüche hat L gegen die OHG sowie gegen A, B, C und D?

A. L könnte einen Anspruch **gegen die OHG** auf Kaufpreiszahlung i.H.v. 15.000 € **aus § 433 Abs. 2 BGB i.V.m. §§ 28 Abs. 1, 124 Abs. 1 HGB haben**.

I. Dies setzt zunächst eine **wirksame OHG** voraus.

1. Dafür müsste ein **wirksamer Gesellschaftsvertrag** vorliegen.

Am 01.02. hatten A und B vereinbart, das bislang von A als Einzelkauffrau betriebene kaufmännische Gewerbe i.S.v. § 1 HGB fortan gemeinsam unter gemeinsamer Firma zu betreiben. Mithin lag eine Einigung über den OHG-Vertrag i.S.v. **§ 105 Abs. 1, Abs. 3 HGB i.V.m. § 705 BGB** vor. Da Formvorschriften für eine OHG-Gründung nicht bestehen, liegt somit ein wirksamer Gesellschaftsvertrag vor.

2. Grundsätzlich entsteht die OHG gemäß § 123 Abs. 1 HGB mit ihrer Eintragung im Handelsregister, hier am 15.02. Sofern jedoch die OHG bereits vorher ihre Geschäfte (weiter) betrieben hat, ist sie gemäß § 123 Abs. 2 HGB bereits durch Vollzug nach außen hin entstanden.

3. Der Umstand, dass mittlerweile B aus der Gesellschaft ausgeschieden ist, führt gemäß **§ 131 Abs. 3 Nr. 3 HGB** lediglich zu seinem Ausscheiden aus der Gesellschaft, nicht aber zur Auflösung der OHG.

Damit besteht zurzeit eine wirksame OHG.

II. Ferner müsste eine **wirksame Verbindlichkeit der OHG** begründet worden sein.

1. L hat am 08.01. einen offenbar **wirksamen Kaufvertrag mit A geschlossen**, aus dem gemäß § 433 Abs. 2 BGB ein Kaufpreisanspruch i.H.v. 15.000 € resultiert. Da dieser Kaufvertrag mit A geschlossen wurde und zu diesem Zeitpunkt die OHG noch gar nicht existierte, haftete zunächst nur die Kauffrau A aus diesem Vertrag.

2. Fraglich ist, ob hierfür nun die **OHG gemäß § 28 Abs. 1 HGB** haftet.

a) Tritt jemand als persönlich haftender Gesellschafter in das Geschäft einer Einzelkauffrau ein, so haftet die nunmehr entstandene Gesellschaft gemäß § 28 HGB für alle im Betrieb des Geschäfts entstandenen Verbindlichkeiten der früheren Geschäftsinhaberin, auch wenn sie die frühere Firma nicht fortführt. Somit ist die OHG **gemäß § 28 Abs. 1 S. 1 HGB** ebenfalls verpflichtet, für die im Geschäftsbetrieb der A entstandene Verbindlichkeit i.H.v. 15.000 € einzustehen.

b) Die Haftung könnte gemäß **§ 28 Abs. 2 HGB** ausgeschlossen sein.

Klausurtipp:
§ 28 HGB ist keine Anspruchsgrundlage, sondern lediglich eine gesetzliche Haftungsanordnung, sodass die eigentliche Anspruchsgrundlage aus dem BGB hinzugenommen werden muss. Zur Klarstellung kann noch die generelle Norm des § 124 Abs. 1 HGB mitaufgeführt werden, die klarstellt, dass eine OHG rechtsfähig und damit haftungsfähig ist.

Zwar hatte B bei Gründung der OHG mit A vereinbart, dass A allein für die bisherigen Verbindlichkeiten aufkommen soll. Fraglich ist jedoch, ob diese Vereinbarung lediglich im Innenverhältnis A–B gilt oder auch Außenwirkung gegenüber dem Gläubiger, hier L, hat. Gemäß § 28 Abs. 2 HGB ist eine abweichende Vereinbarung im Außenverhältnis gegenüber dem Dritten nur wirksam, wenn sie in das Handelsregister eingetragen und bekannt gemacht oder von einem Gesellschafter dem Dritten mitgeteilt worden ist. Eine Eintragung ins Handelsregister i.S.v. § 28 Abs. 2 Var. 1 HGB ist hier nicht ersichtlich. Allerdings hat B die abweichende Vereinbarung mit A dem L nunmehr mitgeteilt. Da bereits geraume Zeit seit der Gründung der Gesellschaft verstrichen ist, ist fraglich, innerhalb welcher Frist die Mitteilung an den Gläubiger erfolgen muss. § 28 Abs. 2 HGB nennt hierfür keine Frist. Jedoch ist die Vorschrift im Interesse der Rechtssicherheit und Rechtsklarheit einschränkend auszulegen dahingehend, dass die abweichende Vereinbarung bei Gründung der OHG oder unverzüglich danach erfolgt.[134] Damit ist die erst Monate nach der OHG-Gründung erfolgte Mitteilung seitens B verspätet und kann keinen Haftungsausschluss im Außenverhältnis begründen.

L kann folglich von der OHG den Kaufpreis i.H.v. 15.000 € aus § 433 Abs. 2 BGB i.V.m. § 28 Abs. 1 i.V.m. § 124 Abs. 1 HGB verlangen.

B. L könnte außerdem **Ansprüche gegen die Gesellschafter** A, B, C und D haben.

I. L könnte einen **Kaufpreisanspruch gegen A aus § 433 Abs. 2 BGB** haben.

1. A hatte am 08.01. als damalige Kauffrau mit L den Kaufvertrag geschlossen. Damit ist die Kaufpreisverbindlichkeit **aus § 433 Abs. 2 BGB entstanden**.

2. Fraglich ist, ob dadurch, dass gemäß § 28 Abs. 1 S. 1 HGB die Haftung sich gegen die anschließend gegründete OHG richtet, A persönlich von ihrer Haftung **frei geworden** ist. Nach h.M. ist die Rechtsfolge der Geschäftsfortführung gemäß § 28 Abs. 1 S. 1 HGB als gesetzlicher Schuldbeitritt zu sehen.[135] Damit haftet die frühere Alleininhaberin des kaufmännischen Unternehmens für die vor der OHG-Gründung begründeten Geschäftsver-

---

134 Hopt § 28 HGB Rn. 6.

135 BGH WM 1989, 1219; Hopt § 28 HGB Rn. 5.

bindlichkeiten (Altverbindlichkeiten) unbeschränkt weiter. Wie sich aus § 28 Abs. 3 HGB ergibt, wird lediglich die Haftung zeitlich mit dem entsprechend anwendbaren § 26 Abs. 1 HGB beschränkt.

Somit haftet A weiterhin aus § 433 Abs. 2 BGB auf Kaufpreiszahlung in Höhe von 15.000 €.

II. Ferner könnte L einen Anspruch **gegen A aus § 433 Abs. 2 BGB i.V.m. § 128 HGB** haben.

1. Wie sich aus Vorstehendem (A.) ergibt, wurde eine **wirksame OHG** begründet.

2. Die **OHG haftet** auch für die vor ihrer Gründung entstandenen Altverbindlichkeiten des A gemäß **§ 28 Abs. 1 S. 1 HGB**, s.o. A.

3. A ist Gesellschafterin der OHG.

4. Rechtsfolge: Gemäß § 128 HGB haftet A somit für die Verbindlichkeiten der OHG, mithin auch für die Verbindlichkeit aus § 28 Abs. 1 S. 1 HGB i.V.m. § 433 Abs. 2 BGB. Diese Haftung tritt konstruktiv als Gesellschafterhaftung neben die originäre Haftung der A aus § 433 Abs. 2 BGB, s.o. B. I. 1.

III. Des Weiteren könnte L auch einen **Kaufpreisanspruch gegen B aus § 433 Abs. 2 BGB i.V.m. § 128 HGB** haben.

1. Wie vorstehend ausgeführt, wurde eine **OHG wirksam** gegründet.

2. Die **OHG haftet**, wie vorstehend ausgeführt, aus § 28 Abs. 1 HGB i.V.m. § 433 Abs. 2 BGB.

3. B müsste **als Gesellschafter der OHG** für die Verbindlichkeit haften.

a) Durch den Abschluss des Gesellschaftervertrags i.S.v. § 105 Abs. 1, Abs. 3 HGB i.V.m. § 705 BGB entsprechend und den Vollzug nach außen hin i.S.v. § 123 HGB hat B zusammen mit A eine wirksame OHG gegründet, sodass hierdurch seine Gesellschafterposition entstanden ist.

b) B ist mit Wirkung zum 01.12. **ausgeschieden**. Zwar erfolgte die Eintragung im Handelsregister diesbezüglich erst am 18.12. Jedoch sieht § 143 Abs. 2 HGB lediglich isoliert die Eintragungspflicht hinsichtlich des Ausscheidens vor. Dies bedeutet, dass die Eintragung diesbezüglich nur deklaratorisch, nicht konstitutiv wirkt. Somit ist das Ausscheiden des B zum 01.12. wirksam geworden. Allerdings ist aufgrund der erst später erfolgten Eintragung § 15 Abs. 1 HGB zu beachten: Hiernach kann sich B im Verhältnis zu Dritten, also auch gegenüber L, so lange nicht auf sein Ausscheiden berufen, wie keine Eintragung erfolgt ist. Unabhängig davon ist jedoch zu beachten, dass das Ausscheiden nur ex nunc wirkt. Daher kann das Ausscheiden die zuvor zulasten des B entstandene Haftung nicht entfallen lassen. Dies ergibt sich auch aus § 160 HGB, der allenfalls die Nachhaftung des Ausgeschiedenen zeitlich begrenzen kann.

L hat folglich einen Anspruch auf Kaufpreiszahlung i.H.v. 15.000 € aus § 433 Abs. 2 BGB i.V.m. § 128 HGB gegen B. Der Umstand, dass B mit A im Innenverhältnis vereinbart hat, dass A alleine haften soll, hat keine Außenwirkung gegenüber L (vgl. oben).

IV. Ferner könnte ein **Kaufpreisanspruch L gegen C und D aus § 433 Abs. 2 BGB i.V.m. §§ 130, 128 HGB** bestehen.

1. Es besteht eine wirksame **OHG** i.S.v. §§ 105, 123 HGB.

2. Es besteht eine **wirksame Verbindlichkeit der OHG** auf Kaufpreiszahlung i.H.v. 15.000 € aus § 433 Abs. 2 BGB i.V.m. § 28 Abs. 1 S. 1 i.V.m. § 124 HGB.

3. C und D müssten Gesellschafter der OHG sein.

Zu dem Zeitpunkt, als die Verbindlichkeit der OHG auf Kaufpreiszahlung für die OHG entstanden ist, nämlich im Februar gemäß § 28 Abs. 1 S. 1 HGB, waren C und D noch keine Gesellschafter. Vielmehr sind C und D erst am 01.10. eingetreten, nicht erst am 17.10., da die Eintragungspflicht i.S.v. § 143 HGB lediglich deklaratorisch ist. Fraglich ist daher, ob C und D auch für Altschulden vor ihrem Eintritt haften müssen. Gemäß § 130 Abs. 1 HGB haften Gesellschafter, die in eine bestehende Gesellschaft eintreten, gleich den anderen Gesellschaftern nach Maßgabe der §§ 128, 129 HGB für alle vor ihrem Eintritt begründeten Verbindlichkeiten der Gesellschaft.

Somit haften C und D auch für die vor ihrem Eintritt begründeten Verbindlichkeiten. Sofern sie mit A im Innenverhältnis Abweichendes vereinbart haben, ist diese Vereinbarung im Außenverhältnis gegenüber L unwirksam, § 130 Abs. 2 HGB.

L hat folglich auch einen Anspruch auf Kaufpreiszahlung i.H.v. 15.000 € gegen C und D aus § 433 Abs. 2 BGB i.V.m. §§ 130, 128 HGB.

Klausurtipp:
Unterscheide:
- **§ 28 HGB**
  Haftung für Altschulden, falls eine Handelsgesellschaft erstmalig durch Zusammenschluss mit einem bisherigen Einzelkaufmann gegründet wird
- **§ 130 HGB**
  Haftung des eintretenden Gesellschafters in eine bereits existierende Handelsgesellschaft für Altschulden der Gesellschaft
- **§ 173 HGB**
  Haftung des in eine bereits existierende Handelsgesellschaft eintretenden Kommanditisten für alle bisherigen Altschulden der Handelsgesellschaft

Fall 43: Sonderhaftung des eintretenden und austretenden Gesellschafters in einer KG

Die „Bad-Idee-KG", vertreten durch den Komplementär A, hat mit Kaufvertrag vom 05.08. bei V Badmöbel zum Preis von 80.000 € bestellt. V lieferte die Möbel ordnungsgemäß an die KG aus. Am 25.08. wurden seitens der KG lediglich 40.000 € bezahlt, da sich die KG in wirtschaftlicher Bedrängnis befand. V, der angesichts dessen besorgt um sein Geld ist, stellt Nachforschungen an. Diese ergeben, dass die wirtschaftliche Lage des Komplementärs A ebenso angespannt wie die der KG ist. Hingegen hat der Kommanditist B seine Hafteinlage erbracht. Allerdings ist vor kurzem noch C als weiterer Kommanditist in die KG eingetreten: Der Eintritt des C erfolgte am 01.08. und wurde am 20.08. in das Handelsregister eingetragen. Auf die im Handelsregister eingetragene Haftsumme von 50.000 € hat C bislang erst 50% eingezahlt. V möchte nunmehr C auf den Restkaufpreis von 40.000 € in Anspruch nehmen. C wendet hiergegen ein, V habe bei Abschluss des Kaufvertrags nichts von seiner Existenz als Kommanditist gewusst. Im Übrigen könne V allenfalls 25.000 € beanspruchen. Zu Recht?

Abwandlung:

Was gilt, wenn C bei Abschluss des Gesellschaftsvertrags am 01.08. mit der KG vereinbart hatte, dass der Eintritt erst wirksam wird, wenn er in das Handelsregister eingetragen wird und C seine Hafteinlage in voller Höhe eingezahlt hatte?

I. Ein Anspruch V gegen C auf Restkaufpreiszahlung i.H.v. 40.000 € könnte sich **aus § 433 Abs. 2 BGB i.V.m. § 171 Abs. 1 HGB** ergeben.

1. Von dem **Bestehen einer wirksamen KG** gemäß §§ 161, 105, 123 HGB ist auszugehen.

2. Ferner müsste eine **Kaufpreisverbindlichkeit der KG** bestehen.

a) Die **Verbindlichkeit der KG** ist **entstanden**, wenn ein wirksamer Kaufvertrag zwischen V und der KG, vertreten durch den Komplementär A, zustande gekommen ist, § 164 Abs. 1 BGB. Der Komplementär ist gemäß § 161 Abs. 2 i.V.m. § 125 Abs. 1 HGB vertretungsberechtigt, sodass ein wirksames Stellvertretergeschäft des A vorlag. Somit ist am 05.08. ein wirksamer Kaufvertrag zwischen V und der KG, vertreten durch A, zustande gekommen. Hieraus resultiert die Verbindlichkeit der KG auf Kaufpreiszahlung, § 433 Abs. 2 BGB, i.H.v. 80.000 €.

b) Durch Zahlung seitens der KG i.H.v. 40.000 € am 25.08. ist der Anspruch **gemäß § 362 Abs. 1 BGB** durch Erfüllung in dieser Höhe **untergegangen**. Somit besteht zurzeit eine Verbindlichkeit der KG aus § 433 Abs. 2 BGB i.V.m. §§ 161 Abs. 2, 124 Abs. 1 HGB i.H.v. noch 40.000 €.

3. C müsste am 05.08., als der Kaufvertrag geschlossen wurde, **Kommanditist** gewesen sein. Zwar ist C bereits am 01.08. als Kommanditist in die KG eingetreten. Bedenken könnten sich jedoch insofern ergeben, weil C zu diesem Zeitpunkt noch nicht im Handelsregister eingetragen war. Gemäß § 162 Abs. 1 i.V.m. Abs. 3 HGB besteht eine Eintragungspflicht. Diese ist jedoch, wie bereits aus dem Wortlaut der Vorschrift folgt, keine Wirksamkeitsvoraussetzung, d.h., sie wirkt nicht konstitutiv, sondern nur deklaratorisch. Somit war C bereits bei Abschluss des Kaufvertrags am 05.08. Kommanditist.

4. Rechtsfolge: C haftet für die Verbindlichkeiten der KG gemäß **§ 171 Abs. 1 HGB** nur, „soweit" die Einlage noch nicht geleistet worden ist. Da von der versprochenen Haftungseinlage des C noch 25.000 € fehlen, besteht somit eine Haftung des C i.H.v. lediglich 25.000 € gegenüber V.

V kann daher von C aus § 433 Abs. 2 BGB i.V.m. § 171 Abs. 1 HGB nicht 40.000 €, sondern lediglich 25.000 € verlangen.

II. Ferner könnte sich ein Anspruch V gegen C auf den Restkaufpreis i.H.v. 40.000 € **aus § 433 Abs. 2 BGB i.V.m. § 176 Abs. 2 i.V.m. Abs. 1 i.V.m. § 128 HGB** ergeben.

Unterscheide:

1. § 176 Abs. 1 HGB:
- Neugründung einer KG
- Verbindlichkeit nach Entstehen der KG, aber vor Eintragung der KG entstanden

2. § 176 Abs. 2 HGB:
- Eintritt als Kommanditist in eine bereits existierende Handelsgesellschaft
- Verbindlichkeit nach Eintritt, aber vor Eintragung als Kommanditist entstanden

3. § 173 HGB:
- Eintritt in eine existierende Handelsgesellschaft
- Verbindlichkeit vor Eintritt als Kommanditist entstanden

1. Es besteht eine **wirksame KG**, §§ 161 Abs. 1, Abs. 2, 105, 123 HGB.

2. Ebenso besteht eine **Verbindlichkeit** aus § 433 Abs. 2 BGB i.V.m. §§ 161 Abs. 2, 124 HGB i.H.v. noch 40.000 € (s.o.).

3. Die **Verbindlichkeit der KG** muss bei § 176 Abs. 2 HGB **zwischen Eintritt und Eintragung des C begründet** worden sein. Die Verbindlichkeit der KG aus Kaufvertrag wurde am 05.08. und damit zwischen dem Eintritt des C am 01.08. und seiner Eintragung ins Handelsregister am 20.08. begründet.

4. Daher gilt über § 176 Abs. 2 der **§ 176 Abs. 1 HGB** entsprechend.

a) Geht man aufgrund der Verweisung in § 176 Abs. 2 auf § 176 Abs. 1 HGB vom Wortlaut des § 176 Abs. 1 HGB aus, so verlangt dieser die **Zustimmung** des Kommanditisten zum Abschluss des Kaufvertrags. Jedoch wird anders als in dem unmittelbaren Anwendungsbereich des § 176 Abs. 1 HGB, welcher auf das Stadium der Gesellschaftsgründung zugeschnitten ist, im Rahmen des § 176 Abs. 2 HGB, der lediglich den neu hinzukommenden Kommanditisten betrifft, eine derartige Zustimmung nicht verlangt.[136]

b) Gemäß § 176 Abs. 1 Hs. 2 HGB ist eine persönliche Haftung des neu eingetretenen Kommanditisten ausgeschlossen, wenn der Vertragspartner der KG bereits bei Abschluss des Vertrags **Kenntnis vom (bloßen) Eintritt** als **Kommanditist** hatte, weil er dann nicht auf eine persönliche Haftung vertrauen konnte. Eine derartige Kenntnis bestand bei V nicht.

c) Fraglich ist, ob umgekehrt zumindest eine Kenntnis des V dahingehend erforderlich ist, dass er bei Abschluss des Kaufvertrags jedenfalls wissen musste, dass **überhaupt C als neuer Gesellschafter** zuvor in die Gesellschaft eingetreten war. Der Wortlaut des § 176 Abs. 1 HGB verlangt dies nicht. Lediglich umgekehrt ist die Kenntnis vom Eintritt als Kommanditist gemäß § 176 Abs. 1 Hs. 2 HGB Ausschlussgrund für die persönliche Haftung. Zwar besteht der Hauptzweck des § 176 HGB im Vertrauensschutz des Vertragspartners, daneben wirkt er jedoch zugleich als Sanktion für die nicht (rechtzeitige) Befolgung von handelsrechtlichen Eintragungspflich-

136 BGHZ 82, 211.

ten. Nach h.M. findet daher § 176 HGB auch dann zum Schutze des Vertragspartners Anwendung, wenn dem Vertragspartner von dem Vorhandensein des als Kommanditisten eingetretenen Gesellschafters überhaupt nichts bekannt war.[137]

5. Rechtsfolge: C haftet gemäß **§ 176 Abs. 2 i.V.m. Abs. 1 HGB** für alle Verbindlichkeiten der KG, die zwischen seinem Eintritt und seiner Eintragung ins Handelsregister begründet worden sind „gleich einem persönlich haftenden Gesellschafter". Daher haftet C für die Kaufpreisverbindlichkeit wie ein Komplementär gemäß § 128 HGB unbeschränkt.

Somit kann V den C auf den gesamten Restkaufpreis von 40.000 € persönlich in Anspruch nehmen.

Abwandlung:

I. V könnte gegen C einen Anspruch auf Zahlung des Restkaufpreises i.H.v. 40.000 € **aus § 433 Abs. 2 BGB i.V.m. § 176 Abs. 2, Abs. 1 i.V.m. § 128 HGB** haben.

1. Es besteht eine **wirksame KG**, §§ 161 Abs. 1, Abs. 2, 105, 123 HGB.

2. Gemäß § 433 Abs. 2 BGB i.V.m. §§ 161 Abs. 2, 124 HGB besteht eine wirksame **Verbindlichkeit der KG** von noch 40.000 €.

3. § 176 Abs. 2 HGB erfordert die **Begründung der Verbindlichkeit der KG zwischen Eintritt und Eintragung** als Kommanditist. Hier hatte C mit der KG im Gesellschaftsvertrag am 01.08. vereinbart, dass sein Eintritt erst mit der Eintragung ins Handelsregister wirksam werden sollte. Somit hat C mit der KG einen aufschiebend bedingten Eintritt i.S.v. § 158 Abs. 1 BGB vereinbart. Fraglich ist, ob eine derartige aufschiebende Bedingung zulässig ist, da sie offenbar zu dem Zweck erfolgt ist, die persönliche Haftung nach § 176 HGB, der gerade voraussetzt, dass eine Verbindlichkeit zwischen Eintritt und Eintragung begründet wird, zu vermeiden. Einerseits ist zu bedenken, dass zwischen Eintritt und Eintragung im Register stets ein gewisser Zeitraum liegt, auf den der eintretende Kommanditist keinen Einfluss hat, weil er vom Registerbeamten abhängig ist. Andererseits kann er von der KG nicht verlangen, dass sie in der Zwischenzeit keine Verträge abschließt. Somit ist es legitim und stellt kein bloßes Umgehungsgeschäft dar, wenn man lediglich aufschiebend bedingt den Eintritt als Kommanditist erklärt, zumal man zuvor auch nicht an dem Gewinn der KG teilnimmt.

Somit hat C aufgrund des wirksam vereinbarten aufschiebend bedingten Eintritts seine Kommanditistenstellung erst mit der Eintragung am 20.08. erworben. Mithin wurde die Verbindlichkeit der KG aus Kaufvertrag nicht zwischen Eintritt und Eintragung begründet, sodass eine Haftung aus § 176 Abs. 2 HGB entfällt.

II. Es könnte ein Anspruch **V gegen C** auf Zahlung des Restkaufpreises **aus § 433 Abs. 2 BGB i.V.m. § 171 Abs. 1 HGB** bestehen.

137 H.M. BGH WM 1986, 1280; Hopt § 176 HGB Rn. 9.

1. Es besteht eine **wirksame KG**, § 161 Abs. 1, Abs. 2 i.V.m. §§ 105, 123 HGB.

2. Ferner existiert eine wirksame **Verbindlichkeit der KG** i.H.v. noch 40.000 €, § 433 Abs. 2 BGB, §§ 161, 124 HGB.

3. § 171 HGB setzt voraus, dass der **Kommanditist** bereits seine Kommanditistenstellung **zur Zeit der Begründung der Verbindlichkeit der KG** innehatte. Da hier C wirksam aufschiebend bedingt erst zum 20.08. eingetreten ist (s.o.), war er bei Begründung der Verbindlichkeit aus Kaufvertrag vom 05.08. noch kein Kommanditist.

Haftung Neueintretender für Altschulden der Gesellschaft:
- § 130 i.V.m. § 128 HGB für Komplementäre
- § 173 i.V.m. § 171 HGB für Kommanditisten

Somit lässt sich eine Haftung aus § 171 HGB nicht herleiten.

III. Der Anspruch **V gegen C** auf Restkaufpreis könnte sich aber **aus § 433 Abs. 2 BGB i.V.m. § 173 i.V.m. § 171 HGB** ergeben.

1. Es existiert eine **wirksame KG**, § 161 Abs. 1, Abs. 2 i.V.m. §§ 105, 123 HGB.

2. Ferner besteht eine wirksame **Verbindlichkeit der KG** i.H.v. noch 40.000 €.

3. Ein **späterer Eintritt des C als Kommanditist i.S.v. § 173 HGB** ist erfolgt.

Da C am 20.08. wirksam in die KG eingetreten ist, gelten über § 173 Abs. 1 HGB die §§ 171 f. HGB entsprechend.

Somit haftet C auch für Altschulden der KG, allerdings nach § 171 Abs. 1 HGB nur, soweit er seine Einlage noch nicht erbracht hat. Vorliegend hat C seine Einlage i.H.v. 50.000 € in voller Höhe erbracht, sodass insofern eine persönliche Haftung des C ausscheidet.

Ergebnis: V hat keine Ansprüche gegen C.

Fall 44: Eintritt bei einer GbR

Rechtsanwalt A, der vorwiegend als Strafverteidiger tätig war, betrieb seine Kanzlei in Räumlichkeiten, die er von V angemietet hatte. Zum 01.08. schloss er sich mit Rechtsanwältin B zusammen. Beide betrieben fortan in den Räumlichkeiten die A & B Rechtsanwaltssozietät als GbR. Da die Nebenkostenabrechnung des V vom 05.03. für das Vorjahr noch nicht bezahlt ist, möchte V wissen, ob er diese nunmehr auch gegen die GbR sowie gegen A und B geltend machen kann.

Abwandlung:

Der Rechtsanwalt A und die Rechtsanwältin B hatten eine Sozietät als GbR gegründet. Später nahmen sie noch Rechtsanwältin C als Mitgesellschafterin auf. Könnte V seinen Anspruch auf die zwischenzeitlich abgerechneten Nebenkosten nunmehr gegen C geltend machen?

A. Fraglich ist, ob ein **Anspruch des V gegen die GbR auf Bezahlung der Nebenkostenabrechnung** besteht.

I. A und B haben eine **wirksame GbR gemäß § 705 BGB** als anwaltliche Sozietät gegründet.

II. Es müsste eine wirksame **Verbindlichkeit der GbR** bestehen.

1. Zwar ist die GbR rechtsfähig und kann analog § 124 HGB für Verbindlichkeiten in Anspruch genommen werden. Allerdings war **seitens der GbR kein Mietvertrag** mit V abgeschlossen worden, sodass sie nicht Vertragspartei des V ist und deswegen insofern auch keine Nebenkosten zu dem Mietverhältnis schuldet.

2. Fraglich ist jedoch, ob die GbR für Altschulden des bisherigen „Einzelkämpfers" A haftet. In §§ 705 ff. BGB ist insofern keine Haftungsanordnung getroffen. In Betracht kommt jedoch eine **analoge Anwendung des § 28 Abs. 1 S. 1 HGB**.

a) Zweifelhaft ist bereits, ob eine **planwidrige Regelungslücke** besteht oder ob der Gesetzgeber im Unterschied zu Handelsgeschäften gerade keine Haftung für Altschulden konstruieren wollte. Die Frage kann dahinstehen, wenn zumindest keine vergleichbare Interessenlage vorliegt.

Klausurtipp: Voraussetzungen einer Analogie:
1. Planwidrige Regelungslücke
2. Vergleichbare Interessenlage

b) Problematisch ist, **ob eine vergleichbare Interessenlage** für eine analoge Anwendung des § 28 HGB bejaht werden kann.

Vorliegend geht es um die Nebenkostenabrechnung des V aus dem Mietverhältnis mit A aus dem Vorjahr, sodass Altschulden, die vor der Gründung der GbR entstanden sind, i.S.v. § 28 HGB vorliegen. Die besondere Problematik, ob bei Dauerschuldverhältnissen auch für später fällig werdende Verbindlichkeiten gehaftet wird, stellt sich hier somit nicht.

Sieht man mit der nunmehr ganz h.A. die GbR als rechtsfähig an und wendet § 124 HGB analog an, so erscheint es auch konsequent, § 28 Abs. 1 S. 1 HGB bei Gründung der GbR analog anzuwenden. Gleichwohl hat der BGH[138] eine analoge Anwendung des § 28 HGB jedenfalls für den Fall abgelehnt, dass Verbindlichkeiten aus einem Mandatsvertrag des bisherigen

138 BGH NJW 2004, 836; BGH RÜ 2012, 91.

Einzelanwalts stammten und dies im Wesentlichen damit begründet, dass das Mandat mit einem Einzelanwalt in besonderer Weise von der persönlichen Dienstleistung durch diesen geprägt sei und der Mandant nicht darauf hoffen könne, dass später überhaupt noch eine Gesellschaft gegründet werde.

Vorliegend geht es nicht um eine Verbindlichkeit aus persönlicher Dienstleistung, sodass die BGH-Rspr. hier nicht entgegensteht. Andererseits ließe sich auch hier argumentieren, dass ein Vermieter ein Mietverhältnis aufgrund persönlichen Eindrucks und persönlichen Vertrauens in den ursprünglichen Einzelanwalt abgeschlossen hat. Ob insofern § 28 Abs. 1 S. 1 HGB analog anwendbar ist, ist umstritten.

aa) In der **Lit. wird zum Teil**[139] grundsätzlich eine analoge Anwendung des § 28 Abs. 1 S. 1 HGB auf die GbR jedenfalls dann angenommen, wenn es um Rechtsverhältnisse geht, die nicht die Besonderheiten der Ausübung des freien Berufes als solchen betreffen. Demnach wäre hier die GbR für die bloße Nebenkostenabrechnung analog § 28 Abs. 1 S. 1 HGB haftbar. Dies lässt sich mit dem Argument bejahen, dass es andernfalls nicht verständlich sei, unter Berücksichtigung der Gläubigerinteressen des Vermieters danach zu differenzieren, ob sich zwei Angehörige eines freien Berufes als GbR oder zwei kaufmännische Gewerbetreibende als Handelsgesellschaft zur gemeinsamen Berufsausübung zusammenschließen.[140]

bb) Die **Gegenansicht**[141] lehnt hingegen generell eine analoge Anwendung des § 28 HGB auf die GbR ab. Denn es fehle eine vergleichbare Interessenlage zu den Handelsgesellschaften. Würde man § 28 HGB analog auf die GbR anwenden, würde letztlich gar kein Unterschied zu den Handelsgesellschaften bestehen. Dies verstoße gegen den Grundsatz des numerus clausus im Gesellschaftsrecht. Demnach ist vorliegend keine Haftung der GbR gegeben.

cc) Stellungnahme: Gegen eine analoge Anwendung des § 28 Abs. 1 HGB auf die GbR spricht, dass die Vorschrift strukturell nicht auf eine GbR passt. Dies folgt nämlich daraus, dass bei Gründung einer Handelsgesellschaft gemäß § 28 Abs. 2 HGB die Möglichkeit besteht, abweichende Vereinbarungen im Handelsregister eintragen zu lassen. Da für die GbR kein Register existiert, kommt diese Haftungsausschlussmöglichkeit von vornherein nicht in Betracht. Dies würde aber eine Ungleichbehandlung im Verhältnis zu den Handelsgesellschaften begründen. Das wiederum würde bedeuten, dass eine Gesellschaft bürgerlichen Rechts schlechter stünde als eine Handelsgesellschaft. Übrig bliebe nämlich für die GbR lediglich die Ausschlussmöglichkeit über § 28 Abs. 2 Var. 2 HGB, wonach anderweitige Vereinbarungen von einem Gesellschafter dem Dritten mitgeteilt werden müssten. Angesichts der Umständlichkeit dieser Möglichkeit und der Tatsache, dass vielfach zumindest für den neu hinzukommenden Gesellschafter die Person der Gläubiger gar nicht bekannt ist, kann diese Möglichkeit dann gar nicht wahrgenommen werden. Somit ist der zweiten Meinung zu folgen, wonach eine analoge Anwendung des § 28 HGB auf eine GbR ausscheidet.

---

139 K. Schmidt NJW 2003, 1897, 1903.

140 OLG Naumburg RÜ 2006, 240, 244.

141 Koller/Roth/Morck § 28 Rn. 5.

B. Fraglich ist, welche **Ansprüche** dem **V gegen A und B** zustehen.

I. Der **Anspruch des V** auf Bezahlung der Nebenkosten könnte gegen A bestehen.

1. Der Anspruch auf Bezahlung der Nebenkostenabrechnung ist aus dem Mietverhältnis, das zwischen A und V begründet wurde, **entstanden**.

2. Untergangsgründe sind **nicht ersichtlich**. Selbst wenn man entgegen der hier gefolgten Auffassung § 28 Abs. 1 S. 1 HGB analog anwendet, führt dies nicht zum Untergang der Forderung gegen den ursprünglichen Einzelinhaber.

V hat somit den Anspruch nach wie vor gegen A.

II. Daneben könnte **V** einen Anspruch **gegen die B aus Mietvertrag i.V.m. § 128 HGB analog** haben.

Zwar wendet die h.M. für die akzessorische Haftung der GbR-Gesellschafter § 128 HGB analog an (s. Fall 40). Jedoch besteht nach der hier gefolgten Auffassung keine Verbindlichkeit der GbR analog § 28 HGB für die Nebenkostenabrechnung, sodass insofern auch eine akzessorische Haftung des Gesellschafterin B nicht in Betracht kommt.

Abwandlung:

Anspruch V gegen C aus Mietvertrag i.V.m. § 130 HGB analog?

I. In §§ 705 ff. BGB ist eine **Haftungsanordnung** für den später eintretenden GbR-Gesellschafter **nicht vorgesehen**.

II. In Betracht kommt eine **analoge Anwendung des § 130 HGB**.

Voraussetzung dafür ist eine planwidrige Regelungslücke und eine **vergleichbare Interessenlage**.

Da die ganz vorherrschende Akzessorietätstheorie für die Haftung der GbR-Gesellschafter § 128 HGB analog anwendet, erscheint es auch konsequent, für später eintretende Gesellschafter § 130 HGB analog anzuwenden. Fraglich ist allerdings, ob dies nicht einen gewissen Widerspruch dazu darstellt, dass nach der hier gefolgten Auffassung eine analoge Anwendung des § 28 HGB abgelehnt wurde (s. Ausgangsfall). Allerdings war tragende Erwägung für die Ablehnung der analogen Anwendung des § 28 HGB, dass eine GbR keinen Haftungsausschluss gemäß § 28 Abs. 2 HGB eintragen lassen kann. Dieses Argument ist vorliegend ohnehin obsolet, da nach § 130 Abs. 2 HGB auch bei einer Handelsgesellschaft eine entsprechende Vereinbarung, die zu einem Haftungsausschluss des später eingetretenen Gesellschafters führen würde, Dritten gegenüber unwirksam ist. Da somit das tragende Argument nicht entgegensteht, erscheint es konsequent, § 130 HGB analog auf später eintretende GbR-Gesellschafter anzuwenden. Dies wird von der h.M. bejaht.[142] Eine Analogie zu § 130 HGB scheint auch gesetzeskonform, da der Gesetzgeber eigentlich für alle Personengesellschaften eine Haftung des neu eintretenden Gesellschafters für Altschulden vorsieht, vgl. §§ 130, 173 HGB und in § 8 Abs. 1 PartGG für die Partnerschaftsgesellschaft.

Somit haftet die C analog § 130 HGB für die Altschulden der GbR.

---

142 BGH NJW 2003, 1103; BGH NJW 2006, 765.

Fall 45: Austritt eines Gesellschafters

Die A-KG vertreibt Futtermittel für den landwirtschaftlichen Bereich. Sämtliche Auslieferungsfahrzeuge hat sie bei L aufgrund Leasingvertrags vom 01.01. für einen Zeitraum von sechs Jahren geleast. Ursprünglich bestand die KG aus den persönlich haftenden Gesellschaftern A und B sowie dem Kommanditisten C. Am 01.06. scheidet A aus der KG aus, welche von B und C vereinbarungsgemäß fortgeführt wird. Aufgrund der angespannten wirtschaftlichen Situation wird seitens der KG die Leasingrate für Juli nicht bezahlt. L fragt besorgt, ob er den wirtschaftlich solventen A noch persönlich in Anspruch nehmen kann und ob dies auch für die weiteren Leasingraten gilt?

Abwandlung:

Wie ist die Haftung des A zu beurteilen, wenn es sich um eine BGB-Gesellschaft handelt?

Es könnte ein Anspruch des L gegen A auf Bezahlung der Leasingrate für Juli **aus § 535 Abs. 2 BGB analog i.V.m. § 161 Abs. 2 i.V.m. § 128 HGB** bestehen.

I. Es existiert eine wirksame **KG** gemäß §§ 161, 123 HGB bei Abschluss des Leasingvertrags.

Klausurtipp:
Zwar ist der Leasingvertrag als solcher nicht ausdrücklich geregelt. Aufgrund der Ähnlichkeit zum Mietvertrag lässt sich jedoch für den Anspruch auf die Leasingrate § 535 Abs. 2 BGB analog anwenden.

II. Aus dem Leasingvertrag besteht eine **Verbindlichkeit der seinerzeit wirksam vertretenen KG** gemäß § 161 Abs. 2 i.V.m. § 124 HGB i.V.m. § 535 Abs. 2 BGB analog für den Monat Juli; ferner für die Leasingraten bis zum Ende des Leasingvertrags, welche aber zurzeit noch nicht fällig sind.

III. A ist Komplementär der KG, also persönlich haftender Gesellschafter.

1. A war **zur Zeit der Begründung der Verbindlichkeit**, d.h. zum Zeitpunkt des Abschlusses des Leasingvertrags Gesellschafter und haftet damit gemäß § 161 Abs. 2 i.V.m. § 128 HGB für die Verbindlichkeiten aus dem Leasingvertrag.

2. Fraglich ist, welchen **Einfluss das Ausscheiden des A** hat.

a) An sich kann das Ausscheiden für Verbindlichkeiten, die bis zu dem Ausscheiden des Gesellschafters begründet worden sind, d.h. entstanden sind, keinen Untergang begründen. Ist die Verbindlichkeit nämlich bis zu seinem Ausscheiden entstanden, so haftet der Ausgeschiedene über § 128 i.V.m. § 161 Abs. 2 HGB, da § 128 HGB lediglich verlangt, dass die Gesellschaftszugehörigkeit zum Zeitpunkt der Begründung der Verbindlichkeit bestand. Demnach bildet das Ausscheiden **keinen Erlöschungsgrund** für die Haftung. Vorliegend hat der Leasingvertrag als Dauerschuldverhältnis für alle Monate den Anspruch entstehen lassen, wenngleich sie auch erst später zeitabschnittsweise fällig werden.

b) Damit die Haftung des Ausgeschiedenen insbesondere bei Dauerschuldverhältnissen nicht zur Endloshaftung wird, ist sie **zeitlich in § 160 HGB begrenzt:** Gemäß § 160 Abs. 1 S. 1 HGB haftet der Ausgeschiedene für alle bis dahin begründeten Verbindlichkeiten, wenn sie vor Ablauf von fünf Jahren nach der Eintragung des Ausscheidens fällig und daraus Ansprüche gegen ihn gemäß § 197 Abs. 1 Nr. 3–5 BGB geltend gemacht sind.

Ergebnis: Folglich haftet A trotz seines Ausscheidens noch für die Leasingrate sowie für alle weiteren Raten, die innerhalb von fünf Jahren nach Eintragung seines Ausscheidens fällig werden. Allerdings muss L betreffende Ansprüche innerhalb der 5-Jahresfrist durch eine Handlung i.S.v. § 197 Abs. 1 Nr. 3–5 BGB geltend machen. Eine derartige Handlung ist gemäß § 160 Abs. 2 HGB entbehrlich, wenn der Ausgeschiedene A die betreffende Verbindlichkeit schriftlich anerkannt hat.

Klausurtipp:
Lässt L hingegen die 5-Jahresfrist verstreichen, tritt automatisch Enthaftung ein, da es sich bei § 160 HGB anders als bei der Verjährung (§ 214 Abs. 1 BGB) nicht um eine Einrede handelt.

Abwandlung:

L könnte gegen A ein Anspruch auf Leasingraten **analog § 535 Abs. 2 BGB i.V.m. § 128 HGB analog** zustehen.

I. Es besteht eine **wirksame GbR i.S.v. § 705 BGB**.

II. Hier wurde eine wirksame **Verbindlichkeit der GbR** aus Leasingvertrag analog § 535 Abs. 2 BGB i.V.m. § 124 HGB analog begründet.

III. Der Gesellschafter **A müsste** für diese Verbindlichkeit der GbR **haften**.

1. A war zur Zeit der Begründung der Verbindlichkeit Gesellschafter der GbR. Somit haftet A nach der vorherrschenden Akzessorietätstheorie analog § 128 HGB für die Verbindlichkeit der GbR.

„Rechtssuche" bei GbR:

1. Regelung in §§ 705 ff. BGB vorhanden? Falls nicht:

2. Schließung der Lücke durch Analogie?

a) §§ 705 ff. BGB analog?

b) §§ 105 ff. HGB analog?

3. ggf. normales BGB.

2. Gemäß § 736 Abs. 2 BGB gelten die Regelungen des **§ 160 HGB** für einen ausgeschiedenen GbR-Gesellschafter **„sinngemäß"**.

Dies bedeutet, dass – ebenso wie im Ausgangsfall – A für alle Verbindlichkeiten, die innerhalb des 5-Jahreszeitraums fällig werden, haftet. Fraglich ist jedoch, wann der 5-Jahreszeitraum beginnt. Da das Ausscheiden des GbR-Gesellschafters in keinem Register eingetragen werden kann, bedeutet die gemäß § 736 Abs. 2 BGB „sinngemäße" Anwendung, dass die Frist des § 160 HGB nicht mit der Eintragung des Ausscheidens, sondern mit der Kenntnis des Gläubigers vom Ausscheiden des GbR-Gesellschafters beginnt.[143]

Ergebnis: Folglich haftet A gegenüber L für alle Leasingraten, die innerhalb von fünf Jahren seit Kenntnis des L vom Ausscheiden des A fällig werden, sofern L den Anspruch durch eine Handlung i.S.v. § 197 Abs. 1 Nr. 3–5 BGB geltend macht.

143 K. Schmidt ZIP 1994, 243, 244.

Fall 46: Übertragung von Gesellschaftsanteilen

Die A-KG betreibt einen italienischen Feinkosthandel. Sie besteht aus der Komplementärin A und den Kommanditisten B und C, die ihre im Handelsregister eingetragene Hafteinlage in Höhe von jeweils 30.000 € erbracht haben. Später scheidet B durch Veräußerung seines Gesellschaftsanteils an D mit Zustimmung der übrigen Gesellschafter aus der KG aus. D zahlt B für den Anteil 45.000 €. Anschließend wird im Handelsregister das Ausscheiden des B und der Eintritt des D mit dem Zusatz „Rechtsnachfolger des B" eingetragen. Da C mit D nicht gut zurechtkommt, entschließt er sich, seinen Anteil ebenfalls zu veräußern. C überträgt demzufolge seinen Anteil mit Zustimmung der übrigen Gesellschafter an die E für 47.000 €. Die E überweist sofort die 47.000 € an den C. Im Handelsregister wird das Ausscheiden des C und der Eintritt der E eingetragen, jedoch ohne Rechtsnachfolgevermerk. V, der vor den Gesellschafterwechseln der KG Waren für 40.000 € geliefert hatte, ist seitens der KG wegen finanzieller Schwierigkeiten immer wieder vertröstet worden. V möchte nunmehr A bis E in Anspruch nehmen. Zu Recht?

A. Dem V könnte ein **Anspruch gegen A auf Kaufpreiszahlung i.H.v. 40.000 € aus § 433 Abs. 2 BGB i.V.m. §§ 161 Abs. 2, 128 HGB** zustehen.

I. Von einer **wirksam bestehenden KG** ist auszugehen, §§ 161 Abs. 2, 105, 123 HGB.

II. Es besteht eine wirksame **Verbindlichkeit der KG** aus § 433 Abs. 2 BGB i.V.m. § 161 Abs. 2 i.V.m. § 124 HGB in Höhe von 40.000 €.

III. A war **Komplementärin** zum Zeitpunkt der Begründung der vorgenannten Verbindlichkeit.

IV. Rechtsfolge: A haftet gemäß **§§ 161 Abs. 2, 128 HGB** akzessorisch für die Verbindlichkeit der KG in Höhe von 40.000 €.

Klausurtipp:
Der Anspruch kann hier von vornherein nur auf 30.000 € gehen, weil die Hafteinlage des B nur in dieser Höhe bestand.

B. Fraglich ist, ob **V** auch einen **Kaufpreisanspruch gegen den ausgeschiedenen B aus § 433 Abs. 2 BGB i.V.m. §§ 171, 160 HGB auf 30.000 €** hat.

I. Es besteht eine **wirksame KG**, s.o.

II. Ebenso besteht eine **wirksame Verbindlichkeit der KG in Höhe von 40.000 €**, § 433 Abs. 2 BGB, §§ 161 Abs. 2, 124 HGB.

III. Der B war zum Zeitpunkt der Begründung der Verbindlichkeit **Kommanditist**.

IV. Die **Rechtsfolgen** ergeben sich aus **§§ 171 ff. HGB**.

1. Da B seine **Einlage erbracht hatte**, haftet er gemäß **§ 171 Abs. 1 Hs. 2 HGB** grundsätzlich nicht mehr persönlich gegenüber V.

2. Fraglich ist, ob die entgeltliche **Übertragung des Kommanditanteils** von B an D als Rückzahlung der Einlage anzusehen ist. Dann würde gemäß § 172 Abs. 4 HGB die persönliche Haftung des B aus § 171 HGB wieder aufleben. Als Rückzahlung der Hafteinlage i.S.v. **§ 172 Abs. 4 HGB** ist jede Zuwendung an den Kommanditisten anzusehen, durch die dem Vermögen der KG Vermögenswerte ohne äquivalente Gegenleistung entzogen werden.[144] Hier hat B jedoch die 45.000 € als Kaufpreis aus dem Vermögen des D erhalten. Demnach wurde das Vermögen der KG nicht geschmälert, sodass keine Einlagenrückzahlung i.S.v. § 172 Abs. 4 HGB vorliegt. Da auch im Handelsregister die Rechtsnachfolge des D eingetragen war, ist nach außen hin auch nicht der Eindruck erweckt worden, es seien Zahlungen aus dem Vermögen der KG erfolgt. Somit liegt keine Einlagenrückzahlung vor. Eine persönliche Haftung des B gegenüber V besteht daher gemäß § 171 Abs. 1 Hs. 1 HGB nicht mehr.

C. In Betracht kommt ein **Kaufpreisanspruch des V gegen den neu eingetretenen D aus § 433 Abs. 2 BGB i.V.m. §§ 173, 171 HGB i.H.v. 30.000 €.**

I. Von einer **wirksamen KG** ist auszugehen, §§ 161 Abs. 2, 105, 123 HGB.

II. Es besteht eine **wirksame Verbindlichkeit der KG aus § 433 Abs. 2 BGB, §§ 161 Abs. 2, 124 HGB i.H.v. 40.000 €.**

III. D müsste nach Begründung der Verbindlichkeit **in die KG eingetreten sein, § 173 HGB.**

Vorliegend wurde der Kommanditanteil des B an D abgetreten. Durch die Abtretung des Gesellschaftsanteils gemäß §§ 398, 413 BGB wird der Kommanditanteil wirksam übertragen, wenn dies mit Zustimmung der übrigen Gesellschafter erfolgt.[145] Diese Voraussetzungen waren vorliegend erfüllt. Da in diesem Fall der Anteil des ausscheidenden Kommanditisten für den neuen Kommanditisten im Gesellschaftsvermögen stehen bleibt, tritt der neue Kommanditist auch hinsichtlich der Hafteinlage in die Rechtsstellung des früheren Kommanditisten ein. Hat dieser seine Einlage voll erbracht, so ist auch eine Haftung des neuen Kommanditisten ausgeschlossen.[146]

Durch die wirksame Abtretung des Kommanditanteils ist demnach D in die Rechtsstellung des B eingetreten. Da B seine Hafteinlage erbracht hatte, wirkt dies nunmehr auch für D.

Folglich besteht gemäß § 171 Abs. 1 Hs. 1 i.V.m. § 173 HGB keine persönliche Haftung des D gegenüber V.

D. Der **V** könnte einen **Anspruch gegen C aus § 433 Abs. 2 BGB i.V.m. §§ 171, 160 HGB auf 30.000 €** haben.

I. Eine **wirksame KG** besteht, s.o.

II. Ebenso eine **wirksame Verbindlichkeit der KG, § 433 Abs. 2 BGB, §§ 161 Abs. 2, 124 HGB i.H.v. 40.000 €.**

III. Der **C** war zum Zeitpunkt der Begründung der Verbindlichkeit der KG **Kommanditist**.

IV. Die **Rechtsfolgen** für die Kommanditistenhaftung ergeben sich aus **§§ 171 ff. HGB.**

1. An sich hatte C seine Einlage erbracht, sodass er gemäß § 171 Abs. 1 Hs. 2 HGB nicht mehr persönlich haftet.

Der Gesellschafterwechsel kann auf zweierlei Weise erfolgen:

- **Durch Doppelvertrag:** Ausscheidender und neu eintretender Gesellschafter schließen jeweils einen gesonderten Vertrag über das Ausscheiden bzw. den Eintritt mit den übrigen Gesellschaftern. Zwischen altem und neuem Gesellschafter bestehen dann keine Rechtsbeziehungen. Die zeitliche Übereinstimmung der Verträge bewirkt einen Gesellschafteraustausch.
- **Abtretung des Gesellschaftsanteils:** Ausscheidender und neu eintretender Gesellschafter schließen einen Abtretungsvertrag gemäß §§ 398, 413 BGB mit Zustimmung der übrigen Gesellschafter.

---

144 MünchKomm/Schmidt §§ 171, 172 HGB Rn. 6.
145 K. Schmidt § 45 III 3 a, b.
146 BGHZ 81, 82, 84.

2. Die Haftung des C lebt gemäß **§ 172 Abs. 4 HGB** wieder auf, **wenn** eine **Einlagenrückzahlung** erfolgt ist.

Da die Kaufpreiszahlung aus dem Vermögen des E erfolgt ist, wurde das Vermögen der KG nicht geschmälert, sodass an sich keine Einlagenrückzahlung vorliegt, s.o. B.

a) Anders als bei B–D wurde jedoch für C–E im Handelsregister **kein Rechtsnachfolgevermerk** eingetragen. Daher kann V, der von der Rechtsnachfolge nichts wusste, gemäß § 15 Abs. 1 HGB sich darauf berufen, dass es so anzusehen ist, als liege ein normaler Gesellschafterwechsel vor. Dann aber würde die Einlage des Ausgeschiedenen C den Gläubigern zur Verfügung stehen, nämlich als Haftsumme im Vermögen der KG, soweit sie noch nicht zurückgezahlt wurde oder eben als Anspruch gegen den ausgeschiedenen C, wenn sie zurückgezahlt ist. Darüber hinaus würde auch die Einlage des neuen Gesellschafters den Gläubigern zur Verfügung stehen, und zwar ebenfalls als Haftungsmasse im Vermögen der KG, wenn sie bereits erbracht ist, oder eben als Anspruch gegen den Neugesellschafter aus §§ 171, 173 HGB, sofern sie noch nicht erbracht ist. Aus der Sicht des V, der von der Rechtsnachfolge nichts wusste, läge somit eine Verdoppelung der Haftungssumme vor.

b) Andererseits befindet sich eine **Einlage in Höhe von 30.000 € im Vermögen der KG**, sodass nicht beide Gesellschafter, der Altgesellschafter C und die Neugesellschafterin E persönlich haften können. Fraglich ist dabei aber, wem das Recht zuerkannt wird, sich auf die erbrachte Einlage zu berufen, sodass dann nur der andere persönlich wegen Nichterbringung der Einlage haftet.

Nach h.M. ist die erbrachte und im Vermögen der KG befindliche Einlage dem neuen Kommanditisten zuzuordnen. Denn mit der Abtretung des Kommanditanteils geht dieser auf den neuen Kommanditisten über, sodass dieser auch das Recht hat, sich auf die Einlageerbringung seines Rechtsvorgängers und damit auf die Wirkung des § 171 Abs. 1 Hs. 2 HGB zu berufen. Hingegen wendet die h.M. zulasten des ausgeschiedenen Gesellschafters § 172 Abs. 4 HGB analog an mit der Folge, dass seine Einlage den Gläubigern gegenüber als nicht mehr geleistet gilt.[147]

Somit ist C so zu behandeln, als sei seine an sich erbrachte Einlage an ihn zurückgezahlt worden, § 172 Abs. 4 HGB analog. Folglich lebt die Haftung des C für die während seiner Gesellschaftszugehörigkeit begründete Kaufpreisschuld gemäß § 171 Abs. 1 Hs. 1 HGB wieder auf. Demnach haftet er in Höhe seiner Haftsumme, d.h. in Höhe von 30.000 €, und zwar als ausgeschiedener Gesellschafter zeitlich begrenzt nach Maßgabe des § 160 HGB.

E. V könnte einen **Kaufpreisanspruch gegen E aus § 433 Abs. 2 BGB i.V.m. §§ 173, 171 HGB auf 30.000 €** haben.

I. Eine **wirksame KG** besteht vorliegend.

II. Auch ist eine **wirksame Verbindlichkeit der KG, § 433 Abs. 2 BGB, §§ 161 Abs. 2, 124 HGB i.H.v. 40.000 €** gegeben.

---

147 BGHZ 81, 82, 89; Hopt § 173 HGB Rn. 13.

III. § 173 erfordert einen **späteren Eintritt der E als Kommanditistin**.

C hat durch Abtretungsvertrag mit E gemäß §§ 398, 413 BGB mit Zustimmung der übrigen Gesellschafter wirksam seinen Kommanditanteil auf E übertragen.

IV. Rechtsfolge: Gemäß **§ 173 HGB** besteht eine Haftung der E nach Maßgabe der **§§ 171, 172 HGB**.

Danach haftet E gemäß § 171 HGB persönlich nur, falls ihre Einlage nicht erbracht ist. Jedoch hat E nach der hier gefolgten h.M. das Recht, sich auf die Einlageleistung des C zu berufen, sodass E so zu behandeln ist, als habe sie ihre Einlage erbracht. Damit ist eine persönliche Haftung der E gemäß § 171 Abs. 1 Hs. 2 HGB ausgeschlossen.

Fall 47: Gesellschafterwechsel bei Tod eines Gesellschafters

A, B und C sind Gesellschafter der A & Co. OHG, welche Reitsportartikel vertreibt. Im Gesellschaftsvertrag ist bestimmt:

„1. A, B und C sind Gesellschafter zu gleichen Teilen. (...)

2. Beim Tode des A soll Folgendes gelten: Da die Familie des A kein Interesse an der Gesellschaft hat und bereits alle erbrechtlichen Fragen in einem Erbvertrag geregelt sind, soll der Anteil des A auf seinen Freund F übergehen.

3. Beim Tode des B geht sein Anteil auf seine Erben über."

Später versterben A und B auf einer Auslandsgeschäftsreise durch Flugzeugabsturz. Aus dem Testament des B ergibt sich, dass dieser wegen ständiger ehelicher Auseinandersetzungen seine Frau E enterbt und die Tochter T zur Alleinerbin eingesetzt hat. Der Erbvertrag des A mit seiner Familie hat den Gesellschaftsanteil ausdrücklich ausgenommen. C fragt besorgt, ob die OHG überhaupt noch besteht und wie sie sich ggf. zusammensetzt?

Abwandlung:

B hatte im Testament Frau E und Tochter T zu Miterben zu je 1/2 eingesetzt. T verlangt aber die Einräumung einer Kommanditistenstellung. Wie setzt sich die Gesellschaft zusammen?

A. Fraglich ist, ob die **OHG noch besteht**.

I. Ursprünglich wurde eine **wirksame OHG** gemäß §§ 105 Abs. 1, 123 HGB gegründet.

II. Der **Tod der Gesellschafter** A und B führt **gemäß § 131 Abs. 3 Nr. 1 HGB** lediglich zum Ausscheiden der Gesellschafter, bildet jedoch keinen Auflösungsgrund für die OHG. Auflösungsgründe für die OHG sind abschließend in § 131 Abs. 1 HGB angeführt.

Verbleibt allerdings nur noch ein Gesellschafter, so führt dies zum Untergang der OHG, da eine Einmann-OHG nicht vorgesehen ist. Vorliegend wurden jedoch Nachfolgeregelungen getroffen, sodass, sofern diese wirksam sind, die OHG wiederum aus mehreren Gesellschaftern besteht.

B. Fraglich ist, wie sich nunmehr die **Gesellschaft zusammensetzt**.

I. Nach Ziff. 2 des Gesellschaftsvertrags sollte der **Gesellschaftsanteil des A** bei dessen Tod auf seinen Freund F übergehen.

1. Fraglich ist, welche Konstruktion hier zugrunde gelegt wurde, da es zwei Arten von Klauseln gibt: Bei der sog. **Nachfolgeklausel** wird im Gesellschaftsvertrag vereinbart, dass bei Tod eines Gesellschafters dessen Erbe oder eine andere Person automatisch Gesellschafter werden soll. Ist hierbei bestimmt, dass an die Stelle des Verstorbenen dessen Erben treten sollen, so handelt es sich um eine sog. erbrechtliche Nachfolgeklausel. Ist hingegen eine andere Person unabhängig von ihrer Erbenstellung als Nachfolger vorgesehen, so handelt es sich um eine sog. rechtsgeschäftliche Nachfolgeklausel.

Hingegen wird bei der sog. **Eintrittsklausel** im Gesellschaftsvertrag vereinbart, dass an die Stelle eines verstorbenen Gesellschafters eine andere Person nicht automatisch eintritt, sondern lediglich das Recht erhält, in die Gesellschaft einzutreten. Der Dritte erlangt daher einen Anspruch auf Aufnahme in die Gesellschaft, welchen er durch Erklärung gegenüber den verbliebenen Gesellschaftern geltend macht. Die gesellschaftsrechtliche Eintrittsklausel stellt eine Art Vertrag zugunsten Dritter i.S.v. §§ 328 ff. BGB dar. Die Erfüllung des Aufnahmeanspruchs des Dritten geschieht in der Weise, dass die verbleibenden Gesellschafter mit dem Eintrittsberechtigten einen entsprechenden Vertrag abschließen.

2. Somit ist durch **Auslegung der Ziff. 2** zu ermitteln, was gewollt ist.

a) Fraglich ist, ob die Ziff. 2 des Gesellschaftsvertrags als **erbrechtliche Nachfolgeklausel** auszulegen ist: Eine erbrechtliche Nachfolgeklausel würde voraussetzen, dass Nachfolger des A ein Erbe des A wird. Dies war gerade nicht gewollt.

b) Bei der **rechtsgeschäftlichen Nachfolgeklausel** wird hingegen eine bestimmte Person unabhängig von ihrer Erbenstellung als Nachfolger vorgesehen. Bei der rechtsgeschäftlichen Nachfolgeklausel tritt die Rechtsnachfolge automatisch aufgrund des Gesellschaftsvertrags ein. Problematisch ist hierbei, dass eine Gesellschafterstellung nicht nur Rechte und damit Vorteile begründet, sondern auch Pflichten, also Nachteile. Damit stellt eine rechtsgeschäftliche Nachfolgeklausel bezüglich des Dritten in Wahrheit einen Vertrag zulasten Dritter dar. Aus der Privatautonomie und der relativen Wirkung von schuldrechtlichen Verträgen folgt, dass Verträge zulasten Dritter grundsätzlich unwirksam sind. Eine Ausnahme gilt nur, wenn der Dritte an dem Gesellschaftsvertrag beteiligt war und demzufolge der Klausel zugestimmt hatte. Dies war bei F vorliegend nicht der Fall. Somit **wäre Ziff. 2** des Gesellschaftsvertrags als rechtsgeschäftliche Nachfolgeklausel **unwirksam**.

c) Anders würde es sich verhalten, **wenn Ziff. 2 eine bloße Eintrittsklausel** zugunsten des F darstellt. Diese Klausel wäre wirksam, weil F dann lediglich das Recht erhält, in die Gesellschaft einzutreten. Daher ist im Rahmen der Auslegung das entscheidende Kriterium, ob laut Gesellschaftsvertrag eine automatische Nachfolge oder ein bloßes Eintrittsrecht gewollt war. Vorliegend bietet Ziff. 2 des Gesellschaftsvertrags keine Anhaltspunkte für ein bloßes Eintrittsrecht. Vielmehr ist **Ziff. 2** des Vertrags so formuliert, als dass sich die **Nachfolge automatisch vollziehen** sollte. Demnach ergibt die Auslegung hier eine Nachfolgeklausel, die aber zulasten Dritter unwirksam ist (s.o.).

d) Allerdings kann hier die **unwirksame Klausel gemäß § 140 BGB in eine Eintrittsklausel umgedeutet werden:** Im Zweifel wollen Gesellschafter als juristische Laien die Klausel, die zur Wirksamkeit führt, vereinbaren. Somit entsprach es dem hypothetischen Willen der Gesellschafter, eine Eintrittsklausel zugunsten des F zu vereinbaren. F kann daher verlangen, in die Gesellschaft aufgenommen zu werden. Erst durch entsprechenden Aufnahmevertrag wird F jedoch Gesellschafter.

II. Auch hier ist durch **Auslegung** gemäß §§ 133, 157 BGB zu ermitteln, welche Nachfolgeklausel in **Ziff. 3 des Gesellschaftsvertrags** bezüglich des Gesellschaftsanteils des B gewollt war.

1. Nach dem Wortlaut und den Gesamtumständen muss davon ausgegangen werden, dass eine automatische Nachfolge gewollt war. Somit ist keine bloße Eintrittsklausel, sondern eine Nachfolgeklausel vereinbart. Allerdings sollten Nachfolger nur Personen werden, die Erben des B sind. Zwar wurde die **erbrechtliche Klausel** ohne Mitwirkung der Erben im Gesellschaftsvertrag getroffen, sodass es sich wiederum um eine unzulässige Klausel zulasten Dritter handeln könnte. Andererseits ist zu berücksichtigen, dass ein Erbe, anders als ein sonstiger Dritter, die Möglichkeit hat, die Erbschaft auszuschlagen oder die Haftung auf den Nachlass zu begrenzen. Somit hat er Möglichkeiten „sich zu wehren", sodass insofern kein unzulässiger Vertrag zulasten Dritter vorliegt.

Daher liegt eine wirksame erbrechtliche Nachfolgeklausel in Ziff. 3 des Gesellschaftsvertrags vor.

2. Erbrechtliche Nachfolgeklausel bedeutet nun, dass lediglich derjenige Gesellschafter werden kann, der Erbe des verstorbenen Gesellschafters ist. Der Übergang des Gesellschaftsanteils soll sich dabei automatisch ohne weitere Erklärung, also kraft Erbrechts vollziehen. Damit kann Gesellschafternachfolger nur derjenige werden, der auch später Erbe wird. Somit ist ein Gleichklang zwischen der Benennung im Gesellschaftsvertrag und der Erbenposition erforderlich. Da hier B im Testament seine Ehefrau enterbt hat, ist somit Frau **E nicht Erbin geworden** und kann daher auch nicht Nachfolgerin im Gesellschaftsanteil des B geworden sein. Der Umstand, dass Frau E einen Pflichtteilsanspruch gemäß § 2303 BGB hat, ist hierfür ohne Belang, da der Pflichtteilsanspruch der enterbten Ehefrau lediglich einen schuldrechtlichen Zahlungsanspruch gegen den Erben begründet.

Unterscheide:
- **Erbeinsetzung** ⇨ führt zur Gesamtrechtsnachfolge gemäß §§ 1922, 1967 BGB
- **Pflichtteilsanspruch** ⇨ lediglich schuldrechtlicher Zahlungsanspruch, § 2303 BGB
- **Vermächtnis** ⇨ lediglich schuldrechtlicher Anspruch, §§ 2147, 2174 BGB

3. Umgekehrt hat B seine Tochter **T im Testament zur Alleinerbin eingesetzt**, sodass diese, da sie auch in der erbrechtlichen Klausel benannt ist, nunmehr Nachfolgerin im Gesellschaftsanteil des B geworden ist.

Abwandlung:

Fraglich ist, wie sich nunmehr die Gesellschaft zusammensetzt.

I. Zunächst ist zu klären, wer **Nachfolger des B** ist.

1. Gemäß § 1922 BGB gilt das Prinzip der **Universalsukzession**, d.h., die Erbmasse des Erblassers B ist als Ganzes auf die Miterben E und T übergegangen, sodass nunmehr Gesamthandsvermögen von E und T besteht. Dies spricht dafür, dass nunmehr die Miterbengemeinschaft E/T auch Nachfolger im Gesellschaftsanteil des B, welcher zur Erbmasse gehört, geworden ist. Dies wäre jedoch mit Gesellschaftsrecht unvereinbar, da eine Miterbengemeinschaft und eine Personengesellschaft strukturell völlig unterschiedlich sind: So ist eine Miterbengemeinschaft gemäß § 2042 BGB auf Auflösung gerichtet, hingegen die Gesellschaft auf dauerhaften Zusammenhalt. Die Mitglieder einer Erbengemeinschaft haften vor der Auseinandersetzung gemäß § 2059 BGB nur beschränkt, was mit der persönlichen unbegrenzten Gesellschafterhaftung gemäß § 128 HGB unvereinbar wäre.

Klausurtipp:
Da das Erbrecht grundsätzlich von Universalsukzession, § 1922 BGB, ausgeht, muss in einer Klausurlösung die Ausnahme argumentativ hergeleitet werden.

Ferner ist die Erbengemeinschaft als solche (§ 2032 BGB) auch nicht rechtsfähig und kann deswegen auch nicht an einer Gesellschaft beteiligt sein.[148]

2. Nach **h.M.** ist daher abweichend von § 1922 BGB keine Universalsukzession, sondern im Wege der **Sondererbfolge (Singularsukzession) der Gesellschaftsanteil** unmittelbar auf die einzelnen Nachfolgererben entsprechend ihrem Anteil, hier je zur Hälfte auf Frau E und Tochter T, übergegangen.

II. Fraglich ist, ob T die Stellung als **Kommanditist** erlangt hat.

1. Da **T** in die Stellung des B als **persönlich haftender Gesellschafter** eingerückt ist, haftet sie persönlich unbegrenzt gemäß §§ 128, 130 HGB. Will sie dieser Haftung entgehen, hat sie nach Erbrecht lediglich die Möglichkeit, die Erbschaft insgesamt auszuschlagen. Wegen des Grundsatzes der Gesamtrechtsnachfolge gibt es nach Erbrecht nicht die Möglichkeit, die Ausschlagung auf bestimmte Erbschaftsgegenstände zu begrenzen, § 1950 BGB.

2. Zum Schutz des Erben sieht **§ 139 Abs. 1 i.V.m. Abs. 3 HGB** das Recht vor, innerhalb von drei Monaten bei Annahme der Erbschaft im Übrigen die Einräumung einer Kommanditistenstellung zu verlangen oder gemäß § 139 Abs. 2 HGB aus der Gesellschaft auszuscheiden. Hier hat T sich für die Kommanditistenstellung entschieden. Ein Ausschluss dieser Wahlmöglichkeiten im Gesellschaftsvertrag gemäß § 139 Abs. 5 HGB ist nicht gegeben. Hierdurch wird aus der OHG automatisch eine KG.

---

148 BGH NJW 2006, 3716.

9. Teil: Das Innenverhältnis

Fall 48: Erstattungs- und Ausgleichsansprüche

Die A KG handelt mit Autozubehör. Die KG besteht aus A, dem persönlich haftenden Gesellschafter und B dem Kommanditisten, welcher seine Hafteinlage in Höhe von 30.000 € erbracht hat. Als die KG Anfang des Jahres in finanzielle Schwierigkeiten gerät, nahm A für die KG einen Geschäftskredit in Höhe von 150.000 € bei der Volksbank auf. Da die KG keine eigenen Sicherheiten stellen konnte, bat A den B, er möge Sicherheiten stellen. B bestellte daraufhin der Volksbank an seinem Grundstück eine Grundschuld in Höhe von 200.000 € zur Absicherung des Darlehens. Als die KG bei Fälligkeit des Darlehens zur Rückzahlung außerstande ist, droht die Bank dem B an, sie werde aus der Grundschuld die Zwangsvollstreckung in das Grundstück betreiben. B zahlt nunmehr zur Abwendung der Zwangsvollstreckung die gesamte Darlehenssumme samt Zinsen, welche sich auf insgesamt 180.000 € beläuft, an die Bank.

1. Kann B von der KG Erstattung der 180.000 € verlangen?
2. Kann B Erstattung der 180.000 € von A verlangen?

A. Dem B könnte ein **Erstattungsanspruch gegen die KG in Höhe von 180.000 € aus § 110 Abs. 1 i.V.m. § 161 Abs. 2 HGB** zustehen.

Gemäß § 110 Abs. 1 i.V.m. § 161 Abs. 2 HGB ist die KG zum Ersatz der Aufwendungen verpflichtet, wenn der Gesellschafter diese in Angelegenheiten der Gesellschaft getätigt hat und er sie den Umständen nach für erforderlich halten durfte.

I. Vom Bestehen einer **wirksamen KG gemäß §§ 161 Abs. 2, 105, 123 HGB** ist auszugehen.

II. B ist **Kommanditist** der KG, also Gesellschafter.

III. B müsste **Aufwendungen** getätigt haben.

Aufwendungen sind freiwillige Vermögensopfer. Die Zahlung des B an die Volksbank stellt ein Vermögensopfer dar. Freiwilligkeit ist gegeben, wenn die Zahlung nach dem Inhalt des Gesellschaftsvertrags oder nach sonstigen Abreden im Innenverhältnis der Gesellschaft nicht vom Gesellschafter geschuldet war.[149]

Hier war B nach dem Inhalt des Gesellschaftsvertrags nicht verpflichtet, das Darlehen der Gesellschaft aus eigenem Vermögen zu tilgen. Schließlich war Darlehensschuldner die KG.

IV. Fraglich ist jedoch, ob B **in Gesellschaftsangelegenheiten** i.S.v. § 110 Abs. 1 HGB die Aufwendungen getätigt hat. Dafür würde sprechen, wenn B im Wege der Fremdtilgung (§ 267 BGB) auf die Darlehensschuld der KG aus § 488 BGB i.V.m. §§ 161 Abs. 2, 124 HGB gezahlt hat. Andererseits könnte B auch gemäß §§ 1142 Abs. 1, 1192 Abs. 1 BGB auf die Grundschuld gezahlt haben. Da die Grundschuld an seinem Privatgrundstück bestand und er zur Abwendung der Zwangsvollstreckung gezahlt hat, könnte es sich in-

149 Hopt § 110 HGB Rn. 10.

sofern um eine eigene Angelegenheit handeln, die nicht unter § 110 Abs. 1 HGB fällt. Diese rein formaljuristische Betrachtung würde jedoch der gebotenen wirtschaftlichen Betrachtungsweise nicht gerecht: Schließlich hatte B mit der Grundschuld lediglich eine Sicherheit für das Darlehen der KG bestellt. Im Übrigen kam, selbst wenn er auf die Grundschuld gezahlt hat, seine Zahlung wirtschaftlich der KG zugute, weil die Volksbank dann den Betrag nicht mehr von der KG fordern konnte. Somit besteht unabhängig davon, ob B auf das Darlehen der KG oder auf die von ihm bestellte Grundschuld gezahlt hat, eine Gesellschaftsangelegenheit i.S.v. § 110 Abs. 1 HGB.[150]

V. B durfte die zugunsten der Gesellschaft erbrachte Zahlung den Umständen nach auch **für erforderlich halten**, da die Rückzahlung des Darlehens fällig war und fortan laufende Verzugszinsen anfielen.

VI. Rechtsfolge gemäß § 110 Abs. 1 i.V.m. § 161 Abs. 2 HGB; Die KG ist verpflichtet, dem B die Aufwendungen in Höhe von 180.000 € zu erstatten. Der Erstattungsanspruch i.S.v. § 110 HGB besteht in voller Höhe, der zahlende Gesellschafter muss sich keinen eigenen Verlustanteil abziehen lassen.

B. Ferner könnte dem B ein **Erstattungsanspruch gegen A i.H.v. 180.000 €** zustehen.

I. Für B könnte sich ein **Erstattungsanspruch gegen A aus § 110 Abs. 1 i.V.m. §§ 128, 161 Abs. 2 HGB** ergeben.

1. Es besteht eine **wirksame KG**, §§ 161, 105, 123 HGB.

2. Eine **wirksame Verbindlichkeit der KG** aus §§ 110, 161 Abs. 2, 124 HGB in Höhe von 180.000 € ist gegeben.

3. Die **Haftung des Komplementärs A** richtet sich grundsätzlich nach **§§ 128, 161 Abs. 2 HGB.**

Die Haftungsvorschrift des § 128 HGB gilt aber für die akzessorische Haftung der Gesellschafter gegenüber außenstehenden Gläubigern. Dies folgt bereits aus der Überschrift des dritten Titels vor § 128 HGB. Somit gilt die Haftungsnorm des § 128 HGB nicht für Ansprüche von Mitgesellschaftern aus dem Innenverhältnis. Damit greift die akzessorische Haftung aus §§ 128, 161 Abs. 2 HGB nicht für den internen Erstattungsanspruch aus § 110 HGB gegen die Gesellschaft.

II. B könnte aber einen **Erstattungsanspruch gegen A aus § 426 Abs. 1 S. 1 BGB** haben.

Gemäß § 426 Abs. 1 BGB sind Gesamtschuldner im Innenverhältnis zum anteiligen Ausgleich verpflichtet.

1. Fraglich ist, ob B und A **Gesamtschuldner** sind.

a) Gemäß § 128 i.V.m. § 161 Abs. 2 HGB haften Komplementäre einer KG für die Verbindlichkeiten der KG als Gesamtschuldner. Vorliegend ist B jedoch kein Komplementär und haftete daher nicht über § 128 HGB persönlich für die Darlehensverbindlichkeit der KG. Auch eine persönliche Haftung als Kommanditist gemäß § 171 HGB für die Darlehensverbindlichkeit bestand

150 BGH RÜ 2004, 164.

nicht, da B seine Hafteinlage erbracht hatte. Vielmehr hat B ohne hierzu verpflichtet gewesen zu sein, die komplette Darlehenssumme bezahlt, um die Zwangsvollstreckung aus der von ihm gestellten Sicherheit, der Grundschuld, abzuwenden. Formal betrachtet haftete daher der Komplementär A gemäß §§ 128, 161 Abs. 2 HGB akzessorisch aus der Darlehensverbindlichkeit, § 488 BGB, der KG; hingegen haftete B aus der von ihm an seinem Grundstück bestellten Grundschuld, §§ 1147, 1192 BGB. Diese **formale Betrachtung würde** eine **Gesamtschuld zwischen A und B ausschließen**.

b) Hierbei bliebe jedoch außer Acht, dass **wirtschaftlich betrachtet** die Grundschuldbestellung durch B lediglich eine Sicherheit für die Darlehensverbindlichkeit darstellen sollte und die Zahlung des B nicht nur der KG zugute kam (s.o. A.), sondern damit auch A, der über §§ 128, 161 Abs. 2 HGB nun nicht mehr akzessorisch gegenüber der Bank haftete. Obwohl § 426 BGB eigentlich voraussetzt, dass mehrere Gesellschafter im Außenverhältnis dem Gesellschaftsgläubiger gesamtschuldnerisch haften, hat sich hier B durch seine freiwillige Tilgung der Gesellschaftsschuld gegenüber der Bank quasi einem persönlich haftenden Gesellschafter gleichgestellt. Wirtschaftlich hat er damit wie ein persönlich haftender Gesellschafter der KG getilgt. Dies rechtfertigt eine **analoge Anwendung des § 426 BGB.**[151]

2. Als **Rechtsfolge** ergibt sich dann **analog § 426 Abs. 1 BGB** ein Ausgleichsanspruch.

a) Grundsätzlich wird im Gesellschaftsrecht die Vorschrift des § 426 BGB dahingehend eingeschränkt, dass ein Ausgleichsanspruch gegen den Mitgesellschafter **nur subsidiär** besteht. D.h., der zahlende Gesellschafter muss sich vorrangig über § 110 (§ 161 Abs. 2 HGB) an die Gesellschaft halten. Über § 110 HGB erhält er dann auch vollen Ausgleich.

Hingegen kann aus § 426 BGB gegen Mitgesellschafter vorgegangen werden, wenn die Gesellschaft entweder nicht in der Lage oder nicht bereit ist, den ihr gegenüber bestehenden Aufwendungsersatzanspruch aus § 110 HGB zu erfüllen.[152] Hier ist offenbar die KG nicht in der Lage, die 180.000 € zu erbringen. Somit kann B von A analog § 426 Abs. 1 BGB Ausgleich verlangen.

b) Allerdings besteht der Ausgleichsanspruch dann unter Mitgesellschaftern gemäß § 426 Abs. 1 BGB (analog) nur anteilig, sog. **pro-rata-Haftung**.

Anmerkung:

Lehnt man eine analoge Anwendung des § 426 BGB für den vorliegenden Fall ab, so könnte auch über § 670 BGB gelöst werden: Schließlich hatte A den B im Namen der KG gebeten, eine Grundschuld zu bestellen. Hierin ist ein Auftrag der KG, vertreten durch A, an B zu sehen. Macht anschließend der Beauftragte Aufwendungen, hier zur Abwendung der Zwangsvollstreckung, so hat er über § 670 BGB einen Erstattungsanspruch. Dieser würde sich allerdings nur gegen die KG richten, nicht gegen A persönlich, da dieser erkennbar in fremdem Namen gehandelt hat. Ist die KG außerstande, den Erstattungsanspruch aus § 670 BGB zu bezahlen, so müsste wiederum analog § 670 BGB ein anteiliger Anspruch gegen A angenommen werden, der eigentlich nicht Auftraggeber ist. Insofern muss auch diese Lösung ebenso angepasst werden wie die analoge Anwendung des § 426 BGB.

---

151 BGH RÜ 2002, 164, 165.
152 BGH NJW 1980, 339.

Fall 49: Erstattungs- und Ausgleichsansprüche bei einer GbR

A, B und C haben sich als Gesellschaft bürgerlichen Rechts zusammengeschlossen, um eine Windkraftradanlage zu betreiben. Als aufgrund eines Defekts die Anlage stillstand, wurde der Werkunternehmer U mit der Reparatur beauftragt. Dieser hat hierfür 5.000 € in Rechnung gestellt. B bezahlt die Rechnung aus eigenen Mitteln.

1. Kann B Erstattung der 5.000 € von der GbR verlangen?
2. Kann B Erstattung der 5.000 € von A oder C verlangen?

A. Der **Erstattungsanspruch des B gegen die GbR** könnte sich **aus § 713 i.V.m. § 670 BGB** ergeben.

I. A, B und C haben eine **GbR** wirksam gegründet, § 705 BGB, sodass eine GbR besteht.

II. Seitens der GbR, welche offenbar wirksam vertreten wurde, wurde ein wirksamer Werkvertrag mit U geschlossen. Hieraus bestand eine **Verbindlichkeit der GbR** gemäß § 631 BGB i.V.m. § 124 HGB analog auf Werklohn in Höhe von 5.000 €.

III. Tilgt ein Gesellschafter eine Schuld der GbR, so ergibt sich aus dem Verweis in § 713 BGB auf das Auftragsrecht ein Aufwendungsersatzanspruch aus § 670 BGB. Hiernach erhält er die Aufwendung, die er für erforderlich halten durfte, ersetzt. Aufwendungen sind freiwillige Vermögensopfer. Hier haftete B analog § 128 HGB akzessorisch für die Verbindlichkeit der GbR persönlich. Daher ist fraglich, ob es sich um ein freiwilliges Opfer handelt. Die Freiwilligkeit beurteilt sich aber im Innenverhältnis danach, ob der Gesellschafter nach dem Gesellschaftsvertrag im Innenverhältnis zu den Aufwendungen verpflichtet war. Nach dem Innenverhältnis der GbR besteht aber grundsätzlich keine Verpflichtung des Gesellschafters zur Tilgung von Gesellschaftsschulden. Somit lag ein freiwilliges Vermögensopfer des B und damit eine Aufwendung vor.

IV. Rechtsfolge: Der zahlende Gesellschafter B kann von der GbR Ersatz des gesamten Betrags beanspruchen, ohne sich seinen Anteil abziehen lassen zu müssen.

Somit besteht ein Erstattungsanspruch in Höhe von 5.000 € gegen die GbR.

B. Dem B könnten außerdem **Erstattungsansprüche gegen die Mitgesellschafter A und C** zustehen.

I. Ein **Erstattungsanspruch des B gegen A und C aus § 713 i.V.m. § 670 BGB** scheidet aus: Der Anspruch aus §§ 713, 670 BGB richtet sich nämlich gegen die GbR und nicht gegen ihre Mitgesellschafter.

II. In Betracht kommt ein **Erstattungsanspruch des B gegen A und C aus §§ 713, 670 BGB i.V.m. § 128 HGB analog**.

Zwar haften die Gesellschafter einer GbR nach der herrschenden Akzessorietätstheorie analog § 128 HGB akzessorisch und persönlich für die Verbindlichkeiten der GbR. Jedoch sind hierüber nur Verbindlichkeiten gegenüber außenstehenden Dritten erfasst. Vorliegend handelt es sich hingegen um einen Erstattungsanspruch im Innenverhältnis, der die akzessorische Haftung analog § 128 HGB nicht auslöst.

III. Der **Erstattungsanspruch des B gegen A und C** könnte sich aber **aus § 426 Abs. 1 BGB** ergeben.

1. Für die Verbindlichkeit aus dem Werkvertrag der GbR mit U hafteten ursprünglich alle drei **Gesellschafter** A, B und C analog § 128 HGB als **Gesamtschuldner**.

Gesamtschuldner
- haften im **Außenverhältnis** gegenüber dem Gläubiger jeweils auf's Ganze, vgl. § 421 BGB;
- haften im **Innenverhältnis** anteilig, § 426 Abs. 1 BGB. ⇨ Näheres s. AS-FallSkript SchuldR AT, Fälle 31 ff.

2. B hat die 5.000 € an den Gläubiger U **bezahlt**.

3. Im Rahmen der **Rechtsfolge** des § 426 Abs. 1 BGB sind jedoch wiederum die **gesellschaftsrechtlichen Besonderheiten** zu berücksichtigen.

a) Grundsätzlich ist die Haftung der Mitgesellschafter mit ihrem Privatvermögen aus § 426 Abs. 1 BGB gegenüber der Haftung der GbR aus §§ 713, 670 BGB mit dem Gesellschaftsvermögen **subsidiär**. D.h., die Haftung der Mitgesellschafter aus § 426 Abs. 1 BGB kommt nur in Betracht, wenn der Gesellschafter, der die Verbindlichkeiten erfüllt hat aus dem Gesellschaftsvermögen keinen Ausgleich verlangen kann, weil die GbR nicht zahlungsfähig oder zahlungsunwillig ist.[153]

b) Besteht hiernach ein Anspruch aus § 426 Abs. 1 BGB, so ist weiterhin zu berücksichtigen, dass der zahlende Gesellschafter von seinen Mitgesellschaftern **nur anteilig** in Höhe der jeweiligen Verlustbeteiligung Ausgleich verlangen kann.

Somit müsste sich B von den gezahlten 5.000 € seinen eigenen Verlustanteil abziehen lassen und bekäme dann aus § 426 Abs. 1 BGB nur anteiligen Ausgleich von A und C.

---

153 BGH RÜ 2011, 349, wobei der BGH diesen Anspruch – dogmatisch unsauber – nicht auf § 426 BGB, sondern direkt auf §§ 713, 670 BGB stützt.

Fall 50: Gesellschaftergläubiger

Die A-OHG, bestehend aus den Gesellschaftern A, B und C, handelt mit Futter und Getreide. A, B und C haben einen gleich großen Gesellschaftsanteil. B, der daneben noch einen Lkw- und Landmaschinenhandel hat, verkauft der OHG, welche durch A vertreten wird, einen Lkw für 90.000 €, fällig in sechs Monaten. Nach Ablauf der sechs Monate ist die wirtschaftliche Lage der OHG angespannt. B fragt besorgt, von wem er die 90.000 € verlangen kann.

1. Kann B Zahlung der 90.000 € von der OHG verlangen?

2. Kann B Zahlung der 90.000 € von A und C verlangen?

A. Der **Anspruch des B gegen die A-OHG auf 90.000 €** könnte sich **aus § 433 Abs. 2 BGB i.V.m. § 124 Abs. 1 HGB** ergeben.

I. Vom Bestehen einer **wirksamen OHG** gemäß §§ 105, 123 HGB ist auszugehen.

II. Es müsste eine **wirksame Verbindlichkeit der OHG** begründet worden sein. Die durch A gemäß § 125 Abs. 1 HGB wirksam vertretene OHG hat mit B einen wirksamen Kaufvertrag i.S.v. § 433 BGB geschlossen. Hieraus resultiert der Kaufpreisanspruch gemäß § 433 Abs. 2 BGB in Höhe von 90.000 €. Da der zunächst vereinbarte Zeitraum von sechs Monaten abgelaufen ist, ist der Anspruch auch fällig i.S.v. § 271 Abs. 2 BGB.

III. Rechtsfolge: Gemäß § 433 Abs. 2 BGB i.V.m. § 124 Abs. 1 HGB kann B von der A-OHG den Kaufpreis in Höhe von 90.000 € verlangen.

B. Daneben könnte ein **Anspruch des B gegen A und C aus § 433 Abs. 2 BGB i.V.m. § 128 HGB** bestehen.

I. Es besteht eine wirksame **OHG**.

II. Eine **Verbindlichkeit der OHG** aus § 433 Abs. 2 BGB i.V.m. § 124 HGB ist wirksam entstanden.

III. A und C sind **Gesellschafter der OHG zum Zeitpunkt der Begründung der Verbindlichkeit**.

IV. Fraglich ist aber, ob die Haftungsnorm **des § 128 HGB** auf den vorliegenden Fall **anwendbar** ist.

1. Gemäß § 128 HGB haften die Gesellschafter akzessorisch für die Verbindlichkeiten der OHG. Allerdings gilt die Vorschrift nur für Verbindlichkeiten der OHG im Außenverhältnis zu Dritten. Umgekehrt ist § 128 HGB **unanwendbar** auf Verpflichtungen im **Innenverhältnis** der Gesellschafter, sog. **Sozialverpflichtungen**.

2. Hier besteht jedoch die **Besonderheit, dass der Gesellschafter B** der OHG den Lkw verkauft hat. Damit stand B so da, **wie ein außenstehender Dritter**, der der OHG etwas verkauft hat. Schließt ein Gesellschafter wie ein Dritter mit der OHG einen Vertrag, dann handelt es sich bei den sich hieraus ergebenden Ansprüchen nicht um solche aus dem internen Gesellschaftsverhältnis. Vielmehr gelten grundsätzlich die allgemeinen Regeln, die für das Außenverhältnis gelten. Demzufolge hat der sog. Gesellschaftergläubiger bei Drittbeziehung grundsätzlich auch die gleiche Stellung wie jeder andere Gläubiger der Gesellschaft.[154] Daher kann B seine Mitgesellschafter A und C grundsätzlich nach § 128 HGB in Anspruch nehmen.

V. Jedoch könnten sich **Einschränkungen aus der gesellschaftsrechtlichen Treuepflicht** ergeben.

Beachte:
- Normalerweise ist ein Gläubiger nicht verpflichtet, erst gegen die Gesellschaft vorzugehen. Vielmehr hat er ein Wahlrecht, ob er:
  - gegen die Gesellschaft vorgeht (§ 124 HGB)
  - oder gegen Gesellschafter (§ 128 HGB).
- Ist aber der Gläubiger gleichzeitig Gesellschafter, so ist problematisch, ob **Einschränkungen aus der internen gesellschaftsrechtlichen Treuepflicht** folgen.

1. Fraglich ist, ob der Gesellschaftergläubiger B zunächst versuchen muss, den Kaufpreis aus dem Vermögen der OHG zu erlangen, bevor er gegen seine Mitgesellschafter vorgeht. Ob eine derartige **Subsidiarität** besteht, ist umstritten.

a) Teile **der Lit.**[155] **und der BGH**[156] vertreten, dass ein Gesellschaftergläubiger wie ein außenstehender Gläubiger ein **Wahlrecht** habe, ob er die OHG oder stattdessen die Gesellschafter in Anspruch nehme. Aus der gesellschaftsrechtlichen Treuepflicht resultiere nicht, dass er auf die vorrangige Inanspruchnahme der OHG verwiesen werden könne.

Demnach hätte B hier ein Wahlrecht, ob er gegen die OHG oder gegen seine Mitgesellschafter A und C vorgeht.

b) Von der **Gegenansicht**[157] wird angenommen, dass die Mitgesellschafterhaftung **subsidiär** sei. Aus der gesellschaftsrechtlichen Treuepflicht folge, dass der Gesellschaftergläubiger nur gegen seine Mitgesellschafter vorgehen könne, wenn eine Befriedigung aus dem OHG-Vermögen nicht zu erwarten ist. Hiernach müsste B zunächst versuchen, seinen Kaufpreisanspruch gegen die OHG zu realisieren.

c) Stellungnahme: Für die Subsidiarität der Gesellschafterhaftung spricht, dass im Innenverhältnis der Mitgesellschafter in erster Linie Verbindlichkeiten aus dem OHG-Vermögen getragen werden sollen. Schließlich erbringt jeder Gesellschafter seinen Beitrag in die Gesellschaftskasse. Würde ein Mitgesellschafter direkt in Anspruch genommen, müsste er über § 110 HGB, der zwar auch nur für die Tilgung von Außenverbindlichkeiten anwendbar ist, aber hier konsequenterweise anzuwenden ist, sich seine Aufwendung von der OHG wiederholen. Dann käme es letztlich nur zu einer Umverteilung der Vermögensmassen. Dies erscheint treuwidrig, wenn der Gesellschaftergläubiger direkt gegen die OHG vorgehen kann.

Somit ist der h.M. zu folgen, sodass B zunächst versuchen muss, seinen Kaufpreisanspruch gegen die OHG zu realisieren. Nur subsidiär kann er gegen seine Mitgesellschafter B und C vorgehen.

2. Ferner könnten sich auch Einschränkungen zum **Umfang der Haftung** ergeben.

---

154 BGH RÜ 2014, 17, 18.
155 MünchKomm/Ulmer § 705 BGB Rn. 220; Erman/H.P. Westermann § 705 BGB Rn. 61.
156 BGH RÜ 2014, 17, 20
157 K. Schmidt § 49 I 2 b m.w.N.

a) Wenn die OHG nicht liquide ist und demzufolge B gegen seine Mitgesellschafter A und C vorgehen kann, stellt sich die Frage, in welchem Umfang seine Mitgesellschafter haften. Nach dem **Wortlaut des § 128 HGB** ist die akzessorische Haftung gesamtschuldnerisch, d.h., nach außen hin haftet jeder Gesellschafter auf die gesamte Höhe.

b) Hier besteht jedoch die Besonderheit, dass der Gläubiger gleichzeitig Mitgesellschafter ist. Aufgrund der **gesellschaftsrechtlichen Treuepflicht** ist daher nach h.M. der **Verlustanteil** des Gesellschaftergläubigers abzuziehen.[158]

Da hier die Gesellschafter A, B und C zu gleichen Teilen beteiligt sind, muss B sich 1/3, mithin 30.000 € abziehen lassen. Seine Mitgesellschafter A und C haften danach gemäß § 128 HGB als Gesamtschuldner auf 60.000 € Kaufpreis.

158 Ebenfalls streitig, vgl. BGH RÜ 2014, 17, 20; MünchKomm/Ulmer § 705 BGB Rn. 220.

Klausurtipp:
Unterscheide:

1. **Außenverhältnis:** = **Vertretungsmacht**, §§ 125, 126 (161 Abs. 2) HGB
   - Grundsätzlich Alleinvertretungsmacht, § 125 Abs. 1 HGB
   - Umfang der Vertretungsmacht generell unbeschränkt und unbeschränkbar, § 126 HGB
2. **Innenverhältnis = Geschäftsführungsbefugnis**
   - **Grundsatz § 116 Abs. 1 HGB:** Gewöhnliche Geschäfte jeder allein
   - **Ausnahme § 116 Abs. 2 HGB:** Ungewöhnliche Geschäfte gemeinsam, es sei denn:
     - Abweichende Vereinbarung im Gesellschaftsvertrag
     - Notgeschäftsführungsrecht analog § 744 Abs. 2 BGB

Fall 51: Pflichtverletzungen, Schadensersatz, actio pro socio

Die A & B KG, bestehend aus den Komplementären A und B sowie die Kommanditistin C betreibt ein Busunternehmen. Angesichts der aktuellen Diskussion über Klimaveränderungen will A sein ökologisches Gewissen erleichtern. A veräußert im Namen der KG die gesamte Busflotte. Alsdann schließt er mit der L-GmbH einen Leasingvertrag über eine wesentlich modernere Busflotte von 25 Elektro-Bussen mit einer Leasingdauer von fünf Jahren. Als er hiervon seinen Mitgesellschaftern berichtet, sind diese, auch angesichts der Höhe der Leasingraten, empört. B und C sind der Auffassung, hierüber hätte man zunächst in einer Gesellschafterversammlung abstimmen müssen. B sucht die befreundete Rechtsanwältin R auf und bittet um Auskunft über folgende Fragen:

1. Kann die L-GmbH Bezahlung der Leasingraten von der KG verlangen?
2. Hat die KG angesichts der zu hohen Leasingraten einen Schadensersatzanspruch gegen A?
3. Kann C, falls die Gesellschafter A und B „zusammenhalten" und den Schadensersatzanspruch nicht realisieren, selbst gegen A den Anspruch der KG einklagen?

A. Es könnte ein **Anspruch der L-GmbH gegen die A & B KG auf Zahlung der Leasingraten analog § 535 Abs. 2 BGB i.V.m. §§ 124 Abs. 1, 161 Abs. 2 HGB** bestehen.

I. Von der **Existenz einer wirksamen KG** gemäß § 161 Abs. 2 i.V.m. §§ 105, 123 HGB ist auszugehen.

II. Es besteht eine **wirksame Verbindlichkeit der KG** aus Leasingvertrag, falls sie durch A wirksam bei Abschluss des Leasingvertrags mit der L-GmbH vertreten wurde, § 164 Abs. 1 BGB. A war als Komplementär der KG gemäß § 161 Abs. 2 i.V.m. § 125 Abs. 1 HGB im Außenverhältnis allein vertretungsberechtigt. Es ist nicht ersichtlich, dass eine Gesamtvertretungsmacht zwischen A und B i.S.v. § 125 Abs. 2 HGB vereinbart war. Da gemäß § 126 HGB die Vertretungsmacht im Außenverhältnis unbeschränkt ist, hatte demzufolge A auch Vertretungsmacht, einen langfristigen Leasingvertrag für die KG abzuschließen. Somit ist ein wirksamer Leasingvertrag zwischen der vertretenen KG und der L-GmbH, vertreten durch ihren Geschäftsführer, § 35 GmbHG, zustande gekommen.

III. Rechtsfolge: Somit besteht ein Anspruch der L-GmbH aus Leasingvertrag gegen die KG auf Zahlung der Leasingraten analog § 535 Abs. 2 BGB i.V.m. §§ 124 Abs. 1, 161 Abs. 2 HGB.

B. Die **KG** könnte einen **Anspruch auf Schadensersatz gegen A** haben.

I. Es könnte ein Anspruch der **KG gegen A auf Schadensersatz aus § 280 Abs. 1 BGB** bestehen.

1. Aufgrund des Gesellschaftsvertrags besteht ein vertragliches **Schuldverhältnis**, § 311 Abs. 1 BGB, das mangels Sonderregelung im Gesellschaftsrecht zur Anwendbarkeit des § 280 Abs. 1 BGB führt.

2. Aufgrund des Gesellschaftsvertrags ist der geschäftsführende Gesellschafter zur ordnungsgemäßen Geschäftsführung verpflichtet. Diese **Pflicht** hat A **verletzt**, wenn er seine Geschäftsführungsbefugnis im Innenverhältnis überschritten hat. Anders als die Vertretungsmacht im Außenverhältnis, § 125 HGB, richtet sich die Geschäftsführungsbefugnis im Innenverhältnis nach § 116 HGB.

a) Gemäß **§ 116 Abs. 1 i.V.m. § 161 Abs. 2 HGB** war A zur Vornahme von **gewöhnlichen Geschäften** allein geschäftsführungsbefugt, d.h., er musste dann keine interne Rücksprache halten.

b) Anders verhält es sich **gemäß § 116 Abs. 2 HGB bei außergewöhnlichen Geschäften**, die grundsätzlich eines einstimmigen Gesellschafterbeschlusses bedürfen. Ein außergewöhnliches Geschäft liegt vor, wenn es nach Inhalt und Zweck über den Rahmen des Unternehmens der Gesellschaft hinausgeht, d.h. dem Gesellschaftszweck fremd ist, oder wenn es wegen seiner Bedeutung und den damit verbundenen Risiken und Nachteilen Ausnahmecharakter hat.

aa) Indem A hier die bisherige Busflotte veräußert und eine neue Busflotte über einen Leasingvertrag, der als Dauerschuldverhältnis über fünf Jahre geschlossen wurde, beschafft hat, hat er die bisherige Geschäftsgrundlage des Busunternehmens verändert. Aufgrund dieses Ausnahmecharakters und der wirtschaftlichen Bedeutung des Dauerschuldverhältnisses handelte es sich um ein **außergewöhnliches Geschäft i.S.v. § 116 Abs. 2 HGB** i.V.m. § 161 Abs. 2 HGB. Somit hätte er eine vorherige Abstimmung im Innenverhältnis mit dem Komplementär B einholen müssen. Was die Kommanditistin C anbelangt, ist § 164 HGB zu beachten: Hiernach sind zwar Kommanditisten grundsätzlich von der Führung der Geschäfte ausgeschlossen und können der Handlung der Komplementäre nicht widersprechen. Gemäß § 164 S. 1 Hs. 2 HGB gilt jedoch eine Ausnahme, wenn die Handlung über den gewöhnlichen Betrieb des Handelsgewerbes der Gesellschaft hinausgeht. In diesem Fall hat die Kommanditistin nicht lediglich ein Widerspruchsrecht, sondern es bleibt bei § 116 Abs. 2 HGB, sodass ihre Zustimmung erforderlich ist. D.h., bei außergewöhnlichen Geschäften muss gemäß § 116 Abs. 2 i.V.m. § 161 Abs. 2 HGB ein Beschluss sämtlicher Gesellschafter, einschließlich der Kommanditisten, herbeigeführt werden.[159]

Da A die Zustimmung von B und C nicht eingeholt hat, liegt somit ein Verstoß gegen § 116 Abs. 2 i.V.m. § 161 Abs. 2 HGB vor.

bb) Eine **Ausnahme** gilt **nach h.M.** lediglich **bei Notgeschäften**. Hier wird aus den Vorschriften über die Bruchteilsgemeinschaft analog § 744 Abs. 2 BGB das Recht begründet, im Notfall ein alleiniges Geschäftsführungsrecht im Innenverhältnis angenommen. Vorliegend ist jedoch ein Notfall nicht ersichtlich, sodass es bei der objektiven Pflichtverletzung des A verbleibt.

Klausurtipp: Aufbau § 280 Abs. 1 BGB:

1. Schuldverhältnis
- Grundsätzlich jedes Schuldverhältnis i.S.v. § 311 BGB

2. Objektive Pflichtverletzung
- Hauptpflichten, sofern keine Sonderregelungen (z.B. Gewährleistung)
- Nebenleistungspflichten, sofern keine Sonderregelungen
- Nebenpflichten, Schutz-, Sorgfaltspflichten, §§ 241 Abs. 2, 242 BGB

3. Vertretenmüssen des Schuldners wird vermutet bis zur Exkulpation, § 280 Abs. 1 S. 2 BGB

4. Rechtsfolge: Schadensersatz, §§ 249 ff. BGB (Näheres im FallSkript SchuldR AT)

---

159 Ganz h.M. Hopt § 164 HGB Rn. 2.

3. A müsste die Pflichtverletzung **zu vertreten** haben.

a) Dies wird vermutet, bis er sich gemäß § 280 Abs. 1 S. 2 BGB exkulpiert. **Fraglich** ist, **ob sich A exkulpieren kann**. Normalerweise gilt hierfür der Maßstab des § 276 BGB, sodass ab leichter Fahrlässigkeit, bezogen auf die Durchschnittssorgfalt i.S.v. § 276 Abs. 2 BGB, eine Exkulpation hier nicht mehr gelingt.

Haftungsprivileg „eigenübliche Sorgfalt", § 277 BGB
⇨ anwendbar nur bei Verweis, z.B
- **§ 346 Abs. 3 Nr. 3 BGB** Rücktritt
- **§ 690 BGB** unentgeltl. Verwahrer
- **§ 708 BGB** Gesellschafter
- **§ 1359 BGB** Ehegatten
- **§ 1664 BGB** Eltern – Kind
- **§ 2131 BGB** Vorerbe – Nacherbe

b) Vorliegend könnte jedoch das **Haftungsprivileg des § 708 i.V.m. § 277 BGB i.V.m. § 105 Abs. 3 i.V.m. § 161 Abs. 2 HGB** zum Tragen kommen.

Gemäß § 105 Abs. 3 i.V.m. § 161 Abs. 2 HGB gelten grundsätzlich die Vorschriften über die GbR, sodass auch § 708 BGB auf Handelsgesellschaften Anwendung findet. Hiernach haftet ein Gesellschafter im Innenverhältnis wegen der engen, vertrauensvollen Zusammenarbeit nur für eigenübliche Sorgfalt. Fraglich ist, ob dies auch dann gilt, wenn ein Gesellschafter seine Geschäftsführungsbefugnis im Innenverhältnis überschreitet. Diese Frage ist umstritten.

aa) Teilweise[160] wird vertreten, dass bei Überschreitung der Geschäftsführungsbefugnis durch einen Gesellschafter das Haftungsprivileg des § 708 BGB nicht mehr gelte. Denn der Gesellschafter, der seine Geschäftsführungsbefugnis überschreite, also eine gesellschaftsfremde Handlung vornehme, verlasse gleichsam das Gesellschaftsrecht und dürfe daher nicht mehr in den Genuss des Haftungsprivilegs kommen.

Somit ist nach dieser Auffassung der Haftungsmaßstab und damit auch eine Exkulpation des A allein an § 276 BGB zu messen.

bb) Nach der **Gegenauffassung**[161] gilt § 708 BGB für alle Pflichtverletzungen im Innenverhältnis. Somit ist die Vorschrift auch bei Überschreitung der Geschäftsführungsbefugnis anzuwenden.

Nach dieser Auffassung ist also die Haftung des A auf eigenübliche Sorgfalt i.S.v. § 708 BGB beschränkt. Zwar kann hier nicht beurteilt werden, welchen Sorgfaltsmaßstab A sonst üblicherweise anwendet. Jedoch bleibt gemäß § 277 BGB eine Haftung spätestens ab grober Fahrlässigkeit unberührt. Hier hätte A ohne Weiteres einleuchten müssen, dass er nicht einfach „im Alleingang" die gesamte Geschäftsgrundlage des Busunternehmens verändern konnte, sodass ohnehin von grober Fahrlässigkeit i.S.v. § 277 BGB auszugehen ist. Somit würde auch nach dieser Auffassung A sich nicht exkulpieren können.

Da nach beiden Auffassungen A sich nicht exkulpieren kann, ist eine Stellungnahme entbehrlich.

Die KG hat folglich einen Schadensersatzanspruch gegen A aus § 280 Abs. 1 BGB.

II. In Betracht kommt noch ein **Schadensersatzanspruch der KG gegen A aus § 678 i.V.m. § 677 BGB wegen unberechtigter GoA.**

---

160 MünchKomm/Ulmer § 708 Rn. 8; Grüneberg/Sprau § 708 BGB Rn. 2.
161 BGH NJW 1997, 314.

1. A hat durch Veräußerung der Busflotte und Abschluss des Leasingvertrags über die neue Busflotte **fremde Geschäfte** für die KG i.S.v. § 677 BGB besorgt.

2. Wie aus § 687 Abs. 1 BGB folgt, ist ein **Fremdgeschäftsführungswille** erforderlich.

A wollte erkennbar für die KG die Verträge abschließen, hatte somit auch subjektiv Fremdgeschäftsführungswillen.

3. Das Merkmal **„ohne Auftrag"** i.S.v. § 677 BGB setzt voraus, dass keinerlei Vertragsverhältnis und keine sonstige Berechtigung bestand, welche zur Geschäftsführung berechtigte.

Da A nach dem Gesellschaftsvertrag grundsätzlich zur Geschäftsführung nicht nur berechtigt, sondern auch verpflichtet ist, liegt das Merkmal „ohne Auftrag" an sich nicht vor. Allerdings könnte hiergegen sprechen, dass A zum Abschluss des konkret getätigten Geschäfts nicht berechtigt war, weil es sich um ein ungewöhnliches Geschäft i.S.v. §§ 116 Abs. 2, 161 Abs. 2 HGB handelte, welches er nicht intern allein entscheiden konnte. Insofern ist umstritten, ob bei Überschreitung der Geschäftsführungsbefugnis die GoA-Regeln anwendbar sind.

a) Nach der **Mindermeinung**[162] wird bei Überschreitung der Geschäftsführungsbefugnis der Rahmen des Gesellschaftsvertrags verlassen, sodass der Gesellschafter „ohne Auftrag" handle. Demzufolge seien die Vorschriften über die GoA anwendbar. Sofern dann durch die unberechtigte GoA Schäden verursacht werden, hafte der geschäftsführende Gesellschafter der Gesellschaft aus § 678 BGB auf Schadensersatz.

b) Nach **h.M.**[163] sind die Regeln über die **GoA unanwendbar**. Denn § 677 BGB setze mit dem Merkmal „ohne Auftrag" voraus, dass keinerlei Vertragsbeziehungen zwischen Geschäftsführer und Geschäftsherrn vorliegen.

Hiernach wären die Vorschriften über die GoA unanwendbar.

c) Stellungnahme: Das Merkmal „ohne Auftrag" i.S.v. § 677 BGB sollte eng ausgelegt werden, dahingehend, dass keinerlei Vertragsverhältnis vorliegt. Für eine ausdehnende Anwendung auch auf Fälle, in denen zwar ein Vertragsverhältnis vorliegt, jedoch die daraus resultierenden Berechtigungen überschritten werden, besteht kein Bedürfnis. Sofern der Geschäftsführer über seine vertragliche Berechtigung hinausgeht, liegt eine Pflichtverletzung vor, die dann den Schadensersatzanspruch aus § 280 Abs. 1 BGB auslöst. Anderenfalls würde jede Pflichtverletzung im Rahmen eines Vertrags die Vorschriften der GoA auslösen. Aufgrund des bloßen Hilfscharakters der §§ 677 ff. BGB entspricht dies nicht der gesetzgeberischen Intention. Vielmehr ist der Generaltatbestand des § 280 Abs. 1 BGB gerade dafür geschaffen worden, Pflichtverletzungen zu erfassen. Somit ist der h.M. zu folgen, sodass die Vorschriften der GoA nicht anwendbar sind.

Die KG hat somit lediglich einen Schadensersatzanspruch gegen A aus § 280 Abs. 1 BGB.

Geschäftsführungsbefugnis im Innenverhältnis:

1. Bei Handelsgesellschaften

- **§ 116 Abs. 1 HGB** (§ 161 Abs. 2 HGB): Gewöhnliche Geschäfte
  - Jeder allein
- **§ 116 Abs. 2 HGB** (§ 161 Abs. 2 HGB): Ungewöhnliche Geschäfte
  - Grundsätzlich alle gemeinsam
  - Ausnahmen:
    - Im Gesellschaftsvertrag vereinbart
    - Notgeschäftsführungsrecht analog § 744 Abs. 2 BGB

2. GbR

- **§ 709 BGB:** Grundsätzlich stets gemeinsam
- Ausnahme:
  - Im Gesellschaftsvertrag Abweichendes geregelt
  - Konkludente, abändernde tatsächliche Übung
  - Notgeschäftsführungsrecht analog § 744 Abs. 2 BGB

162 MünchKomm/Ulmer § 708 BGB Rn. 10.

163 BGH WM 1988, 968, 970; MünchKomm/Rawert § 114 HGB Rn. 63.

C. Kann C für die KG gegen A auf Schadensersatz klagen?

I. Da die **KG** gemäß § 124 Abs. 1 i.V.m. § 161 Abs. 2 HGB rechtsfähig ist, ist sie parteifähig i.S.v. § 50 Abs. 1 ZPO. Jedoch kann sie nicht handeln und ist damit nicht i.S.v. § 51 ZPO prozessfähig. Sie **muss** daher durch ihre vertretungsberechtigten Organe **im Prozess vertreten werden**.

C als Kommanditistin **hat jedoch keine Vertretungsmacht**, wie sich aus **§ 170 HGB** ergibt. Somit wäre C grundsätzlich nicht berechtigt, Klage für die KG zu erheben.

II. Da die an sich vertretungsberechtigten Organe, die Komplementäre A und B (§§ 125 Abs. 1, 161 Abs. 2 HGB) sich weigern, den Anspruch der KG gegen A zu realisieren, würde der Anspruch der KG „brach liegen". Dies wiederum würde gegen die Interessen der KG verstoßen und stellt damit im Innenverhältnis einen Verstoß gegen die gesellschaftsrechtliche Treuepflicht dar. Für diese Fälle wurde daher das **Institut der actio pro socio** entwickelt: Gegenstand der actio pro socio sind Ansprüche der Gesellschaft gegen einen Gesellschafter aus dem Gesellschaftsverhältnis, also dem Innenverhältnis, sog. Sozialansprüche.

Die actio pro socio gewährt jedem Gesellschafter – unabhängig von seiner Vertretungsbefugnis – das Recht, diese Sozialansprüche auch im Außenverhältnis im eigenen Namen geltend zu machen, allerdings nur auf Leistung an die Gesellschaft. Das Institut der actio pro socio begründet also eine materielle Einziehungsermächtigung und für den Prozess eine Prozessführungsbefugnis.[164]

Somit kann die an sich nicht vertretungsberechtigte Kommanditistin C über das Institut der actio pro socio den Schadensersatzanspruch für die KG gegen A einklagen.

---

164 Höfler JuS 1992, 388; BGH NJW 2001, 1210.

10. Teil: Beendigung der Gesellschaft

Fall 52: Werbende und sterbende Gesellschaft

Die A-KG vertreibt Geräte für Fitnessstudios. Komplementär der KG ist die A-GbR, welche aus den Gesellschaftern A, B und C besteht. Kommanditistin der KG ist D. B verbringt seinen Urlaub auf den Malediven. Da er nach einem Tauchgang nicht mehr auftaucht, wird B für tot erklärt. Da der Gesellschaftsvertrag der A-GbR keine besonderen Regelungen enthält, sind die verbleibenden Gesellschafter besorgt, was aus ihren Gesellschaften wird.

1. Besteht noch die A-GbR? Was gilt, wenn B und C nach gemeinsamem Tauchgang nicht auftauchten und für tot erklärt wurden?

2. Besteht noch die A-KG?

Abwandlung:

Was ändert sich, wenn allein die Kommanditistin D verstorben ist?

A. Besteht noch die A-GbR?

I. Es ist davon auszugehen, dass A, B und C seinerzeit einen wirksamen Gesellschaftsvertrag i.S.v. § 705 BGB geschlossen haben. Durch Vollzug nach außen ist die **GbR** auch mit Außenwirkung **entstanden**.

II. Jedoch könnte die **GbR aufgelöst** sein.

1. Aufgrund der engen, persönlichen Verbundenheit in der GbR ist in **§ 727 Abs. 1 BGB** bestimmt, dass bei Tod eines Gesellschafters die Gesellschaft grundsätzlich aufgelöst ist, es sei denn, im Gesellschaftsvertrag ist etwas anderes bestimmt. Da dem Tod eines Gesellschafters die entsprechende Todeserklärung gleichsteht[165] und der GbR-Vertrag keine besondere Bestimmung enthält, führt die Todeserklärung des B somit gemäß § 727 BGB zur Auflösung der Gesellschaft. Zu beachten ist allerdings, dass die Gesellschaft nicht sofort erlischt. Vielmehr bildet § 727 BGB einen Auflösungsgrund, der dazu führt, dass die Gesellschaft noch abgewickelt, also gemäß §§ 730 ff. BGB liquidiert werden muss. Aus der ursprünglich „werbenden" Gesellschaft wird damit eine „sterbende" Gesellschaft.

2. Allerdings können die **verbleibenden Gesellschafter** A und C, auch wenn der Gesellschaftsvertrag ursprünglich hierzu keine Bestimmung enthielt, sich spontan **entschließen, die Gesellschaft weiterzuführen**. In diesem Moment wird die „sterbende" Gesellschaft wieder zu einer normalen, „werbenden" Gesellschaft. Allerdings ist diese Möglichkeit verstellt, wenn B und C für Tod erklärt wurden. Dann bliebe allein A zurück, welcher jedoch allein keine GbR begründen kann, da es im Recht der Personengesellschaften keine „Ein-Personen-Gesellschaft" gibt. Dann wäre die GbR automatisch erloschen und A müsste die Abwicklung allein vornehmen, es sei denn, er findet einen neuen Gesellschafter, welcher die GbR mit ihm weiterführt.

---

165 Hopt § 131 HGB Rn. 18.

B. Besteht noch die A-KG?

Die **KG** müsste **wirksam gegründet** worden sein.

I. Nach dem ursprünglich gemäß § 161 Abs. 2 i.V.m. § 105 HGB i.V.m. § 705 BGB entsprechend abgeschlossenen Gesellschaftsvertrag sollte D der Kommanditistin und die A-GbR die Komplementärin sein. Aufgrund der Rechtsfähigkeit der GbR (analog § 124 Abs. 1 HGB) kann eine GbR auch Gesellschafterin anderer Gesellschaften sein.[166] Somit kann eine GbR auch Komplementärin einer KG sein. Da der wirksam abgeschlossene Gesellschaftsvertrag nach außen hin auch vollzogen wurde und die KG ein Handelsgewerbe i.S.v. § 1 HGB betreibt, ist die KG, unabhängig von ihrer Eintragung im Handelsregister, allein durch Vollzug entstanden, § 123 Abs. 2 i.V.m. § 161 Abs. 2 HGB.

II. Jedoch könnte die **KG aufgelöst** worden sein.

1. Einer der abschließend aufgeführten Auflösungsgründe des **§ 131 Abs. 1 HGB**, welcher gemäß § 161 Abs. 2 HGB auch für die KG gilt, liegt hier nicht vor.

2. Die Rechtsfolgen bei **Tod eines Gesellschafters** ergeben sich aus **§§ 131 Abs. 3 Nr. 1, 161 Abs. 2 HGB**

a) Grundsätzlich ergibt sich aus **§ 131 Abs. 3 Nr. 1 HGB**, welcher über § 161 Abs. 2 HGB auch für eine KG anwendbar ist, dass der Tod eines Gesellschafters lediglich zu seinem Ausscheiden führt, nicht jedoch zur Auflösung der gesamten Gesellschaft. Somit ist die hier grundsätzlich aufgelöste A-GbR (s.o. A.), welche dann wie ein verstorbener Komplementär zu behandeln ist, an sich gemäß § 131 Abs. 3 Nr. 1 HGB kein Grund zur Auflösung der KG.

b) Obwohl der Tod eines Gesellschafters nach § 131 Abs. 3 Nr. 1 HGB grundsätzlich kein Auflösungsgrund für die Gesellschaft ist, erlischt die Gesellschaft in jedem Fall, wenn sie lediglich aus zwei Gesellschaftern bestand und einer dieser Gesellschafter stirbt und keine gesellschaftsrechtliche Nachfolgeklausel besteht. Der Grund liegt darin, dass auch bei den Handelsgesellschaften als Personengesellschaften eine Ein-Personen-Gesellschaft nicht vorgesehen ist.[167] **Stirbt** demzufolge der **einzige Komplementär** der KG, ohne dass ein Erbe als persönlich haftender Gesellschafter nachfolgt, so ist die KG aufgelöst, weil eine Ein-Personen-KG, bestehend lediglich aus einem Kommanditisten, nicht existieren kann.[168]

Da hier die somit grundsätzlich aufgelöste GbR (s.o. A.) wie ein verstorbener Komplementär zu behandeln ist und andere Komplementäre nicht vorhanden waren, kann eine KG, lediglich bestehend aus D als Kommanditistin, nicht existieren. Demnach ist die KG aufgelöst.

Allerdings kann, wenn sich noch ein neuer persönlich haftender Gesellschafter findet, die Gesellschaft mit diesem fortgesetzt werden und wird dann wieder zu einer „werbenden" KG.

---

166 BGHZ 116, 86, 88; 118, 83; BGH NJW 1998, 376.

167 Hopt § 131 HGB Rn. 19.

168 Hopt § 133 HGB Rn. 18.

Abwandlung:

Was gilt beim Tod der Kommanditistin D?

I. Da das Versterben eines Gesellschafters bereits nach § 131 Abs. 1 HGB, welcher grundsätzlich auch auf eine KG Anwendung findet (§ 161 Abs. 2 HGB), kein Auflösungsgrund ist, besteht die KG weiterhin fort. Da allerdings die **einzige Kommanditistin D verstorben** ist, könnte evtl. als Komplementär lediglich die A-GbR übrig bleiben, was dann zu einer unzulässigen „Ein-Personen"-Gesellschaft führen könnte. Diese Lösung würde sich ergeben, wenn die Kommanditistin D aufgrund ihres Versterbens nach § 131 Abs. 3 Nr. 1 i.V.m. § 161 Abs. 2 HGB aus der KG ausgeschieden ist.

II. Jedoch bestimmt die Sondervorschrift des **§ 177 HGB**, dass beim Tod eines Kommanditisten die Gesellschaft mangels abweichender vertraglicher Bestimmungen mit dessen Erben fortgesetzt wird. Somit fällt der Kommanditanteil automatisch auf den oder die Erben des verstorbenen Kommanditisten, ohne dass es einer gesellschaftsvertraglichen Nachfolgeklausel bedarf. Bei mehreren Erben ist allerdings zu beachten, dass nicht die Miterbengemeinschaft als solche den Kommanditanteil wahrnimmt, sondern dass die Miterben entsprechend ihrem Anteil einzeln im Wege der Sondererbfolge den Kommanditanteil innehaben[169] (s. bereits Fall 46).

Da somit nach wie vor ein Kommanditist (Erbe/Miterben) existiert, ergibt sich keine unzulässige Ein-Personen-KG, sodass die KG weiter existiert.

169 Hopt § 177 HGB Rn. 3.

11. Teil: Kapitalgesellschaften (Grundzüge)

Fall 53: Vorgründungsgesellschaft

A, B und C beabsichtigten, eine GmbH zu gründen, und vereinbaren am 01.05. einen überregionalen Handel mit Naturwerksteinen zu betreiben. Für das 1. Geschäftsjahr wurde ein Umsatz von 1,3 Mio. € erwartet, der sich bis zum 5. Geschäftsjahr auf 4 Mio. € steigern sollte. Es sollen zunächst 15 Arbeitnehmer eingestellt werden. A und C sollten Geschäftsführer werden. Diese schlossen – zugleich als vollmachtlose Vertreter des B – am 06.05. einen notariellen Gesellschaftsvertrag. Am 15.05. eröffneten sie mit Zustimmung des B ein Geschäftskonto für die „GmbH in Gründung". Am 20.05. bestellten A und C mit Zustimmung des B für die „GmbH in Gründung" bei V mehrere Container. Später kommt es zum Zerwürfnis zwischen den Gesellschaftern, weswegen B die Genehmigung des notariellen Vertrags vom 06.05. verweigert.

Kann V den Kaufpreis von der Gesellschaft und ihren Gesellschaftern verlangen?

A. Ansprüche gegen die Gesellschaft

I. Dem V könnte ein Kaufpreisanspruch gegen die GmbH **aus § 433 Abs. 2 BGB i.V.m. § 13 GmbHG** zustehen.

Die GmbH wurde nie im Handelsregister eingetragen. Wie **aus § 11 Abs. 1 GmbHG** folgt, ist hingegen die Eintragung im Register Wirksamkeitsvoraussetzung, sodass mangels Eintragung keine GmbH entstanden ist. Folglich scheiden Ansprüche gegen die „GmbH" aus.

II. V könnte einen Kaufpreisanspruch gegen die Vor-GmbH **aus § 433 Abs. 2 BGB** haben.

1. In dem Zeitraum zwischen dem notariellen Abschluss des Gesellschaftsvertrags und der Eintragung im Handelsregister existiert die sog. Vor-GmbH. Sie ist notwendige Vorstufe zu der mit der Eintragung entstehenden GmbH. Die Vor-GmbH ist im GmbHG nicht ausdrücklich geregelt. Da es sich jedoch um eine notwendige Durchgangsstufe zur GmbH handelt, wird bereits im Wesentlichen das Recht der GmbH angewandt, soweit es nicht ausgerechnet die Eintragung im Handelsregister voraussetzt. Daher ist die **Vor-GmbH bereits rechtsfähig** und kann selbst Träger von Rechten und Pflichten sein.[170]

2. Fraglich ist jedoch, ob hier eine wirksame Vor-GmbH entstanden ist, da diese den Abschluss eines **wirksamen notariellen Vertrags i.S.v. §§ 2, 3 GmbHG** voraussetzt. Vorliegend hatten A und C den auf die Gründung der GmbH gerichteten notariellen Vertrag als Vertreter ohne Vertretungsmacht für B abgeschlossen. Demnach war der Vertrag zunächst schwebend unwirksam bis zur Genehmigung des B i.S.v. § 177 Abs. 1 BGB. Da B jedoch später die Genehmigung verweigert hat, ist der Vertrag nichtig. Fraglich ist, ob die Nichtigkeit des Vertrags sich nur auf B bezieht oder ob

170 BGHZ 80, 129; BGH NJW 1998, 1079.

der gesamte notarielle Vertrag unwirksam ist. Gemäß § 139 BGB führt die Teilnichtigkeit grundsätzlich zur Gesamtnichtigkeit, es sei denn, die Parteien haben bei Abschluss des unwirksamen Vertrags ein anderes gewollt. Vorliegend sind keine Anhaltspunkte dafür ersichtlich, dass A und C abweichend von der Regelvermutung des § 139 BGB lediglich eine Teilunwirksamkeit wollten, zumal sich bei Annahme eines Gesellschaftsvertrags nur zwischen A und C auch die Verhältnisse hinsichtlich des Kapitalanteils verändern würden.

Somit ist von einer Gesamtnichtigkeit des notariellen Vertrags auszugehen.

Damit besteht keine Vor-GmbH. Folglich scheidet ein entsprechender Anspruch des V gegen eine solche aus.

Klausurtipp:
Eines Rückgriffs auf das Institut „fehlerhafter Gesellschaftsvertrag“ bedarf es hier nicht, wenn ohnehin eine Vorgründungsgesellschaft besteht.

III. Dem V könnte aber ein Kaufpreisanspruch gegen die Vorgründungsgesellschaft aus **§ 433 Abs. 2 BGB i.V.m. § 124 Abs. 1 HGB** zustehen.

1. Erforderlich ist das **Bestehen einer Vorgründungsgesellschaft**.

a) Sofern sich mehrere Personen dahingehend einigen, eine GmbH zu gründen, so ist diese Vereinbarung als **Vorvertrag** zu qualifizieren, welcher zum Abschluss des Hauptvertrags, d.h. des GmbH-Vertrags verpflichtet. Vorliegend hatten A, B und C eine entsprechende Abrede am 01.05. getroffen. Allerdings ist wegen der Beweis- und Warnfunktion auf diesen Vorvertrag bereits die Formvorschrift des § 2 GmbHG anzuwenden. Demnach bedarf der Vorvertrag bereits der notariellen Beurkundung. Da diese nicht eingehalten war, haben A, B und C keinen wirksamen Vorvertrag geschlossen. Somit ist keine Vorgründungsgesellschaft aufgrund eines Vorvertrags entstanden.

b) Nehmen die Gesellschafter der zu gründenden GmbH schon vor Abschluss des notariellen Gesellschaftsvertrags die Geschäftstätigkeit auf, so entsteht durch **Vollzug** eine Außengesellschaft. Fraglich ist, welche Rechtsnatur diese hat, da das GmbHG hierzu keine Regelung enthält. Da der Zweck dieser Gesellschaft bereits im Betreiben des jeweiligen Geschäfts besteht, handelt es sich um eine OHG, falls ein Handelsgewerbe betrieben wird, andernfalls entsteht eine GbR.[171] Hier haben die Gesellschafter bereits die geschäftliche Tätigkeit nach außen hin aufgenommen. Nach Art und Umfang des Unternehmens ist von kaufmännischen Einrichtungen auszugehen, sodass hier eine OHG gemäß §§ 105 Abs. 1, 123 Abs. 2 HGB entstanden ist.

2. Die **Verbindlichkeit** müsste für die Gesellschaft wirksam begründet worden sein.

Hier haben die Gesellschafter als Stellvertreter den Kaufvertrag mit V geschlossen. Hierbei sind sie für die „GmbH in Gründung“ aufgetreten. Dies lässt sich ohne Weiteres dahingehend auslegen, dass sie für die Vorgründungsgesellschaft, also für die OHG, gehandelt haben. Gemäß §§ 125 Abs. 1, 126 HGB bestand uneingeschränkt Alleinvertretungsmacht.

3. Rechtsfolge: Somit haftet die Vorgründungsgesellschaft gegenüber V auf Zahlung des Kaufpreises aus § 433 Abs. 2 BGB i.V.m. § 124 Abs. 1 HGB.

Klausurtipp:
Erfolgt eine falsche Bezeichnung, z.B. indem die Gesellschafter bereits von der „GmbH“ sprechen, so lässt sich nach den **Grundsätzen des unternehmensbezogenen Geschäfts** die Falschbezeichnung ohne Weiteres beheben: Egal, was die Parteien erklären, gemeint ist stets der tatsächliche Betriebsinhaber.

---

171 K. Schmidt § 34 III 2.

B. Kaufpreisanspruch des V gegen die Gesellschafter

I. Daneben könnte ein **Kaufpreisanspruch V gegen A, B und C aus § 433 Abs. 2 BGB i.V.m. § 128 HGB** bestehen.

1. Wie vorstehend ausgeführt, besteht hier eine **Vorgründungsgesellschaft in Form einer OHG**, § 105 HGB.

2. Es besteht eine **wirksame Verbindlichkeit der OHG**, da diese aus § 433 Abs. 2 BGB i.V.m. § 124 Abs. 1 HGB auf Zahlung des Kaufpreises haftet.

3. A, B und C müssen **Gesellschafter zum Zeitpunkt der Begründung der Verbindlichkeit** sein.

A, B und C hatten den OHG-Vertrag wirksam geschlossen und dem Vollzug nach außen hin zugestimmt. Der Umstand, dass B den späteren notariellen Vertrag, also den eigentlichen GmbH-Vertrag, nicht genehmigt hat, hat hierauf keinen Einfluss, da der OHG-Vertrag bereits mit der konkreten, mit Rechtsbindungswillen getroffenen Abrede, eine GmbH gründen zu wollen, am 01.05. zustande gekommen ist.

4. Rechtsfolge: Somit haften A, B und C gemäß § 128 HGB akzessorisch und gesamtschuldnerisch für die Kaufpreisverbindlichkeit der OHG.

II. In Betracht kommt noch die **Handelndenhaftung von A und C** aus § 433 Abs. 2 BGB i.V.m. § 11 Abs. 2 GmbHG.

Die Vorschrift des § 11 Abs. 2 GmbHG ist für die Stufe der Vor-GmbH gedacht und daher im Stadium der Vorgründungsgesellschaft (noch) nicht anwendbar.[172]

Somit scheidet eine Handelndenhaftung gemäß § 11 Abs. 2 GmbHG aus.

---

172 BGHZ 91, 148.

Fall 54: Die Vor-GmbH

A, B und C wollen eine GmbH gründen, die Fertighäuser vertreibt. Sie begeben sich am 15.06. zu dem Notar N und schließen dort den notariellen Vertrag zur Gründung der FeBau GmbH. Zur Geschäftsführerin wird die D ernannt. Das Stammkapital von 25.000 € wird zur Hälfte eingezahlt. Am 30.06. bestellt D im Namen der Vor-GmbH mit Zustimmung von A, B und C Baumaterialien bei V, welche von V auch ausgeliefert werden. V drängt auf Zahlung; die GmbH ist bislang noch nicht im Handelsregister eingetragen.

Welche Ansprüche hat V gegen die Gesellschaft sowie die Geschäftsführerin D und die Gesellschafter A, B und C?

A. Kaufpreisanspruch V gegen die Gesellschaft

I. Dem V könnte ein Kaufpreisanspruch gegen die GmbH **aus § 433 Abs. 2 BGB i.V.m. § 13 GmbHG** zustehen.

Da bislang noch keine Eintragung der GmbH erfolgt ist und gemäß § 11 Abs. 1 GmbHG die Eintragung konstitutiv wirkt, existiert noch keine GmbH. Somit scheidet ein dahingehender Anspruch des V aus.

II. Dem V könnte ein Kaufpreisanspruch gegen die Vor-GmbH **aus § 433 Abs. 2 BGB** zustehen.

1. In dem Zeitraum zwischen dem notariellen Abschluss des Gesellschaftsvertrags i.S.v. §§ 2, 3 GmbHG und der Eintragung der GmbH, § 11 GmbHG, **existiert die Vor-GmbH** als notwendige Vorstufe zu der später entstehenden GmbH. Auf die Vor-GmbH wird, weil sie in der späteren GmbH aufgeht, bereits das Recht der GmbH angewandt, soweit dieses nicht die Eintragung im Handelsregister voraussetzt. Die Vor-GmbH ist als solche im GmbHG nicht geregelt, wird aber als bereits rechtsfähige Gesellschaft mit eigenen Rechten und Pflichten angesehen.[173]

Vorliegend haben A, B und C einen wirksamen notariellen Gesellschaftsvertrag i.S.v. §§ 2, 3 GmbHG geschlossen, sodass eine Vor-GmbH entstanden ist.

2. Es muss eine **wirksame Verpflichtung der Vor-GmbH** erfolgt sein.

Die Geschäftsführerin D hat sich mit V über den Abschluss eines Kaufvertrags geeinigt. Diese Einigung wirkt für und gegen die Vor-GmbH, wenn D sie wirksam vertreten hat, § 164 Abs. 1 BGB.

a) Die D hat ausdrücklich auf die Vor-GmbH hingewiesen und daher **im Namen der Vor-GmbH** gehandelt.

b) Fraglich ist, ob D auch **mit Vertretungsmacht** gehandelt hat.

aa) D war zur Geschäftsführerin ernannt worden. Fraglich ist, ob der Umstand, dass **D keine Gesellschafterin** ist, einer wirksamen Geschäftsführerbestellung entgegensteht. Anders als bei Personengesellschaften, bei dem der Grundsatz der organschaftlichen Vertretung notwendig bedingt, dass die Gesellschaft von den Gesellschaftern vertreten werden kann, handelt

Voraussetzungen der Stellvertretung, § 164 Abs. 1 BGB

1. Eigene Willenserklärung

⇨ Nicht bloß Bote

2. Im fremden Namen

⇨ Grundsätzlich: Offenkundigkeit

⇨ Ausnahmen:

- Handeln für den Betriebsinhaber
- Geschäft für den, den es angeht

3. Mit Vertretungsmacht

- Gesetzliche
- Vollmacht, § 167 BGB
- Rechtsschein
- Genehmigung, § 177 BGB

Näheres s. AS-FallSkript BGB AT, Fälle 15 ff.

173 BGHZ 80, 129; 117, 323, 326.

es sich bei der GmbH bzw. bei der Vor-GmbH um eine Kapitalgesellschaft, d.h. um ein eigenständiges Gebilde i.S.e. juristischen Person. Daher muss das Vertretungsorgan nicht unbedingt ein Gesellschafter sein. Somit können **auch Nichtgesellschafter** zum Geschäftsführer i.S.d. §§ 35 ff. GmbHG bestellt werden.

bb) Fraglich ist, welchen Umfang die Vertretungsmacht des Geschäftsführers der Vor-GmbH hat.

(1) Teilweise[174] wird angenommen, dass der Geschäftsführer einer Vor-GmbH bereits uneingeschränkt Vertretungsmacht gemäß §§ 35, 37 GmbHG habe.

Hiernach konnte D ohne Weiteres den Kaufvertrag für die Vor-GmbH abschließen.

(2) Nach **heute h.M.** ist die Vertretungsmacht des Geschäftsführers der Vor-GmbH grundsätzlich auf die notwendigen Gründungsgeschäfte beschränkt, kann allerdings mit Zustimmung aller Gesellschafter erweitert werden.[175]

Da hier die Zustimmung aller Gesellschafter vorlag, konnte D unabhängig davon, ob es sich um notwendige Gründungsgeschäfte handelte, den Kaufvertrag auch nach dieser Auffassung abschließen.

Da somit beide Auffassungen zum gleichen Ergebnis gelangen, ist eine Stellungnahme entbehrlich.

3. Rechtsfolge: Mithin ist die Vor-GmbH aus dem Kaufvertrag wirksam verpflichtet worden. V hat daher gegen die Vor-GmbH einen Anspruch auf Kaufpreiszahlung aus § 433 Abs. 2 BGB.

B. Kaufpreisanspruch des V gegen D aus § 433 Abs. 2 BGB i.V.m. § 11 Abs. 2 GmbHG – sog. Handelndenhaftung

I. Handelnder i.S.v. § 11 Abs. 2 GmbHG ist, wer rechtsgeschäftlich wie ein Geschäftsführer aufgetreten ist. D hat als Geschäftsführerin den Kaufvertrag mit V geschlossen.

II. Fraglich ist, **unter welcher Bezeichnung** der Handelnde i.S.v. § 11 Abs. 2 GmbHG bei Begründung der Verbindlichkeit auftreten muss.

1. In der **Lit.** wird überwiegend vertreten, dass ein Handeln im Namen der „Gesellschaft“ vorliegt, wenn der Handelnde entweder für die noch nicht existierende GmbH aufgetreten ist oder für die zu diesem Zeitpunkt tatsächlich bestehende Vor-GmbH.[176] Danach wäre hier das Handeln der D für die Vor-GmbH von § 11 Abs. 2 GmbHG erfasst.

2. Die **Rspr.** legt § 11 Abs. 2 GmbHG dahingehend aus, dass im Namen der künftigen GmbH gehandelt worden sein muss. Denn der Vertragspartner solle durch die zusätzliche Anspruchsgrundlage aus § 11 Abs. 2 GmbHG davor geschützt werden, dass die nach seiner Auffassung bereits existierende GmbH nicht zur Eintragung gelangt. Hiernach wäre eine Handelndenhaftung nicht gegeben, da D im Namen der Vor-GmbH aufgetreten ist.

---

174 Beuthien NJW 1997, 565.

175 Lachmann NJW 1998, 2264; Lutter JuS 1998, 1076.

176 Drygala Jura 2003, 433, 434.

3. Stellungnahme: Für die Literaturmeinung spricht zum einen der Wortlaut des § 11 Abs. 2 GmbHG, der eine Einengung auf ein Handeln im Namen der künftigen GmbH nicht vorsieht. Im Übrigen ist die Vor-GmbH mit der späteren GmbH ohnehin identisch. Ferner spricht für die Literaturmeinung der Schutzzweck des § 11 Abs. 2 GmbHG, der den Vertragspartner schützen will. Es ist auch gerechtfertigt, dem Vertragspartner neben der Vor-GmbH noch einen zusätzlichen Schuldner zu geben, da die Gesellschaft noch nicht endgültig auf die Einhaltung der Eintragungsvoraussetzungen hin geprüft ist.

Somit ist der Lit. zu folgen, sodass D aus § 433 Abs. 2 BGB i.V.m. § 11 Abs. 2 GmbHG als Handelnde persönlich haftet.

C. Kaufpreisanspruch V gegen die Gesellschafter A, B und C

I. Dem V könnte ein Kaufpreisanspruch gegen A, B und C **aus § 433 Abs. 2 BGB i.V.m. § 11 Abs. 2 GmbHG** zustehen.

Fraglich ist, ob A, B und C durch ihre Zustimmung zum Abschluss des Kaufvertrags als **Handelnde i.S.v. § 11 Abs. 2 GmbHG** anzusehen sind. Handelnder i.S.v. § 11 Abs. 2 GmbHG ist nur derjenige, der als Organ rechtsgeschäftlich für die Gesellschaft nach außen hin auftritt, also entweder zum Geschäftsführer bestellt ist oder Angelegenheiten der Gesellschaft faktisch wie ein Gesellschafter nach außen hin wahrnimmt. Die bloße Zustimmung im Innenverhältnis seitens der Gesellschafter der Vor-GmbH reicht hierfür nicht aus. Somit besteht keine Handelndenhaftung aus § 11 Abs. 2 GmbHG für A, B und C.

II. Fraglich ist, ob ein **Kaufpreisanspruch des V gegen die Gesellschafter A, B und C als Gesellschafter der Vor-GmbH** besteht.

Mangels Sonderregelungen zur Vor-GmbH ist die Haftung der Gesellschafter der Vor-GmbH **umstritten**.

1. Nach einer in der **Lit.** teilweise vertretenen Auffassung[177] haften die Gesellschafter einer Vor-GmbH gegenüber Gesellschaftsgläubigern unbeschränkt. Eine persönliche Haftung sei für den Vertragspartner erforderlich, da nicht sichergestellt sei, ob die Vor-GmbH mit ausreichendem Kapital versehen ist.

Hiernach würden A, B und C persönlich aus § 433 Abs. 2 BGB gegenüber V haften.

2. Nach heute **h.M.**[178] haften die Gesellschafter der Vor-GmbH im Außenverhältnis grundsätzlich nicht. Regelmäßig besteht nur eine unbeschränkte Innenhaftung der Gesellschafter gegenüber der Vor-GmbH. Eine Außenhaftung gegenüber den Gläubigern sei nicht erforderlich, da mit der Eintragung alle Pflichten der Vor-GmbH automatisch auf die GmbH übergingen. Hiernach würden A, B und C nach außen hin nicht gegenüber V persönlich haften. Allerdings ist auch nach h.M. eine Außenhaftung ausnahmsweise dann anzunehmen, wenn die Vor-GmbH vermögenslos ist, wenn weitere Gläubiger nicht vorhanden sind, wenn es sich um eine Ein-Personen-Vor-GmbH handelt oder wenn es sich um eine unechte Vor-GmbH handelt.

---

177 Altmeppen NJW 1997, 3272; Raab WM 1999, 1596.

178 BGHZ 134, 333; BAG ZIP 1997, 2199; Lutter JuS 1998, 1077; Wiegand DB 1998, 1065.

Eine unechte Vor-GmbH liegt vor, wenn die Gesellschafter einer Vor-GmbH nach Aufgabe der Eintragungsabsicht den Geschäftsbetrieb fortführen. Diese ist hier vorliegend nicht ersichtlich, da A, B und C nach wie vor Eintragungsabsicht haben, sodass demnächst wohl auch die GmbH eingetragen werden wird.

Da auch die übrigen Ausnahmen nicht greifen, verbleibt es somit nach der h.M. dabei, dass A, B und C nicht persönlich nach außen hin gegenüber V haften.

3. Stellungnahme: Für die h.M. spricht, dass eine unbeschränkte Außenhaftung im Recht der Kapitalgesellschaften wesensfremd ist. Wesentliches Merkmal der Kapitalgesellschaften ist, dass die Gesellschafter nur intern und nur anteilig für die Aufbringung und Erhaltung des Stammkapitals haften. Nur hierauf kann sich das Vertrauen eines Gläubigers richten. Im Übrigen zeigt die Ausnahmevorschrift des § 11 Abs. 2 GmbHG, dass dort lediglich für den Handelnden eine persönliche Außenhaftung vorgesehen ist. Dies ergibt aber im Umkehrschluss, dass die übrigen Gesellschafter nicht nach außen hin persönlich haften. Somit ist der h.M. zu folgen, sodass die Gesellschafter A, B und C gegenüber V nicht persönlich haften.

STICHWORTVERZEICHNIS

Die Zahlen verweisen auf die Seiten.

RÜ
Ihre Examensfälle von morgen
RÜ RechtsprechungsÜbersicht
RÜ
Ihre Examensfälle von morgen – schon heute in der RÜ!
Von erfahrenen Repetitoren ausgewählte Entscheidungen im Gutachtenstil gelöst. Genau so, wie Sie den Fall in Ihrer Examensklausur lösen müssen!
Probeheft bestellen unter: as.info@alpmann-schmidt.de